高校思想政治理论课
教学方法创新研究

GAOXIAO SIXIANG ZHENGZHI
LILUNKE
JIAOXUE FANGFA CHUANGXIN YANJIU

唐　荣◎著

西南财经大学出版社

四川·成都

图书在版编目(CIP)数据

高校思想政治理论课教学方法创新研究/唐荣著.—成都:西南财经大学出版社,2021.9
ISBN 978-7-5504-4979-4

Ⅰ.①高… Ⅱ.①唐… Ⅲ.①高等学校—思想政治教育—教学研究—中国 Ⅳ.①G641

中国版本图书馆 CIP 数据核字(2021)第 143412 号

高校思想政治理论课教学方法创新研究

唐荣　著

责任编辑:冯雪
封面设计:墨创文化
责任印制:朱曼丽

出版发行	西南财经大学出版社(四川省成都市光华村街 55 号)
网　　址	http://cbs.swufe.edu.cn
电子邮件	bookcj@swufe.edu.cn
邮政编码	610074
电　　话	028-87353785
照　　排	四川胜翔数码印务设计有限公司
印　　刷	四川五洲彩印有限责任公司
成品尺寸	170mm×240mm
印　　张	14
字　　数	251 千字
版　　次	2021 年 9 月第 1 版
印　　次	2021 年 9 月第 1 次印刷
书　　号	ISBN 978-7-5504-4979-4
定　　价	88.00 元

前　言

2019 年 3 月 18 日，习近平总书记主持召开了学校思想政治理论课教师座谈会并发表了重要讲话。习近平总书记重要讲话精神不仅进一步增强了思想政治理论课教师的学科自信和职业自信，而且为思想政治理论课建设指明了方向，提供了根本遵循。教学方法改革创新作为新时代高校思想政治理论课建设中最外显、最活跃的因素，不仅是实现新时代高校思想政治理论课教学目标、提高教学效果的重要手段，而且是高校思想政治理论课落实立德树人根本任务的重要措施。当中国特色社会主义进入新时代，国内经济社会结构深刻调整时，又逢世界正处百年未有之大变局关键时期，政治多极化、经济全球化趋势日益明显。青年大学生思想价值观念呈现出新特点和新变化，新时代高校思想政治理论课教学方法应与时俱进、因势而变、顺势而为。

进入新时代，党和国家高度重视思想政治理论课建设：习近平总书记亲自主持召开了学校思想政治理论课教师座谈会并发表重要讲话；下发《教育部关于印发〈新时代高校思想政治理论课教学工作基本要求〉的通知》（教社科〔2018〕2 号）和《中共教育部党组关于印发〈"新时代高校思想政治理论课创优行动"工作方案〉的通知》（教党函〔2019〕90 号）等文件。高校思想政治理论课在教材、师资和教学环境等方面的建设成绩斐然。但随着科技和网络信息技术的发展以及青年大学生认知特点的变化，新时代高校思想政治理论课教学方法的改革创新仍然任重而道远。

关于高校思想政治理论课教学方法，学者们不仅从历史、逻辑、实践的脉络进行了一些探讨与研究，从高校思想政治理论课传统教学方法向现代教育技术转向进行了分析，而且还对高校思想政治理论课教学方法研究的方法、范式进行了一些分析，笔者从中获益匪浅。

本书共分为四章。第一章，基本理论。本章主要厘清了与高校思想政治理论课教学方法相关的一些基本概念及其特点和价值。第二章，历史回顾。本章主要回顾了高校思想政治理论课教学方法的发展历程，分析其运用过程及其局限，概括其特点，总结其经验，并对其未来发展进行思考。第三章，改革创新。这一章是本书的重点。本章主要是以习近平总书记提出的"八个相统一"方法论为指导，对新时代高校思想政治理论课教学方法改革创新进行了实践性探索。第四章，启示与展望。本章主要是笔者根据自身的教学经验以及对教学观摩、教学比赛和学习交流等活动的思考，对新时代高校思想政治理论课教学方法改革创新提出了一点设想和期许。本书的四个篇章逻辑紧密、内容递进，是一个有机联系整体。具体而言：第一章研究"是什么"，即高校思想政治理论课的教学方法是什么，其特点是什么，其价值是什么；第二章分析"怎么样"，即追溯高校思想政治理论课教学方法七十多年的发展进程，分析其运用过程及其局限，归纳总结其特点；第三章探讨"怎么做"，即立足新时代，坚持以习近平总书记"八个相统一"方法论为指导，探讨新时代高校思想政治理论课教学方法改革创新的基本方略；第四章思考"该怎样"，即对高校思想政治理论课教学方法未来发展提出了一些设想和期许。本书突破了以往将教学方法按照第一课堂与第二课堂或按照课程或者基本方法与拓展方法的分类标准，创新性地从高校思想政治理论课教学方法的动态发展和静态的理论阐释两个角度，围绕教学内容、教学主体和教学对象三个核心要素，论述了新时代高校思想政治理论课教学方法运用和创新的实践路径，以提升新时代高校思想政治理论课教学实效。立足新时代，展望未来，本书从理论的高度探讨了树立科学教学方法观、坚持以问题为导向改革创新教学方法以及教学方法评价标准的相关问题，并从联系实际问题改进教学方法和关注教学效果发展教学方法两个视角，进一步探讨了新时代高校思想政治理论课开放性教学方法的运用方略。

需要特别说明的是，2004 年 8 月，中共中央、国务院发布《中共中央 国务院关于进一步加强和改进大学生思想政治教育的意见》（中发〔2004〕16 号文件），以"思想政治理论课"取代了"两课"（马克思主义理论课和思想政治教育课）课程名称，并沿用至今。为了不让太多相似概念干扰读者阅读、理解该书内容，书中统一使用了"思想政治理论课"的名称，它涵盖了中华人民共和国建立以来高校开设的"政治课""政治理论课""马列主义理论课""共产主义思想品德课""两课"和"思想政治理论课"，集政治性、思想性、理论性和时代性为一体，以坚定青年人学生理想信念为教学目标的所有课程。

唐荣

2021 年 2 月

目　录

绪　论 / 1

第一章　基本理论 / 9

　第一节　基本概念 / 9

　　一、新时代 / 9

　　二、高校思想政治理论课 / 10

　　三、教学方法 / 15

　　四、高校思想政治理论课教学方法 / 17

　第二节　高校思想政治理论课教学方法的基本特征 / 18

　　一、指向性 / 18

　　二、受限性 / 18

　　三、综合性 / 19

　第三节　高校思想政治理论课教学方法的基本价值 / 20

　　一、纽带价值 / 20

　　二、效果价值 / 21

　　三、认同价值 / 22

第二章　历史回顾 / 24

第一节　高校思想政治理论课教学方法改革的发展历程 / 24

一、第一阶段（1949—1978 年）/ 25

二、第二阶段（1979—1998 年）/ 27

三、第三阶段（1999—2005 年）/ 28

四、第四阶段（2006 年至今）/ 29

第二节　高校思想政治理论课教学方法的传统运用方式 / 31

一、教学方法举要 / 32

二、运用过程探析 / 38

第三节　高校思想政治理论课教学方法改革发展的主要特点 / 47

一、教学理念转变 / 48

二、教学手段转变 / 49

三、组织形式转变 / 51

四、教学认知转变 / 56

第四节　高校思想政治理论课教学方法改革发展的经验 / 57

一、因时而进是时代要求 / 57

二、师资队伍是根本依靠 / 58

三、以学生为本是根本遵循 / 61

四、网络信息现代化是现实需求 / 62

五、知情意行并重是本质要求 / 62

第五节　对高校思想政治理论课教学方法改革发展的思考 / 64

一、如何看待教学方法选用问题 / 64

二、如何看待传统教学方法 / 65

三、教学方法改革发展阻力何在 / 66

第三章　改革创新 / 71

　第一节　高校思想政治理论课教学方法改革创新的必要性 / 71

　　一、适应新时代发展的客观需要 / 71

　　二、提高教学效果的现实需要 / 73

　　三、提升教研能力的主观需要 / 74

　第二节　高校思想政治理论课教学方法改革创新的基本原则 / 75

　　一、坚持政治性和学理性相统一 / 75

　　二、坚持价值性和知识性相统一 / 76

　　三、坚持建设性和批判性相统一 / 77

　　四、坚持理论性和实践性相统一 / 78

　　五、坚持统一性和多样性相统一 / 79

　　六、坚持主导性和主体性相统一 / 80

　　七、坚持灌输性和启发性相统一 / 81

　　八、坚持显性教育和隐性教育相统一 / 82

　第三节　高校思想政治理论课教学方法改革创新的着力点 / 83

　　一、以推进"三进"工作为重点 / 83

　　二、以坚持问题导向为指引 / 84

　　三、以增强学生获得感为归宿 / 85

　第四节　高校思想政治理论课教学方法改革创新的路径 / 86

　　一、依据教材内容改革创新 / 86

　　二、依据教师特性改革创新 / 112

　　三、依据教学对象改革创新 / 123

　第五节　高校思想政治理论课教学方法改革创新案例 / 133

　　一、互动式教学法 / 134

　　二、启发式教学法 / 152

三、案例教学法 / 164

四、新媒体教学法 / 172

第四章　启示与展望 / 183

第一节　树立科学教学观念 / 183

一、新时代高校思想政治理论课教学观 / 183

二、新时代高校思想政治理论课教学方法观 / 185

三、新时代高校思想政治理论课教学效果观 / 186

第二节　坚持问题导向 / 188

一、高校思想政治理论课与专业课的差异问题 / 188

二、教师教与学生学的关系问题 / 190

三、教学方法在教学中的地位问题 / 191

第三节　教学方法评价标准体系的构建 / 192

一、构建教学方法评价标准的意义 / 192

二、构建教学方法评价标准的理论依据 / 194

三、构建教学方法评价标准的方略 / 197

第四节　开放性教学方法的探索 / 200

一、开放性教学方法的内涵及其特点 / 200

二、开放性教学方法的原则及其要求 / 202

三、开放性教学方法的必然性 / 206

四、开放性教学方法的基本保障 / 210

参考文献 / 214

后记 / 216

绪　论

在"培养什么样的人，怎样培养人，为谁培养人"的问题上，习近平总书记在 2019 年 3 月 18 日的学校思想政治理论课教师座谈会上强调指出，思想政治理论课具有不可替代的作用，是落实立德树人根本任务的关键课程，并要求思想政治理论课教师要理直气壮讲好思政课。习近平总书记的指示精神既是思想政治理论课教师的光荣，也是思想政治理论课教师的使命和责任担当。高校思想政治理论课是对青年大学生进行马克思主义理论和思想道德教育的主渠道、主阵地，在新时代，要巩固好这个主渠道和主阵地，就必须贯彻好习近平总书记的重要讲话精神，多措并举整体推进新时代高校思想政治理论课建设。

作为高校思想政治理论课建设最活跃、最外显的因素，高校思想政治理论课教学方法改革创新不仅是实现教学目标的重要手段，也是提升教学效果的重要途径。因此，对新时代高校思想政治理论课教学方法进行系统深入的研究，既是推进新时代高校思想政治理论课建设的重要内容，也是推动新时代高校思想政治理论课教学方法实现科学化的必然要求。

高校思想政治理论课是落实立德树人根本任务的灵魂课程，是培养中国特色社会主义合格建设者和可靠接班人的主阵地和主渠道。从受教育对象的范围来看，新时代高校思想政治理论课覆盖了各高校全部教学单位的院（系），授课对象包括全体青年大学生，本科思想政治理论课课程总学分为 16 学分，约占各本科高校教育总学分的 1/10（四年制本科教育总学分一般要求在 140~200 分），贯穿本科高校教育的全过程，是覆盖面最广、任务最重、持续时间最长、责任最大的一门课程。从教学内容来看，新时代高校思想政治理论课主要是对当代青年大学生开展系统的马克思主义和社会主义核心价值观教育，使高校意识形态领域的马克思主义指导地位更加巩固，社会主义办学方向更加坚定，党的教育方针得到全面贯彻落实。同时，新时代高校思想政治理论课是全面推进习近平新时代中国特色社会主义思想进教材、进课堂、进头脑的铸魂育人的灵魂课程，是加强和改进高校思想政治工作、实现高等教育内涵式发展的关键课程，是落实立德树人根本任务的主渠道主阵地。经高校各思想政治理论课专家、教授和教师及社会各界长期不懈的努力，特别是自中共中央办公厅、国务院办公厅印发《关于深化新时代学校思想政治理论课改革创新的若干意见》以来，高校的思想政治理论课在学科建设、教材体系建设、教学体系建设、教师队伍建设等方面做了积极探索，取得了丰硕的成果，但同时我们要清醒地看到一个不能忽视的问题就是，新时代高校思想政治理论课教学过程和结果的实然状态与落实立德树人根本任务的应然状态之间依然存在着一定的差距。目前在高校思想政治理论课教学过程中，学生的到课率、抬头率、点头率普遍不高，青年大学生对高校思想政治理论课态度依然存在着一些的主观偏见，有的学生甚至出现一些抵触、排斥和反感的心理状态，这使高校思想政治理论课很难真正成为青年大学生内心喜爱、毕生难忘、终身受益的一门课程，这些现象也折射出新时代高校思想政治理论课教学的实际情况与高校思想政治理论课关键、核心灵魂课程的重要地位不相匹配。正因为新时代高校思想政治理论课应有的作用没有真正发挥出来，实际教学效果与学生的主观期待存在着明显的差距，才使得高校思想政治理论课在大学生心目中实际地位不高、学生学习时主观能动性发挥不足。

如何使新时代高校思想政治理论课成为深入浅出、生动有趣、润物无声的为党育人、为国育才的核心课程，成为青年大学生真正接受和喜爱的具有思想性、理论性、亲和力和针对性的灵魂课程，成为充分发挥主渠道、主阵地育人作用的关键课程呢？这些问题都是在新时代高校思想政治理论课建设中亟待回答和解决的重要问题。作为一名高校思想政治理论课教师个体，除对高校思想政治理论课教学内容、教材建设、教学环境等方面进行积极探索外，深入思考和研究高校思想政治理论课教学方法的改革创新是极其必要的。

《论语·卫灵公》中的"工欲善其事，必先利其器"，讲的就是工作方法。做任何事情离开了对方法的思考，都会变得困难重重。科学、正确的做事方法，往往会事半功倍；而错误、不当的做事方法，就会事倍功半，甚至会出现南辕北辙的结果。因此，新时代高校思想政治理论课要落实好立德树人根本任务，用习近平新时代中国特色社会主义思想武装青年大学生头脑，就必须加强对新时代高校思想政治理论课教学方法的研究。要理直气壮地讲好新时代高校思想政治理论课，一定离不开科学的、正确的教学方法。

在一个完整的高校思想政治理论课教学过程中，不同的学生、教师、教学内容、教学目标、教学条件等方面存在着诸多差异，各要素间处于不断变化发展的动态矛盾中，这些矛盾的复杂性、多样性和不断变化性，决定了解决这些动态矛盾的方式方法也必然是复杂的、不断变化发展的。高校思想政治理论课教学方法作为教学活动的基本要素，作为联结教学内容与学生之间的桥梁与中介，既是高校思想政治理论课教师对教学实践规律的认识和总结，承载着教师的教育理念和教学思想，体现着教师的教学能力和教育技术，是高校思想政治理论课教师完成教学任务、实现教学目标的基本途径，也是增强高校思想政治理论课教学效果，提高大学生思想政治理论素质的重要手段，它可以在一定程度上决定高校思想政治理论课落实立德树人基本任务的实际效果。

作为一名长期站在高校思想政治理论课讲台上的教师，笔者以自己亲身授课的经历及自己对高校思想政治理论课教学实践的研究，认为要有效解决当前高校思想政治理论课教学中存在的诸多实际问题，离不开对高校思想政治理论课教学方法的梳理、教学方法的科学选择，以及对一些教学方法进行改革创新及其运用规律的深入研究。

本书在结构上除了前言、绪论、参考文献和后记外，共分四章。第一章，基本理论。本章主要厘清了与高校思想政治理论课教学方法相关的一些基本概念及其特点和价值。第二章，历史回顾。本章主要回顾了高校思想政治理论课教学方法的发展历程，分析其运用过程及其局限，概括其特点，总结其经验，并对其未来发展进行思考。第三章，改革创新。这章是本书的重点。本章主要是以习近平总书记"八个相统一"方法论为指导，对新时代高校思想政治理论课教学方法改革创新进行了实践性探索。第四章，启示与展望。本章主要是根据笔者自身的教学经验以及对教学观摩、教学比赛和学习交流等活动的思考，对新时代高校思想政治理论课教学方法改革创新进行了一点设想和期许。本书的四个篇章逻辑紧密、内容递进，是一个有机联系的整体。具体而言：第一章研究"是什么"，即高校思想政治理论课的教学方法是什么，其特点是什么，其价值是什么；第二章分析"怎么样"，即追溯高校思想政治理论课教学方法七十多年的发展进程，分析其运用过程及其局限，归纳总结其特点；第三章探讨"怎么做"，即立足新时代，坚持以习近平总书记"八个相统一"方法论为指导，探讨新时代高校思想政治理论课教学方法改革创新的基本方略；第四章思考"该怎样"，即对高校思想政治理论课教学方法未来发展做了些设想和期许。本书突破了以往将教学方法按照第一课堂与第二课堂或按照课程或者基本方法与拓展方法的分类标准，创新性地从高校思想政治理论课教学方法的动态发展和静态的理论阐释两个角度，围绕教学内容、教学主体和教学对象三个核心要素，论述了新时代高校思想政治理论课教学方法运用和创新的实践路径，以提升新时代高校思想政治理论课教学实效。立足新时代，展望新未来，本书从理论的高度探讨了树立科学教学方法观、坚持以问题为导向改革创新教学方法以及教学方法评价标准的相关问题，并从联系实际问题改进教学方法和关注教学效果发展教学方法两个视角，进一步探讨了新时代高校思想政治理论课开放性教学方法的运用方略。

本书坚持以马克思主义历史唯物主义和辩证唯物主义的方法论为指导，运用普遍联系的观点，回顾了高校思想政治理论课 70 多年的发展历程，探究了高校思想政治理论课教学方法与不同历史时期高校思想政治理论课教学内容、教学对象以及教学条件等诸要素之间内在的、本质的、普遍的联系。这种内在的、本质的、普遍的联系既是对高校思想政治理论课教学方法的总结，也是对高校思想政治理论课教学方法改革创新规律的探索。在把握基本规律的基础上，运用发展的观点从教学内容、教学主体和授课对象三个方面，探讨了新时代高校思想政治理论课教学方法改革创新的必要性及其改革创新的路径；运用具体问题具体分析的观点，详细阐述了互动式、启发式和案例等教学方法在新时代高校思想政治理论课中的运用方略；运用马克思主义唯物辩证法观点，在理性思考教学方法基础上对新时代高校思想政治理论课教学方法的发展提出了若干构想。同时，本书也运用了马克思主义整体与局部的原理，对高校思想政治理论课的整个教学过程进行了分析。高校思想政治理论课教学方法是教师在为培养社会主义合格建设者和可靠接班人的理念指导下，依据一定的教学目标、规定的教学内容开展的一系列教学实践的措施手段。一个完整的教学方法系统想要有效运行，必须深入思考相互联系、相互作用、相互影响的五个要素：一是明确本章节教学内容及目标；二是通过一定渠道和途径，实现该教学目标；三是运用教学工具，实现该教学目标；四是正确、科学地运用教学工具的流程与方式方法；五是采用一定的策略手段，实现该教学目标。因此，运用马克思主义哲学整体与局部关系原理指导新时代高校思想政治理论课教学方法改革创新乃题中之义。

在查阅相关论文等资料的过程中，笔者发现当前学界关于高校思想政治理论课教学方法的探讨主要集中在教学方法基本理论上，有的甚至对高校思想政治理论课教学方法的探讨存在程序化现象，缺乏针对性和实效性，这些问题都源于对教学方法探讨角度的静态观察，即观察视角的经验性和单一性。事实上，对静态的现象分析必须以动态的过程分析为基础，因为事物是运动、变化、发展的，静止是相对，运动是绝对，所以对事物现象的观察也要从事物运动变化发展的过程展开，否则将呈现出对高校思想政治理论课教学方法探讨的固定化、机械化，更为严重的可以表现为形式化和教条化。本书从静态的理论阐述到动态的案例运用视角，主要围绕高校思想政治理论课教学方法的生成逻辑、历史脉络、实践案例、改革创新和发展方向等几个方面进行思考，并将学科建设、教学方法与人才培养模式有机结合，通过理性选择和合理运用各种教学方法来不断提高新时代高校思想政治理论课教学的针对性和操作性。

本书坚持以习近平总书记"八个相统一"方法论为指导，着眼于提高新时代高校思想政治理论课教学方法的实效性。影响新时代高校思想政治理论课教学方法产生实效性的因素是多方面、多层次的，为追求时髦，有的教师凑热闹地为教学方法而探讨教学方法，表面上看似成果颇丰，实则阻碍了高校思想政治理论课教学方法实效性的提升。实际上，在很大程度上高校思想政治理论课的教学方法符合教学目标、教材内容和青年大学生认知规律，以及教学方法与高校思想政治理论课教学的实际条件、教师语言、形体表现能力的契合程度，都是直接或间接制约高校思想政治理论课教学方法实效性的重要因素。坚持以习近平总书记"八个相统一"方法论为指导，深入高校思想政治理论课课堂，具体探究典型教学方法改革创新的普适性，有利于提升新时代高校思想政治理论课教学方法的实效性。

本书与时俱进地开拓了多媒体教学，提高了新时代高校思想政治理论课教学方法改革创新的"温度"。心灵与心灵的沟通、人格与人格的碰撞、灵魂与灵魂的交融是新时代高校思想政治理论课教学的重要方法之一，是落实新时代高校思想政治理论课为党育人，为国育才的重要成因。因此，在探讨新时代高校思想政治理论课教学方法改革创新时，注重了人文关怀下有"温度"的而不是刻板、冰冷、僵化的课堂，即高校思想政治理论课教师应注重在教学过程中运用恰当的、科学的教学方法展现出高校思想政治理论课强大的亲和力与感染力，例如探讨如何将青年大学生喜闻乐见的新媒体运用到新时代高校思想政治理论课教学方法改革创新中，以提升教学方法的"温度"。

开展多视角、多层面研究，拓展新时代高校思想政治理论课教学方法改革创新的维度。本书不仅注重对高校思想政治理论课课堂教学方法的探讨，而且关注对第二课堂（课外）隐性教学方法的思考；不仅注重对高校思想政治理论课教师教学方法的探讨，而且思考了青年大学生学习思想政治理论课方法的规律；不仅注重线下教学方法的创新，而且坚持线下与线上教学方法相结合、相促进的探索；从跨学科角度，更多维度、更多层次探索了新时代高校思想政治理论课教学方法的改革创新。

学深学透新思想，挖掘新时代高校思想政治理论课教学方法改革创新的深度。在回归马克思主义和中国特色社会主义思想文本、回归新时代高校思想政治理论课教材体系的基础上，笔者认为高校思想政治理论课教师要深入研究教材内容，吃准吃透教材基本精神，全面把握教材重点、难点。防范新时代高校思想政治理论课教学就是单纯地进行知识传授的倾向，强调要以科学的理论去说服学生，以真理的力量去撼动和引导学生。因而新时代高校思想政治理论课教学方法的改革创新应尽可能防范浅显化、媚俗化、表面化、娱乐化，以致新时代高校思想政治理论课教学方法改革创新舍本逐末、价值失真的现象出现。

高校思想政治理论课是一门交叉性学科，从某种意义上来说，它决定了高校思想政治理论课教学方法探究的复杂性、综合性。新时代高校思想政治理论课教学方法的整个探究过程涉及点多、线长、面广，这不仅要求笔者具有深厚的理论基础，而且要求笔者要有广泛的知识和宽阔的视野，需要涉及思想政治教育学、心理学、教育学、传播学等学科知识。由于笔者目前的研究能力和学识积累上还有很多欠缺，本书难免存在一些不足之处，这也是笔者今后努力研究的方向。教无定法，教学有法，贵在得法。与时俱进，因时而变，顺势而为，不仅是新时代高校思想政治理论课教学方法改革创新的重要理念，而且是马克思主义理论品格和科学思想方法的深刻概括。笔者将以此为起点，持续关注，并继续深入地思考和研究新时代高校思想政治理论课教学方法。

坚持以习近平总书记"八个相统一"方法论为指导，全面系统地开展新时代高校思想政治理论课教学方法改革创新研究，不仅有利于增强新时代高校思想政治理论课的思想性、政治性、亲和力和针对性，提升新时代高校思想政治理论课的育人效果，而且有利于提高新时代高校思想政治理论课学科建设水平，拓展教学方法改革创新的理论视野。

改革创新新时代高校思想政治理论课教学方法具有重要的现实意义。第一，科学分析和准确把握青年大学生思想行为特点，并以此为切入点创造性地改进高校思想政治理论课教学方法，紧跟时代步伐，以新的思路和新的方法解决新的问题，可以极大地增强高校思想政治理论课教学的实效性和针对性。第二，面对科技和网络信息技术的迅猛发展，因势而变，顺势而为，积极探索新兴教学工具、技术和载体的应用方式，为新时代高校思想政治理论课教学提供崭新、高效、多样的教育手段，有利于拓展和延长新时代高校思想政治理论课教学的空间和时间，提高新时代高校思想政治理论课教育教学的创新性。第三，面对新时代高校思想政治理论课课堂教学的挑战，探索和整合生动、有趣、形式新颖的教学方法，使青年大学生自觉回归课堂，回归文本、自觉融入新时代高校思想政治理论课教学过程，有利于提高高校思想政治理论课的吸引力、感染力和亲和力，扭转青年大学生对高校思想政治理论课的不良认知。第四，有利于高校思想政治理论课教师主导作用和学生主体作用的发挥，改革创新高校思想政治理论课教学方法要求广大教师在透彻掌握所教课程的主要内容、基本理论的前提下，研究把握青年大学生的成长规律，因材施教，激发青年大学生内在的学习动力，实现教学相长、共同提高，为教师理直气壮讲好每一堂新时代高校思想政治理论课助力。

改革创新新时代高校思想政治理论课教学方法具有重要的理论意义。

一是有利于拓宽新时代高校思想政治理论课教师教学方法改革创新的理论视野，促进新时代高校思想政治理论课教师自觉形成科学的教学方法理念。一方面，随着信息技术的快速发展和自媒体、新媒体的进一步普及与推广，微课、慕课、线下与线上相结合授课以及翻转课堂等新兴的授课方式与方法，逐渐地被应用于新时代高校思想政治理论课课堂。如何使高校思想政治理论课传统教学方法与融入了网络信息技术的现代教学方法有机结合起来，取长补短，互相促进，达到新时代高校思想政治理论课落实立德树人根本任务同频共振的效果，需要每一个新时代高校思想政治理论课教师不断改革创新教学方法；另一方面，新时代高校思想政治理论课教学效果的进一步提升，离不开教师不断地对所运用的教学方法进行思考与探讨。在此基础上，高校思想政治理论课教师逐步形成自觉反思所选择使用的教学方法，并与教师的教学科研实际相结合，形成科学的、正确的新时代高校思想政治理论课教学方法观。与此同时，教师自觉对高校思想政治理论课教学方法进行不断反思，并在不断反思中自觉进行教学方法实践，从而实现对新时代高校思想政治理论课教学方法理论和规律的把握。不断梳理、归纳、总结高校思想政治理论课教学方法，不断推进新时代高校思想政治理论课教学方法改革创新，将教学方法创新与教学内容进行有机融合，不仅有利于提高新时代思想政治理论课的到课率、抬头率和点头率，而且有利于增强新时代高校思想政治理论课理论阐释的深度和逻辑性。

二是有利于促进和实现新时代高校思想政治理论课从教材体系向教学体系转化。教学方法是从教材体系向教学体系转化的中介和桥梁之一，因为，教材体系解决的是教什么的问题，教学体系解决的是怎么教的问题。构建新时代高校思想政治理论课教学体系，需要教师能动地对新时代高校思想政治理论课教材体系进行再分析、再加工、再创造，充分发挥教师积极性、主动性和创造性，运用各种教学工具、手段和方法，实现青年大学生从新时代高校思想政治理论课教材体系的"学什么"向教学体系的"怎么学"转化，并使二者自然衔接，有机融合、同向同行、同频共振。高校思想政治理论课的教材语言具有规范性、理论性、历史性和自释性特点，而教学语言生动形象、深入浅出、赋予感悟色彩，实现新时代高校思想政治理论课从教材语言到教学语言转化，则需要教师掌握一定的教学方法与技巧，同样一句话，不同的人采用不同的表达方法和技巧，其传达的效果也完全不一样。因此，新时代高校思想政治理论课教师在教学过程中需要不断地思考和不懈地钻研教学方法，将高校思想政治理论课中书面的、固化的、条框式的教材语言转化为教学中口头的、生动的、风趣的、幽默的鲜活教学语言。这些技巧和方法就是新时代高校思想政治理论课教学方法改革创新必不可少的内容。

三是有利于不断推动马克思主义理论学科的建设与完善。无论是马克思主义学科建设，还是高校思想政治理论课课程建设，两者的共同目的就是巩固和发展马克思主义，以马克思主义和马克思主义中国化的理论成果武装青年大学生。新时代高校马克思主义理论学科建设与高校思想政治理论课课程建设两者之间的关系是相互影响、相互作用、相互促进的，马克思主义学科研究与高校思想政治理论课课程内容体系之间存在着基本的对应和交融关系。改革创新高校思想政治理论课教学方法是高校思想政治理论课课程建设的重要内容，也是马克思主义学科建设中的重要内容。改革创新高校思想政治理论课教学方法的理论和实践研究，不仅能推动思想政治教学方法的改革和创新，而且能促进新时代高校思想政治理论课建设不断深化，促进学科建设提升高度，挖掘厚度和拓展宽度。

第一章　基本理论

第一节　基本概念

一、新时代

党的十八大以来，以习近平同志为核心的党中央团结带领全党全军全国各族人民，以自我革命的政治勇气，以强烈鲜明的责任担当，积极进取，开拓创新，在经济、政治、文化、社会、生态、军事和外交等诸多方面取得了举世瞩目的辉煌成绩，党和国家的事业发生了历史性变革。在党的十九大报告中，习近平总书记指出：中国特色社会主义进入了新时代，这是我国发展新的历史方位。

时代是思想之母，实践是理论之源。进入新时代，必然需要用新思想回应新实践，同时新的实践必然会催生出新的思想。党的十八大以来，以习近平同志为核心的党中央以全新的视野，深化了人们对共产党执政规律、中国特色社会主义建设规律和人类社会发展规律的认识，取得重大理论创新成果，形成了习近平新时代中国特色社会主义思想。

新时代高校思想政治理论课是对青年大学生进行系统马克思主义，尤其是习近平新时代中国特色社会主义思想教育的主阵地、主渠道，是铸魂育人的灵魂课程，涉及解决好培养什么人、怎样培养人、为谁培养人这个根本问题。为此，新时代高校思想政治理论课必须坚持以习近平新时代中国特色社会主义思想为指导，按照"八个相统一"的要求，推动新时代高校思想政治理论课教学方法改革创新，确保习近平新时代中国特色社会主义思想进头脑，践行为党育人的初心，坚守为国育才的立场。

二、高校思想政治理论课

（一）高校思想政治理论课设置概况

中华人民共和国成立初期，高校思想政治理论课的基本形态已产生，但高校思想政治理论课的教材、教学内容还不是很明朗，于是就有政府组织机构和专家教授开始关注"用政治课来解决学生的思想问题"，并编写了《新民主主义论》《历史唯物论——社会发展史讲授提纲》等教材，提出了加强马克思列宁主义理论师资队伍培养以及创新高校思想政治理论课教学方法的策略，并取得了一定的实施成效。

改革开放后，经过多次更改、调整、补充，高校思想政治理论课的开设逐步完善，相关机构和专家也把握了一些高校开设思想政治理论课的基本规律。1998年5月，中共中央政治局常委召开了专题常委会，就高校思想政治理论课课程开设以及学分多少等事宜进行了认真的研讨。会议结束后，教育部为认真贯彻落实中共中央政治局常务委员会精神，组织开展了高校思想政治理论课课程建设情况的调查研究工作，要求高校思想政治理论课在原来开设的"哲学""政治经济学""思想道德修养""法律基础""形势与政策"五门课基础上，增设"毛泽东思想概论"和"邓小平理论"两门课程。至此，我国高校共开设了七门思想政治理论课课程。2004年国家对高校思想政治理论课课程又进行了研讨、调整，由原来的七门课程整合为五门课程，即将原来的"哲学""政治经济学"整合为"马克思主义基本原理"，将"思想道德修养""法律基础"整合为"思想道德修养与法律基础"，将"毛泽东思想概论""邓小平理论"整合为"毛泽东思想、邓小平理论和'三个代表'重要思想概论"，增开"近现代史纲要"，保留原有的"形势与政策"。2015年中央宣传部、教育部联合印发的《普通高校思想政治理论课建设体系创新计划》（教社科〔2015〕2号）就明确了高校思想政治理论课是培养中国特色社会主义事业合格建设者和可靠接班人的关键课程。2019年在中共中央办公厅、国务院办公厅印发的《关于深化新时代学校思想政治理论课改革创新的若干意见》中，要求全国重点马克思主义学院率先开设"习近平新时代中国特色社会主义思想概论"课程，完善了以习近平新时代中国特色社会主义思想为核心内容的新时代高校思想政治理论课课程建设内容。

（二）高校思想政治理论课的性质

一个事物区别于其他事物的内在规定性，即为该事物的性质。把握高校思想政治理论课课程性质，就在于厘清高校思想政治理论课区别于其他课程的本质规定性，就在于深刻领会高校思想政治理论课自身具有的独特（其他课程不具有的）规定性。

2004年8月，中共中央、国务院发出《关于进一步加强和改进大学生思想政治教育的意见》（中发〔2004〕16号）（以下简称《意见》），明确了高校思想政治理论课的性质："高等学校思想政治理论课是大学生思想政治教育的主渠道。"高校思想政治理论课是大学生的必修课，是帮助大学生树立正确世界观、人生观、价值观的重要途径，体现了社会主义大学的本质要求。从该《意见》的表述可以发现高校思想政治理论课具有三个突出的特性：一是思想性，即高校思想政治理论课是对大学生进行思想教育的课程，主要体现在高校思想政治理论课对青年大学生全方面、多层次、全覆盖的思想关注和引导，其根本目的是帮助青年大学生树立正确的世界观、人生观和价值观，不断提高自身的思想水平，引导青年大学生成为健康发展、和谐发展、主动发展的人。高校思想政治教育的根本使命与核心任务是落实立德树人。高校思想政治理论课教师不仅要帮助青年大学生深刻理解马克思主义辩证唯物主义和历史唯物主义的基本观点和方法，不断提高其正确分析问题、解决问题的能力，同时还要注重持续深入地对青年大学生进行真、善、美的道德教育和引导，培养青年大学生高尚的思想道德情操。二是政治性，即高校思想政治理论课是对青年大学生进行政治教育的课程。政治性是高校思想政治理论课最鲜明的特征和标志，是塑造青年大学生内在精神世界"总开关"——世界观、人生观、价值观的核心课程，是推进习近平新时代中国特色社会主义思想武装青年大学生的关键课程。高校思想政治理论课事关高校培养什么样的人、怎样培养人、为谁培养人这个根本问题，主要体现在以下两个方面：第一，要坚守马克思主义主流意识形态阵地，坚持马克思主义基本的政治立场，高举中国特色社会主义理论旗帜；第二，要注重提升青年大学生的政治理论知识储备量和政治素养，明确自己肩负的政治责任和历史使命。三是理论性，即相比其他课程，高校思想政治理论课的理论性更强。缺少或没有理论性，高校思想政治理论课讲得再生动、再热闹，也难以真正地吸引学生、感染学生、说服学生、教育学生、引导学生。坚持不懈地用科学的理论，特别是用习近平新时代中国特色社会主义思想武装青年大学生头脑，才能真正发挥高校思想政治理论课在完成立德树人根本任务中的关键作用。马克思主义基本理论、马克思主义中国化的理论——毛泽东思想、邓小平理论、"三个代表"重要思想、科学发展观和习近平新时代中国特色社会主义思想，都具有极其深厚的历史、理论、时代和实践基础，是经过不断实践证明的具有强大生命力的鲜活理论。只有在高校思想政治理论课教学中坚持学原著、读原文、悟原理，将教材的政治话语转化为教学语言，坚持关注最新马克思主义中国化的理论成果，才能真正上好高校思想政治理论课。

总之，思想性、政治性和理论性是新时代高校思想政治理论课的基本性质。深刻理解和把握高校思想政治理论课课程性质，是新时代高校思想政治理论课建设的前提，也是新时代高校思想政治理论课教学方法改革创新的基本遵循。

（三）高校思想政治理论课教学特点

推进新时代高校思想政治理论课教学方法改革创新，提高新时代高校思想政治理论课教学效果的关键要素之一，就是要深刻理解、准确把握新时代高校思想政治理论课教学规律和教学特点。根据对高校思想政治理论课课程性质的分析，笔者结合自己十多年来对高校思想政治理论课教学实践的认识，总结出新时代高校思想政治理论课教学具有以下六大显著特点：

一是时代性。2016 年 5 月，习近平总书记在哲学社会科学工作座谈会上强调了"马克思主义具有与时俱进的理论品质"之命题。这一命题既涉及如何认识马克思主义，又事关怎样运用马克思主义。实践证明，我们什么时候将马克思主义基本原理与中国实际相结合，就能在什么时候开辟马克思主义中国化的新境界、形成马克思主义中国化的新成果。例如，在新民主主义革命时期，以毛泽东同志为核心的中国共产党人，坚持将马克思主义基本原理与中国革命实际相结合，实事求是，开拓奋进，创造性地开辟了以农村包围城市、武装夺取政权的革命道路，取得了新民主主义革命的胜利，建立了中华人民共和国。这正是因为以毛泽东同志为核心的中国共产党人与时俱进地立足于当时中国革命实际的结果。同样，习近平新时代中国特色社会主义思想也是将马克思主义基本原理与中国特色社会主义现代化建设实际相结合，解放思想、实事求是、与时俱进、开拓创新的成果。作为培养社会主义合格建设者和可靠接班人核心课程的高校思想政治理论课，承担着以中国特色社会主义理论武装青年大学生头脑，尤其是以习近平新时代中国特色社会主义思想铸魂育人主渠道、主阵地的重任，这必然要求新时代高校思想政治理论课教学及其教学方法要与时俱进，充分反映时代特征和国际国内新变化。

二是针对性。2019 年 3 月，习近平总书记在学校思想政治理论课教师座谈会上指出："青少年阶段是人生的'拔节孕穗期'，最需要精心引导和栽培。"因此，高校思想政治理论课要与时俱进，在与时代同步和与各种思潮、价值观碰撞的过程中，为青年大学生讲好变化的时代、发展的理论。新时代高校思想政治理论课教师要解决好培养什么人、怎样培养人、为谁培养人这个根本问题，就必须引导广大青年大学生用马克思主义的立场观点观察问题、分析问题和解决问题。针对中国改革开放和社会主义现代化建设等正在做的事情，针对国际国内复杂的思想文化环境和青年大学生关注的热点、疑点问题，充分利用高校思想政治理论课堂，运用马克思主义的立场、观点和方法，解决好青年大学生的思想认识问题、政治立场问题，使其成为社会主义合格建设者和可靠接班人；针对社会上和青年大学生中流行的各种错误思潮，如资产阶级自由化观点、历史虚无主义、享乐主义、拜金主义、极端个人主义等，开展针锋相对的批判和斗争，使马克思主义占领高校意识形态阵地。

三是主动性。高校思想政治理论课的主动性主要是指教师与青年大学生两个主体在课堂上的状态。在高校思想政治理论课教学的各个环节和整个过程中，一方面教师要发挥主导作用，积极、主动和创造性地引导青年大学生学好思想政治理论课；另一方面，青年大学生要在教师的激发下积极、主动地参与课堂教学，要发挥主体作用。只有这样，新时代高校思想政治理论课教学才能真正发挥立德树人的关键、核心课程作用，才能肩负起为党育人、为国育才的初心使命。

四是实践性。实践性是马克思主义理论与生俱来的品质。在整个马克思主义理论体系中，实践是贯穿其理论始终的一条中心线索。在新时代高校思想政治理论课教学中，实践性主要体现在两个方面：第一，高校思想政治理论课教学要贴近现实生活和学生思想实际，不回避现实问题和矛盾，敢于和善于理论联系实际，让青年大学生在社会实践中学以致用；第二，高校思想政治理论课教师要强化言传身教，既要重视讲什么，也要重视做什么和怎么做。高校思想政治理论课教师需要以身作则、率先垂范、谨言慎行，以实际行动感召青年大学生，通过言行一致来影响青年大学生。正如习近平总书记在学校思想政治理论课教师座谈会上指出的那样，思想政治理论课教师人格要正，只有教师自己的人格"正"了，才能吸引学生。亲其师，才能信其道。高校思想政治理论课教师要以堂堂正正的人格，感染青年大学生，赢得青年大学生的信赖，做为学为人的表率，在青年大学生心灵埋下真、善、美的种子。

五是理论性。马克思主义、毛泽东思想、邓小平理论、"三个代表"重要思想、科学发展观和习近平新时代中国特色社会主义思想是一脉相承的科学理论，这就决定了高校思想政治理论课具有与其他课程不一样的理论性特点。高校思想政治理论课在传授马克思主义科学理论和方法论时，需要以透彻的学理分析回应青年大学生，以彻底的思想理论说服青年大学生，用真理的强大力量引导青年大学生。因而，新时代高校思想政治理论课教学在系统传授马克思主义和马克思主义中国化理论成果基本知识的基础上，要坚持马克思主义基本立场、观点和方法，并运用马克思主义的基本立场、观点和方法发现问题、分析问题和解决问题，要讲清新时代高校思想政治理论课课程内容的基本知识及其相互间的逻辑关系，阐明自然、思维、社会发展的客观规律以及中国的政治、经济、文化、社会和生态等的发展规律。

六是育人性。为党育人、为国育才是高校思想政治理论课教学的目的。习近平总书记指出："办好思想政治理论课，最根本的是要全面贯彻党的教育方针，解决好培养什么人、怎样培养人、为谁培养人这个根本问题。"新时代高校思想政治理论课建设要紧紧围绕这一根本问题，加强学科建设、推进"三教"改革，改革创新教学方法，认真落实立德树人根本任务。与其他自然科学等课程教学目标要求不同，高校思想政治理论课教学的直接目的，就是引导和帮助青年大学生掌握马克思主义立场、观点和方法，树立正确的世界观、人生观和价值观，坚定建设中国特色社会主义的共同理想和信念。高校思想政治理论课教学的最终实效体现在使马列主义、毛泽东思想、邓小平理论、"三个代表"重要思想、科学发展观和习近平新时代中国特色社会主义思想入心入脑，并内化为青年大学生改造主观和客观世界的精神动力和力量源泉。

准确理解和把握高校思想政治理论课教学的这些特点，才能有的放矢地开展新时代高校思想政治理论课教学方法的改革创新，提高新时代高校思想政治理论课育人实效。

（四）高校思想政治理论课的价值

习近平总书记指出：在落实立德树人根本任务问题上，思想政治理论课的作用不可替代。其不可替代的作用主要体现在以下几个方面。

1. 导向价值

马克思主义认为：从现实意义上讲，人是社会关系的总和。人的价值在于对社会的奉献。奉献范围越大、受益的人越多，人生价值就越大。当中国正在进行社会主义现代化建设、阔步走在中华民族伟大复兴征途上时，习近平总书记强调：坚持中国特色社会主义理论体系，就是真正地坚持马克思主义。这充分表明，新时代马克思主义信仰教育应当植根于中国特色社会主义现代化建设实践中，使青年大学生实现马克思主义信仰理论和实践的自觉。高校思想政治理论课为什么要引导、教育广大青年大学生无所畏惧、无所保留地为共产主义远大理想而奋斗？答案只有一个，就是为了实现青年大学生人生价值的最大化。高校思想政治理论课就是要帮助、引导青年大学生将个人的人生价值同共产主义事业、共产主义远大理想相结合。同时，高校思想政治理论课要引导、教育青年大学生在实践中感受中国共产党为什么"能"、马克思主义为什么"行"、中国特色社会主义为什么"好"。因此，提升高校思想政治理论课价值导向力，就必须不断引导青年大学生进行真实有效的社会实践，让青年大学生在生动鲜活的社会动态实践中感受马克思主义真理的强大力量。高校思想政治理论课要引导、鼓励青年大学生投身于社会主义现代化建设的伟大实践中，教育、引导青年大学生形成群众史观，树立正确的人民至上的人生价值观，并且能够深入广大人民群众之中，与广大人民群众心连心，为人民群众谋幸福，自愿成为中国特色社会主义事业的劳动者。只有融入劳动群众，才能成长为社会的栋梁，成为党和人民可信赖、可托付的社会主义事业的建设者和接班人；也只有真正投入社会生产劳动中，真正站在人民群众的立场上发现问题、认识问题和解决问题，才能真正融入中国共产党的事业中，才能真正把握马克思主义真理的力量。因此，要不断增强高校思想政治理论课的价值导向功能，就必须引导青年大学生投身于社会主义现代化建设实践中，使之在劳动中接受锻炼，不断成长成才。

2. 德育价值

思想政治理论课作为高校落实立德树人根本任务的"灵魂"课程，实质上就是直接的德育课程，课程设置的目的就是要充分发挥高校思想政治理论课的德育育人作用。忽视高校思想政治理论课的德育功能，只注重知识传授和能力培养，其结果有可能把青年大学生培养成高才生，却不是党和国家需要的人才。实践证明，一个有才无德的人其潜在的社会危害性远远大于一个有德无才的人。思想政治理论课是面向新时代发展的教育，高校思想政治理论课教师必须把育人为本、德育为先、立德树人作为根本，把青年大学生培养成为德才兼备的社会主义事业合格建设者和可靠接班人。

三、教学方法

人们在实践过程中采用的手段或技巧就是方法，是人们接近、达到实践目的的工具或方式，起着"桥梁"和"中介"的作用。在社会实践中，有目的地做任何事情，都要讲究一定的方法。实践证明，方法得当可事半功倍，方法失当会事倍功半，这说明恰当的方法在社会实践中具有重要的作用。19世纪德国哲学家格奥尔格·威廉·弗里德里希·黑格尔认为：方法也可以看作工具，是主观客体的某个手段，主观客体通过它与客体发生相关联系和作用。黑格尔的论述从学理上阐明了方法的真正含义，即方法是主观客体为达到一定的目的而施展的手段或使用的工具，是人的主观能动性作用于手段或者工具的策略体现。比如，人在吃饭时，有的用手抓、有的用筷子、有的用勺子；过河时，有的造桥、有的造船、有的使用小木舟；生病时，有的吃药、有的打针、有的加强锻炼。这里的手、筷子、勺子、桥、船、药物或者打针等，都是人们主观能动策略的体现，是为了达到目的而使用的手段和工具，是看得见、摸得着的"物的方面"，并不是方法本身。真正意义上的方法是人们怎么利用手、筷子、勺子吃饭，利用桥、船过河，利用药物或者打针治病等，是人们运用这些工具或手段的"主观方面"，即利用这些工具或者手段的主观策略，这些主观策略才是方法。即便采用同样的工具或手段，如果方法不同，其产生的结果可能也完全不同。庖丁使用牛刀宰牛卖肉，与其他的屠夫一样使用的都是牛刀，但在解牛的过程中，使用牛刀的方式方法不一样，其解牛的效果就完全不一样。庖丁解牛，可以游刃有余，而其他人解牛可能就要费九牛二虎之力了。

黑格尔关于方法的观点，对我们进一步理解教学方法具有积极的启示作用。教学方法就是教师为了实现教学目标、完成教学任务，在教学实践中运用工具与手段的策略。教学方法主要有以下三个方面的要素：教师的教法，学生的学法，以及教与学的方法（联系教师、学生和教学内容三者的必要中介和重要桥梁，是完整的教学过程的重要环节和因素）。理解和把握教学方法的三个核心要素，是有效运用、创新教学方法的前提和基础。教学方法的选用是否得当，直接关系着教学目标能否实现、关乎着教学效果的好与坏、影响着教学效率的高与低、决定着整体教学是否成功，所以教学方法的选择、运用和创新意义重大。在动态的教学过程中，同样的教材、同样的教学内容、同样的教学目标、同样的教学时间，不同的教师采用不同教学方法，达到教学目标的效果就不一样。

在实际运用中，教师常常容易将教学方法与教学策略、教学手段、教学模式混为一谈，对这些概念内涵的理解模糊不清，会极大地弱化教学方法本身独有的特点和本质规定性。正确理解和把握教学方法的本质规定性是我们展开新时代高校思想政治理论课教学方法研究的逻辑起点和理论基础。第一，教学策略是教学方法的主观方面，是教师在教学实践过程中怎样使用书本、多媒体、案例等工具，根据教学目标、教学任务、教学内容和教学环境等，充分发挥教师和学生的积极性、能动性。教学目标的实现和教学任务的完成离不开有效的教学策略。第二，教学手段是教学方法"物的方面"。例如，一支粉笔、一块黑板、几幅挂图等就是传统教学的手段；随着科学技术的发展，幻灯机、投影仪、计算机和多媒体等就成为现代化教学手段。第三，教学模式是指教师在长期教学实践过程中形成的较稳定的教学框架和较固定的教学程序。作为教学框架，主要是协调统筹教学活动各要素之间内部的关系和功能，使之成为逻辑衔接紧密、功能发挥协调的有机教学整体；教学程序主要是指教学过程中对各环节先后顺序的安排，使整个课堂操作顺当、衔接紧密，即有序性和可操作性。第四，教学目标、教学内容、教学环境与条件等是教学方法的客观方面，教学方法的科学选择要合乎这些客观方面的要求和逻辑。第五，为了使用而使用的教学方法不具有实际意义。教学方法有效与否，其影响因素是复杂、动态的。教学方法的实效取决于教学方法与教学目标的契合度，与教学条件的适合度，与教学内容的匹配度，以及教师运用方法的娴熟度和学生心理的认同度等方面。第六，学无定法，教无定法，以学定教。其实只要适应青年大学生的学法，适合教师的教法，并符合教育教学规律的方法，就是好的教学方法。课程性质不一样，教学的目标不一样、对象不一样、环境不一样、内容不一样、条件不一样，所运用的教学方法也自然不尽相同。

四、高校思想政治理论课教学方法

高校思想政治理论课教学方法是指高校思想政治理论课教师根据高校思想政治理论课教材内容，青年大学生的学情以及教学环境、条件，达到教学目标，完成教学任务，而采用的各种方式、手段、工具等方略。教学方法是高校思想政治理论课建设的重要内容，它不仅影响着青年大学生学习思想政治理论课的积极性和主动性，而且关系着高校思想政治理论课课堂教学质量。新时代高校思想政治理论课教学方法的改革创新关键要抓住两个核心要素。一是教师思考如何"教"的问题。对于一名新时代高校思想政治理论课教师来说，其最需要掌握的就是如何教的方式方法，而这种教的过程不仅是纷繁复杂的，而且是不断动态变化的。新时代高校思想政治理论课教师不断分析总结运用教学方法的内在规律，科学地、艺术地、恰当地、有效地采用教学方法，是不断提高新时代高校思想政治理论课教师教学水平的重要途径。二是新时代高校思想政治理论课教师要思考青年大学生喜欢怎样"学"的问题。教师在研究应该如何"教"的同时，不能忽略或抛弃教学对象——青年大学生喜欢怎样"学"的问题。教师要把握青年大学生的认知规律，熟悉青年大学生的认知特点，理解青年大学生的喜好，等等。新时代高校思想政治理论课教师不能忽略青年大学生"学"的方法，而一味地追求"教"的方法，离开了青年大学生的"学"，教师的"教"也就失去了存在的意义和价值。

总而言之，教师的"教"、学生的"学"以及将"教"和"学"有机地结合起来，是新时代高校思想政治理论课教学方法改革创新中三个核心问题，而高校思想政治理论课教学过程中教师与学生之间多层次、多元素、多维度的交流与互动，则是两者统一性的关键。离开了教师"教"与学生"学"之间的交流和互动，教学就是空有形式、毫无实质意义的"假"教学。实际上，能否实现新时代高校思想政治理论课教学目标、能否取得预期的教学效果，在很大程度上取决于教师采用的教学方法，是否思考了教师"教"和青年大学生"学"的有机结合的问题。

第二节　高校思想政治理论课教学方法的基本特征

高校思想政治理论课具有较强的思想性、政治性和理论性及其特殊的政治道德指向、思想引导和价值引领功能，这就使得高校思想政治理论课教学方法具有了指向性、受限性和综合性的基本特征。

一、指向性

作为落实立德树人根本任务的关键课程，高校思想政治理论课的课程属性不同于以传授理论知识为主的知识课程，也不同于以传授操作技术技能的实践课程，它是在传授马克思主义理论知识的同时，更加注重对青年大学生施加有目的、正向的影响，引导青年大学生将马克思主义理论知识体系转化为自身的信仰体系，树立正确的世界观、人生观和价值观，不断提升青年大学生的思想政治素质和道德情操。高校思想政治理论课不仅仅关注青年大学生掌握了多少理论知识，更多的是关注青年大学生内在的思想品德结构和外在的行为表现，解决好"为谁培养人"和"培养什么人"的根本问题。因此，高校思想政治理论课教学方法的改革创新应指向青年大学生对马克思主义信仰的坚守上，体现在青年大学生思想道德素养的提高和社会主义核心价值观的践行上，同时，还应体现在为实现高校思想政治理论课"为党育人、为国育才"的教学长远目标上。高校思想政治理论课教学方法的改革与发展应始终围绕着完成高校思想政治理论课落实立德树人根本任务的教学任务，提升高校思想政治理论课育人的实效这一根本目标进行。

二、受限性

高校思想政治理论课教学方法的受限性是指教学方法的选择和运用不是随意的，必须依据高校思想政治理论课的教学目标、教学内容、教学条件等实际情况，有目的、有选择地运用和创新，同时应兼顾青年大学生心理和自身的特点能动地选择和运用教学方法。具体而言，这种受限性主要体现在以下四个方面。第一，受教学目标的限制。高校思想政治理论课采用什么样的教学方法，首先取决于高校思想政治理论课的教学目标。高校思想政治理论课教学效果主要体现在对马克思主义和中国特色社会主义理论，尤其是习近平新时代中国特色社会主义思想和社会主义核心价值观的"知、情、意、行"四个方面，这四个不同层级的目标需要与之相适应的教学方法；第二，受教学内容限制。高校思想政治理论课教学内容是对教学目标的具体落实。高校思想政治理论课教学内容具有鲜明的政治性、学理性、价值性、思想性和理论性，这就需要高校思想政治理论课教师在教学中采用的教学方法，既具有理论性又具有生动性，既具有价值性又具有感染力，既有说服力又有吸引力，以透彻的学理分析回应青年大学生，以彻底的思想理论说服青年大学生，用真理的强大力量引导青年大学生，从而不断增强高校思想政治理论课的思想性、理论性和亲和力、针对性。第三，受教学条件的限制。教学条件分为青年大学生知识背景、认知方式、情感心理等主观条件和教学场地、教学工具等硬件设施的物质性条件。任何教学方法的有效运用都需要创设必要的条件、顺应实际的条件，尤其是高校思想政治理论课的影像资料的再现。第四，受教学主客体因素限制。在高校思想政治理论课教学中，教学目标和教学效果的限制，一方面来自高校思想政治理论课教师自身，另一方面来自青年大学生。从教师自身因素来说，教师的品德情怀、教学专长、性格特征、理论学识、习惯性的言谈举止等要素，都会对高校思想政治理论课教学方法的实际运用效果产生很大的影响；从青年大学生的因素来看，他们在高校思想政治理论课课堂的心理状态、对高校思想政治理论课的主观需求以及学生的知识背景、认知兴趣、特点和方式等的不相同，使教师需要根据青年大学生的实际状况采用不同的教学方法，以不断提高高校思想政治理论课的亲和力和针对性。

三、综合性

高校思想政治理论课是做青年大学生的思想政治工作，青年大学生思想的复杂性和多样性决定了高校思想政治理论课教学过程包含着多种矛盾，也具有复杂性、多样性的特点。同时，青年大学生的思想、观念以及教学实际情况是不断变化的，这就需要高校思想政治理论课教师根据教学实际情况灵活地综合运用多种教学方法，取长补短、相得益彰。这就是高校思想政治理论课教学方法综合性特征的体现。但需要注意的是，这种"综合"是有机融合，而不是多种教学方法的简单、机械、生搬硬套地相加，也不是为了适应教学内容而对教学方法进行的简单拼凑，真正的"综合"应该理解为一种相互作用，是相互促进、取长补短、相得益彰的结果。一方面，教师在进行教学前的准备和教学过程中的关注焦点，不仅是单纯的教学内容、教学进程、在什么阶段运用什么样的方法，而是如何从整体上把握教学内容和青年大学生学情和学校的实际；另一方面，应该注意教学过程的互动性，高校思想政治理论课教学离不开师生之间的互动以及教学方法与内容之间的互动，也离不开师生与教学内容、教学方法的互动。在这种复杂的、动态的互动过程中，必然需要对高校思想政治理论课教学方法的综合。

第三节　高校思想政治理论课教学方法的基本价值

科学有效的教学方法是提高新时代高校思想政治理论课教学实效的重要途径。没有科学有效的教学方法，实现新时代高校思想政治理论课教学目标就会成为纸上谈兵。教学方法作为影响高校思想政治理论课教学效果最外显、最活跃的因素之一，其价值具体体现在以下几个方面。

一、纽带价值

高校思想政治理论课教学实践的一个重要形式就是教学方法，只有通过科学恰当的教学方法，才能发挥高校思想政治理论课落实立德树人根本任务主渠道、主阵地的作用。高校思想政治理论课教学方法是联系教师、学生和教学内容三者的必要中介和重要桥梁。教师搭建这个"中介"纽带水平的高低，能直接反映出教师教学能力的强弱，直接影响教师的教学效果。虽然教学方法有时体现为教师的一种态度，有时体现为一种教学手段，有时体现为一种教学技巧，有时体现为一种教学方式，但从根本上讲，这是一种教学能动智慧的实践。通过这种能动的智慧实践，使得教师和学生以及教学目标、教学内容、教学条件境等有机地统一和融合起来。在完整的教学过程中，教学方法选择的是否恰当直接与教学是否成功、教学目标能否实现、教学效果的好差相关。从已有的理论研究成果与实践探索证明，没有放之四海而皆准的普适性的教学方法。常言道："教学有法，教无定法，贵在得法。"这就要求新时代高校思想政治理论课教师在选择科学、恰当的教学方法时，应根据教师自身的特长，教学目标、教学内容、教学对象（学生）以及教学条件、教学情境等，充分发挥教师的积极性、主动性和创造性来选择使用恰当的教学方法。可见，教学方法在完整的动态教学过程中，具有连接、融合教师、教学内容和青年大学生的重要"中介"和"桥梁"作用，主要体现在两个方面：一方面，高校思想政治理论课教学方法承载着教师的教育理念和教学思想，凝聚着高校思想政治理论课教师对高校思想政治理论课教学实践规律的认识和经验总结，体现着高校思想政治理论课教师的教学能力、教育技巧和教学水平，同时也是完成高校思想政治理论课教学任务、实现高校思想政治理论课教学目标的基本路径。高校思想政治理论课教师正是通过这样或者那样的教学方法，将其所要讲授的高校思想政治理论内容传达给青年大学生。在教学实践中，不同的教师在相同的教学内容、相同的教学条件、相同的教学环境和相同的学生情况下，教学过程的气氛、效果会产生截然不同的结果，这除了高校思想政治理论课教师自身因素（理论水平、人格魅力、年龄形象、工作经验等）外，一个重要的原因就是与教师选择、运用的教学方法是否科学、恰当、适合、是否奏效相关。另一方面，科学、合适的高校思想政治理论课教学方法是保证教学内容的贯彻和教学目标实现的重要因素。在高校思想政治理论课教学过程中，如何选择教学内容、以什么样的方式展开教学内容、怎样与青年大学生互动交流、怎样提高教学的针对性、亲和力、吸引力、感染力等，都需要教师掌握一定的技巧、方式和方法。不过，在教学过程中无论教师使用何种教学方法，教师始终是处于主导地位，是教学进程中的发起者和推动者，这也决定了在教法与学法中，教法处于主导地位。但是，这并不意味着可以忽略青年大学生的学习方法，忽略青年大学生在思想政治理论课课堂上参与的积极性和主动性。因为为了切实落实高校思想政治理论课立德树人根本任务，使新时代高校思想政治理论课教学更有针对性、更具有亲和力、更有实效性，教师在选择教学方法时必须兼顾青年大学生的学法。

二、效果价值

高校思想政治理论课教师选择、使用的教学方法是否合理、是否科学、是否得当，到底该用什么来衡量，又怎样来衡量呢？这涉及高校思想政治理论课教学方法评价的根本问题。其中，是否有利于增强高校思想政治理论课的思想性，是否有利增强高校思想政治理论课的理论性，是否有利于增强高校思想政治理论课的亲和力，是否能有效地增强高校思想政治理论课教学的针对性，是否能提高青年大学生的获得感、增强认同感，是否有利于提升高校思想政治理论课教学效果等方面，是评价教学方法改革创新是否科学有效的重要因素。从某种意义上来说，提升新时代高校思想政治理论课教学效果，一个重要因素就是改革和创新高校思想政治理论课的教学方法。衡量教学方法改革创新是否成功，一个重要的衡量指标就是这种教学方法能否通过有效的教学时间，投入最小的精力来达到提高高校思想政治理论课教学实效的目的。课堂教学是教学过程中最主要的环节，以高校思想政治理论课教学方法的改革创新促进教学效果的提升不仅是可行的，而且是必行的、必然的。不过，衡量新时代高校思想政治理论课教学方法的效果，还需要衡量通过教师的教学方法，能从内心上撼动青年大学生思想心灵的程度，即青年大学生在多大程度上能将高校思想政治理论课学习到的知识、理论，消化吸收并真正内化为自身的认知、情感和意志，外化为青年大学生投身社会主义现代化建设的行动。如果高校思想政治理论课教师选择的教学方法不得当，教师只管埋头"教"，青年大学生只管"低头"学，久而久之，青年大学生学习思想政治理论课的积极性和主动性就会被削弱，从而影响高校思想政治理论课的育人效果。但我们必须清楚地认识到，新时代高校思想政治理论课教学方法的改革、发展，本身就不是一个简单的一蹴而就的瞬间快闪，而是一个漫长摸索的过程，尤其是以教学方法改革创新来提升新时代高校思想政治理论课教学效果更不是吹糠见米、立竿见影的事。新时代高校思想政治理论课教学能取得什么样的教学效果，既取决于教学过程中各要素的相互配合程度，也受制于其他能够影响青年大学生思想品质形成的多种因素。社会环境的变化、西方思潮的渗透，家庭教育的影响，朋辈群体的相互影响，甚至是一些社会、生活中偶发事件或者突发事件，都会干扰、影响一个青年大学生的思想道德和行为。这些因素，有些是高校思想政治理论课教师可以把控和引导的，有一些因素则是不可把控的，比如社会风气、朋辈、家庭的影响，或者偶然、突发事件等。可见，教学方法虽然是影响高校思想政治理论课教学目标实现的重要因素，但绝不是全部因素和绝对因素，片面放大教学方法对高校思想政治理论课教学目标的实现和教学实效的提升的作用是不可取的。

三、认同价值

高校思想政治理论课的认同感是指青年大学生对于高校思想政治理论课教师、教学内容、教学价值、教学方法和教学环境等因素以及整个高校思想政治理论课教学运行过程中的总体认知、情感、意志和行动的综合表现。青年大学生对高校思想政治理论课的认同感是一个复杂的结构系统，可以从不同维度进行解析。通过与青年大学生日常交流和青年大学生在高校思想政治理论课的表现，我们可以清晰地认识到，绝大多数青年大学生认为高校思想政治理论课是有用的，开设高校思想政治理论课是有必要的。由此可见，高校思想政治理论课在青年大学生心目中的整体形象还是比较好的。而且从青年大学生在思想政治理论课的表现可以看出，青年大学生群体中绝大多数人对于思想政治理论课是欢迎的、感兴趣的，是乐于学习的。因此，加强和改进新时代高校思想政治理论课的教学，让新时代高校思想政治理论课真正成为大学生真心喜爱的、感兴趣的课堂，我们还有很大的努力空间。至于少数同学对思想政治理论课不感兴趣，甚至反感，这还需要我们不断地探索、改革和创新新时代高校思想政治理论课教学方法，提高青年大学生学习思想政治理论课的兴趣。

第二章　历史回顾

高校思想政治理论课课程建设不仅关系到高校思想政治理论课"教什么"的问题，而且关系到高校思想政治理论课"怎么教"的问题。因此，回顾我国高校思想政治理论课教学方法的发展历程，完全可以沿着我国高校思想政治理论课课程建设历程进行梳理和分析。

从某种意义上讲，20 世纪 20 年代前后，思想政治理论课课程建设已萌芽。当时，由于马克思主义在中国传播和宣传的需要，不同形式、不同层次、不同对象的思想政治理论课就在城市，甚至农村开展，当时主要采取集中宣传、主动学习的形式，尤其是抗日战争年代，我们党在延安的思想政治理论课课程建设更是达到一个高潮，思想政治理论课教学形式也多种多样。严格意义上讲，我国高校思想政治理论课课程建设始于 1950 年。当时，为适应新中国建设和发展需要，在我国高等院校首先开设了一门"新民主主义论"的政治课程，从此，我国高校思想政治理论课课程建设经历了一个漫长曲折的发展过程。教学方法作为高校思想政治理论课课程建设的重要组成部分，也随着课程建设不断改革创新。

第一节　高校思想政治理论课教学方法改革的发展历程

中华人民共和国成立后，高校思想政治理论课的建设和改革发展大致经历了从新中国成立初期的探索，到改革开放初期的快速发展，再到 21 世纪初的繁荣发展几个阶段。在高校思想政治理论课课程建设过程中，课程的设置、内容的调整、师资的培养、教材的审订、运行的体制等多个方面，都经历着怎样将马克思主义意识形态教育渗透其中的过程。为增强高校思想政治理论课的亲和力、感染力、说服力和实效性，以马克思主义真理的力量说服人，以先进思想的力量打动人，高校思想政治理论课教师在课堂教学中必须大胆尝试新的教学方法。实践证明，高校思想政治理论课课程建设的每一个历史阶段都为其教学方法的探索提供了重要的契机。伴随着人们对高校思想政治理论课认识的逐步深化和教学技术、手段地不断进步，伴随着青年大学生对高校思想政治理论课需要的不断加深，高校思想政治理论课教学方法也在不断发生变化，并逐渐进入理性和科学的发展阶段。

一、第一阶段（1949—1978 年）

从 1949 年中华人民共和国成立到 1978 年改革开放，我国经历了社会主义改造、社会主义建设和"文化大革命"三个阶段，我国高等教育事业在曲折中艰难发展，作为高等教育的重要组成部分，高校思想政治理论课课程建设也经历了十分曲折的发展过程。在这一曲折的历史发展进程中，高校思想政治理论课教学方法的改革发展也经历了从探索期，到模糊地倡导理论与实际相结合，再到"文化大革命"时期，片面重视批判性的"一言堂"式地教学（甚至可以说高校思想政治理论课教学方法改革发展停滞不前）等几个曲折发展的历史时期。这一历史时期，我国高校思想政治理论课教学方法的突出特点：一是教条主义倾向严重，生搬硬套苏联教学模式；二是对理论联系实际的真实意义不清楚，大多停留在口头上；三是灌输式教学现象严重，如在一些落后的学校学习政治理论课，必须抄黑板、记笔记、背诵原句，不注重对内在思想政治素养的提升。

1949 年 11 月，中央人民政府教育部成立后，相继召开了系列会议，强调在各高等院校开设马列主义课程，并阐明了开设思想政治理论课的重要意义：一方面是为我们党初期执政的合法性寻求阐释和宣传，另一方面是为教育、引导新中国培养的第一代知识分子投身于社会主义建设。由此可见，思想政治理论课在高校所有课程中的重要地位。在这一历史时期，高校思想政治理论课教学尚处于起步阶段，还不具备统一编写教材的条件，教学内容很不稳定。到1950 年 8 月，高校思想政治理论课的教材主要还是刊登在《光明日报丛刊》上的几篇文章，如《新民主主义论讲授提纲》《辩证唯物论与历史唯物论教学纲目》和《政治经济学讲授提纲》等。后来通过研讨，修改逐步开设了"新民主主义论"（后改为"中国革命史"），"辩证唯物论和历史唯物论""马列主义基础""政治经济学"等课程。这一时期的思想政治理论课一直处于不断调整变动中，教学内容也在随之不断调整。基于这种情况，这一时期的思想政治理论课教学方法也处于萌芽阶段，为后来高校思想政治理论课教学方法的发展奠定了基础。

1949 年 12 月 23 日，马叙伦部长（时任教育部部长）在新中国第一次全国教育工作会议上，提出要对教学方法有一个彻底的，同时也是有计划、有步骤的变革。随后，教育部在 1950 年的暑期召开了思想政治理论课工作会议，针对当时教学中存在的教条主义、理论与实际脱节的问题，提出明确要求：一方面，教学方法在理论上要会用马列主义、毛泽东思想的系统理论知识，在联系实际上要重点关注学生的思想实际，避免旧的灌输式的教学方法；另一方面，教学不能仅限于被动解决一些枝节琐碎的问题，应以系统理论知识，针对主要问题有重点地去解决教学中出现的问题。同时，马部长提出要重视通过自学和集体讨论来巩固与提高学生自身比较正确的思想。此外，在这次会议上，马部长首次提出了理论学习在可能的情形下，酌量配合实际行动促进学生感性认识与理论知识相印证，巩固提高理论学习效果的方法，这种教学方法可以看作当前高校思想政治理论课实践教学的雏形。

1956 年，我国新民主主义革命初步完成，社会主义公有制基本形成，我国从此进入了社会主义建设时期。为了适应社会主义现代化建设的需要，顺应当时政治、经济形势的发展，高校思想政治理论课的设置处于不断地变化调整中。1956 年高教部在对思想政治理论课课程做调整时指示："马列主义基础的新教学大纲已发，中国革命史教学大纲仍用原来的，但各章节的原定学时，学校可做适当变动。"为适应政治经济发展形势，1956 年年底《马克思列宁主义基础课程教学大纲（初稿）》等课程的教材都已经全部出版发行，1957 年又开设了"社会主义教育"课程。在这一阶段，思想政治理论课程的设置和开展，最初受到"反右"扩大化的影响，之前开设的四门政治课被"社会主义教育"课程取代，直到 1961 年才逐步调整和恢复。在这一历史时期，高等学校开设的公共政治课包括两类：一是马克思列宁主义基础理论，二是时事政策报告与讨论，之后又根据当时的教学大环境调整为哲学、政治经济学、中共党史、思想政治教育报告，这样的课程设置随后以条例的形式固定下来，使得高校思想政治理论课的课程设置有了一个相对稳定发展的时期，而且此时的思想政治理论课课程设置情况对此后的课程建设产生了较为深远的影响。因此也可以将其视为现行高校思想政治理论课课程设置的源头。在这一历史时期，高校思想政治理论课教学方法的探索也在曲折中发展，思想政治理论课教学除了继续强调理论联系实际的原则和方法外，还十分重视安排学生参加实际的社会主义教育批判运动。值得一提的是，1964 年 10 月中共中央宣传部、高教部党组、教育部临时党组发布了《关于改进高等学校、中等学校政治理论课的意见》（以下简称《意见》）。该《意见》明确高校思想政治理论课教学方法要"贯彻启发式、废止注入式的教学方法"。这一思想政治理论课教学新要求，以中央文件的形式被正式提了出来，这不仅明确提出了贯彻启发式教学法的原则，而且对怎样贯彻执行的步骤和要求也做出了明确的规定，是思想政治理论课教学方法改革的一项标志性事件。此外，该《意见》还对当时的思想政治理论课的考试方法做了调整。《意见》中的相关规定是第一次对思想政治理论课启发式教学法进行详细的分析和论述。由此，理论与实际相结合、政治与业务相结合、启发式教学和体验式教学等基本教学方法，被运用到思想政治理论课教学中。这不仅在一定程度上保持了高校思想政治理论课程教学的稳定性，也使其主要的思想政治教育功能基本实现。

纵观这一历史时期高校思想政治理论课教学方法的发展，总体上呈现为灌输式教学特点。新中国成立后，在国民经济三年恢复以及社会主义改造时期，高校思想政治理论课教学基本沿用革命根据地或延安时期传统的思想政治工作方法，即围绕着特定的政治运动开展思想政治教育活动，用"政治思想运动代替课堂教学，思想教育缺乏系统性和科学性。"加之，在当时历史条件下高水平的高校思想政治理论课教师还相当缺乏，以致这些课程的教学水平一般都不高，甚至还出现为数不少的高校以中文教师来上思想政治理论课的现象。因此，不能正确地宣传、教育马克思列宁主义思想也就不足为怪了。虽然在此后的一个时期，提出了理论联系实际、启发式教学法，但在实际的执行过程中由于在理解上存在偏颇，过程上有一些简单化和"左"的倾向，高校思想政治理论课教学方法的整体特点还是灌输式教学方法，学生被动地强记硬背。

二、第二阶段（1979—1998 年）

1978 年 12 月，党的十一届三中全会胜利召开，标志着我国社会主义建设进入了一个新的历史发展时期。党的指导思想和工作重心发生了 180° 的转变，拨乱反正和社会主义现代化建设各项事业全面开展。1977 年，停止了十年之久高等学校招生工作恢复，工人、农民、知识青年、复员军人、应届高中毕业生，通过考试、择优进入大学。高校思想政治理论课课程建设重新提上日程，得到了前所未有地重视。1985 年 8 月，中共中央发出《关于改革学校思想品德和政治理论课教学的通知》（中发〔1985〕18 号），即"85"方案，要求在高等院校设立四门马列主义课程，即"中国革命史""中国社会主义建设""马克思主义原理""世界政治经济与国际关系"。"85"方案出台后，高校马克思主义理论教育和思想教育并举的高校思想政治理论课程建设构架基本形成并不断完善，为适应课程要求和时代发展变化的需要，高校思想政治理论课的教学方法也进入了快速发展时期。1986 年国家教育委员会发出《关于在高等学校进一步贯彻"中共中央关于改革学校思想品德和政治理论课教学的通知"的意见》（〔86〕教政字 012 号），要求用三到五年的时间进行高等学校思想政治理论课教学改革工作，为适应马克思主义中国化最新理论成果进教材、进课堂和进头脑需要，各高校逐步开设了新的课程。"85 方案"鲜明地突出了对青年大学生进行中国历史，尤其是党史，马克思主义理论与中国现实相结合的思想政治教育重要思路。此后，在 1986 年、1987 年、1988 年和 1991 年，国家教育委员会又发布了一系列相关文件，进一步调整和规范高校思想政治理论课程设置，"法律基础""大学生思想修养""形势与政策"等课程作为高校本科生思想政治理论课相继开设。这些课程的开设，进一步促进了青年大学生思想道德素养和法律素养的提高，帮助青年大学生及时学习和掌握党和国家的路线、方针、政策，使青年大学生能够正确认清形势和任务，激发青年大学生的爱国主义精神和民族自信心、社会责任感，充分发挥高校思想政治理论课的作用和功能。这一系列探索和完善，既保持了马克思主义理论课程的稳定性，也符合时代发展和马克思主义理论建设的新要求。同时，根据各高校的实际差异，允许这种课程设置可以有计划、有步骤地进行，为各高校保留了弹性的发展空间。

在这一时期，高校思想政治理论课教学方法改革创新也进入全面活跃时期，高校思想政治理论课教学方法出现多样化发展。除了继承和发扬理论联系实际、启发式、体验式教学方法以外，在国内高校思想政治理论课教学中，逐步形成了谈话法、演示法、体验法、参观法、讨论法等教学方法。同时，随着改革开放的深入发展，一些国外思想政治工作中成功的教学方法也在国内高校思想政治理论课被尝试和借鉴，主要有发现法、范例教学、暗示教学法、程序教学法、微型教学法、案例教学法、纲要信号法、"探究-研讨"教学法、问题讨论法、卡片教学法、能力分组教学、问题教学法等。

总之，这一时期高校思想政治理论课教学方法得到多方面、多层次的丰富和发展，教学方法丰富多彩、博采众长。高校思想政治理论课教学方法呈现的主要特点是更加强调对学生学习主动性的提高和独立思考能力的培养，重视学生主体地位，强调学生自主学习，更加坚定克服高校思想政治理论课教学"灌输式"教学方法。

三、第三阶段（1999—2005 年）

随着时代的发展和国际国内形势的重大变化，沿用 13 年的以"85 方案"

为基础的高校思想政治理论课课程设置逐渐不能满足党和国家对高校思想政治理论课教学任务和目标的需要。1994 年下发的《中共中央关于进一步加强和改进学校德育工作的若干意见》明确提出：学校政治理论课和思想品德课应成为一个完整的教学内容体系。1997 年党的十五大决定将邓小平理论与马列主义、毛泽东思想一起确立为党的指导思想。中共中央宣传部、教育部为贯彻落实党的十五大精神，并在吸收思想政治理论课教学改革经验的基础上，1998 年中共中央宣传部、教育部印发《关于普通高等学校"两课"课程设置的规定及其实施工作的意见》（教社科〔1998〕6 号），即"98 方案"。"98 方案"明确规定：在高校政治理论课课程中要开设"马克思主义哲学原理"等课程；在思想品德课程中开设"思想道德修养"等课程。"98 方案"实施后，高校思想政治理论课在课程建设、教学内容，师资队伍、学科建设、教学条件等方面都得到了迅速地发展。

在这一历史时期，高校思想政治理论课的教学方法改革、发展和创新的脚步也在进一步加快。除了常用的讲授法、讨论法、案例法等方法外，高校思想政治理论课教师还创造性地运用了因材施教教学法、体验式教学法和探索式教学法等。随着科技和网络信息技术的发展，广大教师还开拓性地将现代教育技术、网络信息技术运用到高校思想政治理论课教学中，在结合现代教育技术和网络信息技术的教学方法和手段方面有了新的突破。教学方法开拓性地运用，使高校思想政治理论课教学内容跟上了党的理论创新步伐，使马克思主义中国化的最新理论成果进入了高校思想政治理论课的教材、进入了高校的课堂、进入了青年大学生的头脑（以下简称"三进"）。为了使"三进"工作更具有针对性、吸引力和实效性，各高校思想政治理论课教师深入学习理论、掌握青年大学生最新思想动态，加强理论研究，用灵活多样的方法开展教学活动，成为这一时期高校思想政治理论课教学方法改革的突出特点。

四、第四阶段（2006 年至今）

针对 21 世纪初期国际国内复杂的意识形态环境，为提高高校思想政治理论课育人实效，在 2003 年年底和 2004 年年初，相关部门组织开展了一次覆盖面较广的"关于高校思想政治理论课教学现状"的调研，调研结果反映出当时高校思想政治理论课教学中存在以下问题：高校思想政治理论课师资力量薄弱，思想政治理论课课程安排不合理，学生学习兴趣不足，部分高校思想政治理论课教师对党和国家的方针政策知之甚少，甚至个别高校思想政治理论课教师传播错误观点、课堂教学效果差，等等。调研报告还分析了当时高校思想政治理论课教学效果差的原因，认为主要有高校思想政治理论课教材内容陈旧、思想政治理论课教学手段落后、国际国内社会思潮的冲击、学生思想生活状况的日趋复杂、互联网的挑战、部分高校不重视教学等几点。针对上述情况和问题，迫切地需要对原有的课程体系进行调整。2004 年 8 月，中共中央、国务院颁发的《关于进一步加强和改进大学生思想政治教育的意见》（中发〔2004〕16 号），明确指出：高等学校思想政治理论课作为大学生思想政治教育的主渠道，思想政治理论课要适应时代发展的要求，体现马克思主义与时俱进的理论品质，不断吸收社会主义现代化建设中理论和实践发展的最新成果，将理论武装与实践育人相结合。为深入贯彻落实《关于进一步加强和改进大学生思想政治教育的意见》，2005 年 2 月 7 日，中宣部、教育部下发的《关于进一步加强和改进高等学校思想政治理论课的意见》（教社政〔2005〕5 号）明确指出科学的课程设置是加强和改进高校思想政治理论课教育教学的基本环节。为深入贯彻《中共中央国务院关于进一步加强和改进大学生思想政治教育的意见》精神，做好《中共中央宣传部、教育部关于进一步加强和改进高等学校思想政治理论课的意见》的实施工作，中共中央宣传部教育部下发《〈关于进一步加强和改进高等学校思想政治理论课的意见〉实施方案》（教社政〔2005〕9 号），即"05 方案"。"05 方案"对普通高等学校本科思想政治理论课课程进行调整，在普通本科院校开设了"毛泽东思想、邓小平理论和'三个代表'重要思想概论"等四门必修课，增设了"形势与政策"课，同时开设了"当代世界经济与政治"等选修课。而且"05 方案"对高校思想政治理论课教学方法等方面提出了明确的要求。其中，在高校思想政治理论课教学方法改革中，进一步明确了高校思想政治理论课教师在教学过程中的主导作用，强调要充分尊重学生的主体作用，充分调动学生学习的积极性和主动性。要求教师要积极回应学生关心的社会热点难点问题，提高马克思主义理论的说服力和感染力。强调理论联系实际，广泛运用讨论时、启发式、互动式、问题导向式教学，同时认真探索高校思想政治理论课的专题讲授、案例教学等多种教学方法。为了适应多媒体和网络信息技术广泛普及的趋势，各高校要积极探索网络信息技术在高校思想政治理论课中运用的新形式、新手段、新方法，实现高校思想政治理论课教学手段的现代化，要采取多种方式改进和完善考试方法，要改革和创新高校思想政治理论课的教学方法，使之符合教育教学规律和学生学习特点，贴近学生实际，活跃教学气氛，提高教学效果。

在党中央和各级政府的高度重视下，广大高校思想政治理论课教师积极改革创新，在教学方法上更加注重理论联系实际，更加重视实践教学方法。2018

年4月，教育部印发了《新时代高校思想政治理论课教学工作基本要求》（教社科〔2018〕2号）（以下简称《要求》），该《要求》对高校思想政治理论课教学方法提出了五点明确的要求：一是要科学运用教学方法，不断提升高校思想政治理论课教学实效；二是要加强高校思想政治理论课教学方法的改革创新，大力推广可复制、可操作的优秀教学方法，"以点带面"不断提升高校思想政治理论课教学方法；三是要始终坚持围绕青年大学生的需要创新教学方法并注重教师主导作用和青年大学生主体作用的发挥；四是加强高校思想政治理论课的实践教学，本科层次高校要用2个学分开展实践教学，专科层次高校要用1个学分开展实践教学。五是顺应时代客观要求，着力开拓高校思想政治理论课的网络教学，创新网络教学形式，促进高校思想政治理论课线下教学方式与现代信息技术的有机融合。这五点是在中国特色社会主义进入新时代，全面推进习近平新时代中国特色社会主义思想"三进"的新要求，它明确了用什么样的内容和方式方法教育学生。

"05方案"颁布实施以后，高校思想政治理论课建设得到了全面发展，学科发展进一步深化，课程内容设置更加合理，队伍建设更加全面，组织和管理体系更加科学。与此同时，高校思想政治理论课教学方法也获得了全面地发展和整体水平地提升。尤其是2015年中宣部、教育部发布的《普通高校思想政治理论课建设体系创新计划》（教社科〔2015〕2号）实施以来，各普通高校思想政治理论课教学方法改革、教学艺术创新又掀起了新一轮浪潮，高校思想政治理论课教学方法改革创新进入了多样化、系统化、科学化的新时代。无论是高校思想政治理论课教学方法的理念、模式、载体，还是高校思想政治理论课教学方法的运用主体和运用过程、环节，都发生了深刻的变化，为新时代高校思想政治理论课建设的进一步创新发展奠定了深厚的基础。当然，我们也应明确，回答好新时代高校思想政治理论课"培养什么人、怎样培养人、为谁培养人"这个根本问题并非易事，我们的高校思想政治理论课内容和方法建设不可能一劳永逸，在新的时代，我们要与时俱进、常为常新。

第二节　高校思想政治理论课教学方法的传统运用方式

七十多年来，尤其是2005年中共中央宣传部、教育部印发《〈关于进一步加强和改进高等学校思想政治理论课的意见〉实施方案》的通知（教社政〔2005〕9号）后，高校思想政治理论课教学方法在广大教师艰辛探索和钻研下，总结归纳了许多教学方法。在教学方法的选择运用中，教师主导作用和学生主体作用得到进一步加强；教学活动的设计和组织广泛应用多媒体和网络信息技术，绝大多数高校实现了教学手段现代化。

一、教学方法举要

一是课堂讲授法。课堂讲授的教学方法是高校思想政治理论课教师常用的，也是基本的教学方法，这是因为高校思想政治理论课理论性比较强、基本概念比较抽象、基本原理比较哲理、基本原则比较深奥，所以教师必须进行课前认真备课，由浅入深地导入新课，加强课堂练习、巩固理论知识，及时总结、评价学生的学习情况。这一教学过程主要呈现为高校思想政治理论课教师运用教学语言向学生进行教学内容的讲解和分析。因此，课堂讲授法，又称口述法、系统讲授法等，它能使青年大学生在较短的时期内系统掌握马克思主义理论体系中最基本的、最本质的、最主要的内容，但缺乏师生相互作用，形象生动性不够。因此，教师必须以马克思主义辩证法观点看待课堂讲授法，摒弃两种不正确观点：第一，课堂讲授法是传统教学方法，传统就意味不够先进；第二，课堂讲授法就等同于"一言堂""填鸭式"的"满堂灌"教学方法。所谓"教学有法，教无定法，贵在得法"，就是说再先进的教学方法也不能"包打天下"，只有教师根据教学内容、学生实际情况、教学条件等因素，随机应变地运用各种教学方法才是教师们应该追求的更高境界。

二是案例教学法。与课堂讲授法不同，案例教学法是一种以案例为基础，鼓励学生积极参与案例讨论的一种教学方法。教师在课堂教学过程中主要扮演着案例教学法的设计者和激励者的角色，其基本环节包括课前选择社会生活或学生身边碰到的典型事例，设计思考讨论的话题；呈现生动、鲜活的案例，组织学生参与课堂讨论；点评、总结案例评议情况等一系列环环相扣逐次递进的教学环节。

案例教学法起源于西方"问答式"教学，传入我国则是在 20 世纪 80 年代，在教学实践中始于我国法学类、医学类教学，并取得了突出的成效。随后在我国高校思想政治理论课教学中开始运用推广。高校思想政治理论课案例教学法将部分真实生活引入课堂，使青年大学生接触各式各样的具体情境，实际生动，富有吸引力和启发性。学生思想、学习和生活的案例，使教学更具有针对性和亲和力，避免了那种传统照本宣科式地单向"灌输式"教学模式。

三是启发式教学法。启发式教学是指教师在教学实践过程中，根据学生学习欲望（想知道又不知道、想表达又不能表达清楚），按照教育教学和学生成长的客观规律，以启发学生思维为核心，充分调动学生学习的积极性、主动性，通过动脑、动手、动口等方式去获取知识，教育、引导学生发现问题、分析问题和解答问题的一种教学方法。首先，启是发的前提和条件，其次，发是启的发展和结果，要让学生启而即发，就需要教师启而得法。同时，启发式教学法也是教师主导作用与学生主体作用有机结合一种方式方法。在我国古代教育实践中就特别提倡和重视启发式教学法，如古代著名教育家孔子讲："不愤不启，不悱不发。举一隅不以三隅反，则不复也。"我国近代著名教育家叶圣陶认为：教师在教学实践中不仅要注重"教"，而且要注重"导"。教师"导"方法就是一要提问，二要指点。我国前辈的这些宝贵的教学经验，都值得高校思想政治理论课教师继承和发扬。结合自己教学工作实际，笔者认为启发式教学法的提问，一要紧扣教学重点和难点设计问题；二要具有启发性，切记问题大而玄、细而明；三要面向大多数学生；四要温故而知新，即以旧带新巩固知识，要走出提问就等同于启发或教师少讲、学生多练的认识误区。

1964年中央宣传部等部门联名下发《关于改进高等学校、中等学校政治理论课的意见》（以下简称《意见》），该《意见》指出：政治理论课教学必须坚持启发式，废止注入式，教师必须认真了解学生的"活思想"，随时掌握学生的思想动向。该《意见》还着重阐明了贯彻执行启发式教学法的四个步骤：一是启发报告，二是要读书，三是讨论，四是要总结或解答，即教师要根据学生在学习过程中提出的问题和讨论中争论的问题，结合基本理论，经过研究，做出有分析性的总结或解答，从而提高大家的认识水平。因此，能否挖掘学生的学习潜能、提高学生独立自主地思考问题的能力、激发学生参与案例研讨、交流自己思想的积极性和主动性，是实施启发式教学的关键。可见，启发式教学法符合高校思想政治理论课教学目的要求和青年大学生的学习活动规律。高校思想政治理论课教学目的就是通过对青年大学生进行系统的马克思主义和中国特色社会主义理论以及社会主义核心价值观的教育，学会运用马克思主义基本立场、观点和方法，提高青年大学生发现问题、分析问题和解决问题的能力，真正成为中国特色社会主义事业的合格建设者和可靠接班人。在教学实践过程中，许多高校思想政治理论课教师对一些较为抽象的马克思主义理论、原理和概念，往往采取由浅入深、环环相扣、层层深入的启发式教学法，以便青年大学生理解和接受。启发式教学法的基本思路是由具体事例或已掌握的基本知识，引出比较抽象的原理和普遍真理，使青年大学生的思想认识由浅入深、层层深入，以致达到教学目的，因而在教学过程中有着较大的启发作用和教育意义。

启发式教学法是落实立德树人根本任务的重要方法。在教学实践过程中，教师要清晰地明确教学目标和要求，课程内容与教学形式有机统一，引导青年大学生与环境的和谐互动，激发青年大学生的求知欲；要具有深厚的马克思主义理论功底、渊博的学识以及对青年大学生思想特点和社会热点焦点问题有一定程度的了解和研究；要有引导青年大学生思考和驾驭课堂讨论的能力，能与青年大学生进行平等交流；要认真备课，周密设计，充分认识青年大学生主体的不完备性并及时总结经验；要坚持问题导向，要能灵活地运用各种教学原则、教学规律，能随机应变地使用演绎与归纳、分析与综合的方法对青年大学生进行启发。

四是讨论式教学法。讨论式教学方法在高校思想政治理论课教学方法体系中占有重要地位。在讨论式教学方法中，学生在教师的指导下进行有意识的思维探索活动，对一些不同观点和看法开展讨论，引起学生学习的兴趣，从而形成自主学习、探究性学习的习惯。讨论式教学方法包括预习、阅读教学材料，发现问题，提出问题，学生发表自己的观点、教师引导，总结评价六个基本环节，具有以下明显特点：一是信息源多，信息交换量大，师生获得信息快；二是能充分调动学生参与教学的积极性、主动性和创造性；三是能有效地培养和提高学生的沟通交流能力。

实践证明，高校思想政治理论课教师在教学过程中，围绕某一思想政治理论课的教学内容或教学案例，不失时机地引导、鼓励青年大学生开展相关的课堂讨论、演讲、辩论、对话，有利于帮助青年大学生理解和把握高校思想政治理论课相关基本概念、基本知识和基本原理，有利于提高青年大学生运用马克思主义的基本立场、基本观点和基本方法，发现问题、分析问题和解决问题的能力，也有利于调动青年大学生学习思想政治理论课的积极性和主动性，活跃课堂学习气氛，从而在深入、热烈的学习讨论中，使青年大学生真学、学懂、深悟、弄通、笃信、笃行马克思主义理论、马克思主义中国化的科学成果以及社会主义核心价值观。讨论式教学方法形式多样、不拘一格、生动活泼，易于激发青年大学生学习马列主义理论的浓厚兴趣。但在教学实践中不容小觑的问题是，使用讨论式教学方法往往只能使部分青年大学生收益较大，而大部分青年大学生只是戏前的观众，听听而已，而且在讨论过程中，讨论双方容易偏离主题、情绪失控，因此还需要发挥高校思想政治理论课教师的主导作用。

五是探究式教学法。探究式教学法又可称为"发现法""研究法"。教师在讲解或阐释基本概念或深奥原理等过程中，为了让学生由浅入深地理解和把握相关知识，教师会先给学生提出一些问题和现象，学生自己通过对这些问题和现象的思考、观察、讨论和实验等途径，独立地去探究，从而发现并掌握相应的原理和结论。探究式教学方法主要有以下实质性教学环节：一是发现问题，二是探讨问题，三是研究问题，四是解决问题。"探究"一词在《辞海》中的解释为：深入探讨和反复研究。可见，"探究"一词包含两个方面的基本意思：一是探讨，二是研究。在思想政治理论课教学中，探究式教学方法主要有以下几个环节：一是提出问题或呈现现象或创设情境，激发学生自主探究欲望；二是自由商讨或独立思考，由此发掘学生自主探究潜能；三是利用恰当时机，适时点拨诱导探究的方向；四是合作协调训练学习的能力；五是布置创新性作业，激励学生自主学习。

美国哲学家、教育家约翰·杜威最早提出在教学中使用探究方法，他认为科学的教育不仅仅在于学生学习大量的知识，更重要的是学生学习的过程或方法。20 世纪 60 年代，探究式教学方法越来越得到认可，美国教育家施瓦布在"教育现代化运动"中首次指出学习科学"不在于占有的信息，而在于拥有的探究能力"。需要强调的是探究式教学法应给予学生足够的自由，充分尊重学生的主体性地位。杜威、施瓦布等教育家关于探究式教学法有一个共同点，那就是让学生积极参与"做"，不强求学生被动地听教师讲或只是枯燥地阅读有关材料或文献，强调比理解和掌握科学原理、理论知识更重要的是使学生参与学习科学、理论的过程。因此，教师如何用探究的方式展现知识，学生如何用探究的方式学习教学内容，一度成为教学方法改革创新热点话题。

六是专题式教学法。专题式教学法是指教师立足教育教学实际，从学生思想实际和社会现实问题、学生关注的热点焦点问题出发，在遵循课程教学计划、教学大纲和教学内容的前提下，突破原来教材章节、教学计划和教学秩序安排，将教学内容按照一定的教学需要分成若干部分，把每个部分视为一个独立的专题来备课和授课的教学方法。高校思想政治理论课专题式教学法以社会现实、青年大学生思想实际为切入点，紧紧把握时代脉搏，具有以下明显特点：一是课堂"微型讲座化"。在专题式教学课堂上，任课老师必须就某一专题进行"讲座化"的备课，要将专题课讲授成知识结构逻辑严密，抽象理论具体化、通俗化的课程。二是以青年大学生为本的教学理念更易实现。在专题化教学过程中，启发式教学法、互动式教学法、案例教学法、多媒体手段以及主体教育理论等都能作为一种教学手段加以利用，并得以发挥。三是专题式教学法"深""实""活"。专题式教学法要求教师知识领域要广，理论层次要深，而且要在结合社会实际、青年大学生的思想实际、教材结构实际的基础上进行选题，教师课堂教学组织方式比较灵活多样。专题式教学方法能够被广大高校思想政治理论课教师接受和采纳，主要因为：第一，专题式教学方法突出了问题导向。专题式教学以青年大学生关注的热点焦点问题为中心，开展抽丝剥茧式的分析，教学重点较突出，问题针对性较强。第二，专题式教学主题突出，围绕专题深入阐释教学内容涉及的理论与实践两方面，不仅知识量、信息量大，而且针对性强，感染力大。第三，专题式教学以高校思想政治理论课课程的学科体系和任务目标为基础，围绕经济、政治、文化、社会和生态以及青年大学生关注的热点焦点问题设置专题，进行科学的、系统的、具有针对性的教学，必然会改变传统照本宣科的"灌输式"讲授方式，高校思想政治理论课会更"活"些、更"火"些。第四，青年大学生受到不同学术背景和思维方式的训练和熏陶，有利于青年大学生的健康全面成长。

在专题化教学过程中，教师开设的专题必须根据课程教学内容的要求，精心备课，注重顶层设计，既要力求涵盖高校思想政治理论课的基本内容，注意各专题之间的内在逻辑，又要反映青年大学生思想特点与社会生活的实际，具有针对性。

七是实践教学法。理论联系实际是马克思主义的理论品质，加强高校思想政治理论课实践教学方法改革创新，具有理论教学方法不可替代的作用。党和国家历来高度重视实践育人工作，党的教育方针就要求：坚持教育与生产劳动和社会实践相结合。实践证明，在学生成长成才的过程中，必须谦虚地向社会实践学习，将"小课堂"与社会"大课堂"结合起来，向人民群众学习，不断增强学生服务国家、服务人民的社会责任感，增强勇于探索的创新精神，提高学生发现问题、分析问题和解决问题的实践能力。坚持理论学习、创新思维与社会实践相统一。由此可见，高校思想政治理论课实践教学法是落实立德树人根本任务的必然要求，是把社会主义核心价值观贯穿于高校教学全过程的必然要求，是全面落实党的教育方针，提高高等教育质量的必然要求。社会实践活动是高校思想政治理论课实践教学的有效载体，它的主要形式包括假期社会调查、青年志愿者服务、参加生产劳动、开展"三下乡"活动、开展科技发明活动、参加社会公益活动和勤工助学等，同时也包括学校利用国家重大庆祝活动、重大历史事件纪念活动以及端午、重阳、清明传统重要节日，紧密围绕某一个主题、精心策划筹备，在一段比较集中的时间，开展的特色鲜明的主题实践活动。按照《新时代高校思想政治理论课教学工作基本要求》（教社科〔2018〕2号），高校要把实践育人纳入学校教学计划，系统设计实践育人教育教学体系，加强实践教学管理，确保实践育人工作全面开展。进入新时代，创新创业成为青年大学生实践教学的重要途径，深化新时代高校思想政治理论课实践教学方法改革，重点在于加强基于问题、基于项目、基于案例的教学方法创新，同时要加强对综合性实践科目设计和应用。

八是多媒体教学法。多媒体教学法是指在教学实践中运用现代网络信息技术手段辅助教学的一种教学方法，它以计算机、多媒体软件、投影仪和影像图片等为主要教学工具，依据教学任务和要求，结合学生学情，通过课堂教学设计，运用计算机、多媒体软件等处理文本、图片、图形、动画、音频和视频等多种教学信息，与教学内容有机整合起来向学生生动、形象地传递知识和技能。高校思想政治理论课运用多媒体教学法，不仅能够生动形象地讲授和阐释马克思主义基本概念、基本原理和深奥的理论，促进青年大学生对理论知识的理解和记忆，而且能够大大提高青年大学生现代化科技素养。实际上，多媒体教学法以其表达形式的多样性，教与学的交互性，体系结构的开放性以及教学管理的灵活性，已成为新时代高校思想政治理论课的重要教学方法。多媒体教学法通过网络信息技术，利用现代化多媒体，有机地将图像、声音、文字和视频组合起来，形成生动形象、简洁明了的思想政治理论课教学课件，实现了教学过程中师生与计算机、多媒体的交互，教师与学生的互动，时间与空间的交错。与高校思想政治理论课传统教学方法比较，多媒体教学法具有以下显著优势：第一，多媒体教学法具有直观性。多媒体教学法通过网络信息技术和多媒体，将教学内容解构成直观的图像和音像或者动漫形式，突破了青年大学生视觉限制，可以多角度地观察教学对象，并且要点突出，有助于教师对基本概念、原理的讲解和传授。第二，多媒体教学法具有图片、文字、声音和影像并茂的特点，可以多角度调动青年大学生学习思想政治理论课的积极性和主动性。第三，多媒体教学法具有动态性。教学过程中，青年大学生会有更多参与课堂教学的机会，学习会更为主动些。第四，多媒体教学法具有可重复性。由于现代教学手段具备储存功能，教师可以随时调出过去所教的重要知识，帮助学生温故而知新，降低学生对重点知识的遗忘率。可见，多媒体教学法，与传统教学方法相比，有利于增强高校思想政治理论课的亲和力、针对性和感染力，提高教学实效。与此同时，多媒体教学法对新时代高校思想政治理论课教师提出了更高要求：一是要树立新的教育理论。一般说来，先进的教学手段必须有相应的教学方法理念与之配合才能充分发挥其优势。在一定意义上讲，教学方法的优劣直接影响着教学效果，因此将现代网络信息技术手段运用于教学实践时，必然要求教学方法的改革和创新。二是教师要善于进行对教学合作过程的设计。要有效利用多媒体进行教学，教师在课前必须周密地设计好学生的反思过程，设计好学生的表述过程，让学生在课堂教学过程进行充分讨论辨析，集思广益地解决疑惑，才能使多媒体教学法的效果充分发挥。三是要求教师运用网络信息技术和多媒体，再现真实的场景。教学过程中，教师要通过互联网查找与教学内容相关的丰富历史资料或真实的现实典型案例，并设计相关知识在实际场景中运用的方法，同时要求教师在设计具体运用场景时，充分考虑实际问题的复杂性并能让学生从中进行探索，以便帮助学生形成自己的认知结构。

二、运用过程探析

对教学方法运用现状和特点进行分析，透过其纷繁复杂的表面现象，捕抓一些本质特征，有利于新时代高校思想政治理论课教学方法的改革、创新。

（一）两大阶段

一个完整的教学过程基本包括课前、课中和课后三个环节，教学方法的运用体现在课前的选择和设计，课中的具体运用以及课后的反思和深化上，其中课中对教学方法的运用是关键。通过深入班级听课，参与各级各类高校思想政治理论课教学研讨会以及与师生的交流，笔者发现高校思想政治理论课教师在课堂上使用教学方法的过程中主要呈现出以下几种状况：一是教师讲授，课堂提问；二是指导学生阅读、自学，让学生自己说一说；三是让学生在课堂上进行分组讨论，相互合作学习；四是针对重要教学内容开展一些辩论活动，甚至社会实践活动；五是对学生进行课内辅导，布置课外作业，让学生背诵重要的教学内容；六是引导学生观看 PPT、影像或视频。由于教师的教学思路形成于课前备课之时，实施于课堂教学过程之中，而且教学方法既包括方式和手段，即对教学媒体、教具、教学手段的运用，又体现为教学过程的结构程序，所以深入分析教师在教学实践中具体运用这些教学方法的行为，从中洞悉教师、学生和教学内容之间的内在关系，对改革创新新时代高校思想政治理论课教学方法具有重要意义。

1. 第一阶段：课前备课

教师进行课前备课，从教学方法的角度来讲，就是对教学内容进行教学设计，把自己的教学思路以文字的形式表现出来。通过分析高校思想政治理论课教师的教案，笔者发现高校思想政治理论课教师所写的教案普遍具有以下特点：一是注重对高校思想政治理论课教学内容的研究，轻视或忽略了对青年大学生学情的分析和研究。通常，高校思想政治理论课教师对授课章、节的教学目标、教学重点、教学难点等几个方面分析得很详尽。在访谈个别高校思想政治理论课教师时，发现他们对高校思想政治理论课的教学内容很重视，甚至到了"吃透了教材"的地步，但很少发现他们"吃透了学生"，即使个别教师在教案里填写"教学对象"一栏，但也只停留在什么系部什么专业的哪个班级的学生，而没有对学生的学情做出具体地分析。二是注重对教具的选择。在新教师带教过程中发现，新教师在进行课前备课，设计教学思路和教学方法时，往往会考虑授课过程中需要用到哪些教具以及辅助设备，如笔记本电脑、电子笔、U盘、课件演示等多媒体设备。总之，在教具选用方面，新教师考虑得比较周全，教案中说明得比较详细、具体。三是教学过程设计简单明了。导入新课（温故知新）—讲授新课（多媒体、演示PPT）—布置作业（查阅资料、阅读文献）三个环节，基本概括了所有高校思想政治理论课教师遵循的整个教学过程，而"一问一答"的环节设计在这三个环节中最为普遍和流行。在这"一问一答"环节中，穿插得较多的是学生阅读、小组讨论与合作学习以及使用多媒体（PPT演示、音像视频）的方法。此外，很多教师在备课时主要依赖于网络教学资源、教科书和教学参考书，因为高校思想政治理论课教学，首先是将教学内容传授给学生，使之内化于心、外化于行。教师在说明本章节教学目标时，常常用"提高青年大学生……""形成青年大学生……""使青年大学生……"等字眼，类似表述经常出现在教师的交谈对话中。这些表述在教师教案中出现的频率会更高，这说明高校思想政治理论课教师更多的是从"怎么教"的视角出发来思考和设计如何让学生学得更好。

2. 第二阶段：课堂教学

时间区域和空间环境是课堂教学得以进行的必要条件，是教师与学生之间的关系通过教学得以实现的物质基础。所以，笔者试图从课堂教学的空间布局，教学时间的安排、分配以及教师与学生关系三个方面进行一些分析。

课堂教学的空间分布是指授课班级教室环境的布置（物件位置的安排，物品的摆放等）以及气氛的营造。在中国高校，教室一般都是"秧田式"的桌椅摆放。学生面对教室的正前方是略高出教室平面的讲台，这样有利于全班学生看到教师，也利于教师看到全班学生，有些讲台安装有电脑设备，有的摆放一些饰品，如鲜花等。讲台后面的墙壁上是一块大黑板，黑板上方大多安装着多媒体教学设备等。随着网络信息技术的发展和多媒体的广泛使用，高校思想政治理论课年轻教师使用多媒体教学的越来越多，少数年长的教师仍然喜欢站在讲台上，面对着全班学生，滔滔不绝地讲授课程。只有学生观看影像视频或讨论问题的时候，教师才会走下讲台，查看学生的学习或讨论情况。

课堂教学时间的安排、分配主要包括两个方面：一是在课堂教学活动中教师授课、教师与学生互动关系以及学生与学生之间互动所占时间的总体构成；

二是教师在课堂教学活动与学生在课堂学习活动的时间分配。在课堂教学活动时间的总体构成上，主要包含教师讲授课程，学生提问或回答问题，教师指导学生自学，课后查阅资料、阅读文献等环节。在课堂教学、学生学习时间的分配上，大多数高校思想政治理论课教师认为，教师授课时间一般要占一节课总时间（45分钟）的2/3以上，这主要是由于高校思想政治理论课理论性较强、内容较丰富，在传授和阐释马克思主义基本理论、原理和概念，特别是马克思主义中国化最新理论成果——习近平新时代中国特色社会主义思想时，教师们都认为应该要以讲深讲透、弄通弄懂为主，对一些重点理论知识、一些深奥的概念、原理，更要反复地讲解，多角度地阐释，让学生理解得更深一些，领悟更透彻一些。与此同时，高校思想政治理论课教师也认识到：让学生积极参与课堂教学，主动地举手提出问题、回答问题或教师点名回答问题是一种较好的教学方式，而且一些高校思想政治理论课教师在授课过程中，会穿插一些学生自主性的学习活动。例如：将学生分成若干小组，针对某一个知识重点难点或社会热点焦点问题进行课堂讨论或辩论等。但是这些讨论或辩论等活动形式在高校思想政治理论课课堂教学过程中并不占主导地位，持续的时间一般比较短。为了检测课堂教学效果，有的高校思想政治理论课教师在课堂上会留一点时间，带领学生回顾自己所讲的重要内容。由此可见，教师讲授、师生"一问一答"式的互动教学、指导学生查阅资料、阅读文献、布置课后作业等，是高校思想政治理论课教师在课堂上所使用时间主要分布的环节，但是最主要的还是用在教师讲授和对学生的提问上。而学生在课堂上所使用的时间主要分布在听课、回答问题、自学、课后阅读资料等方面，但是最主要的还是用在听课和回答问题上。也就是说，新时代高校思想政治理论课教师在课堂教学活动中使用的教学方法，已经摒弃完全由教师讲课占据课堂全部时间的现象，出现了"一问一答"的互动式教学，学生的自学，小组间讨论等教学组织形式，与传统"灌输式"教学方法相比，大大地增加了学生的课堂活动时间，但是从教师与学生的活动时间比例来看，学生的活动时间仍然只占据了很少的一部分，特别是学生与学生之间的活动时间更少。

教学活动中的师生关系是指教师与学生在课堂教学过程中相互联系、相互作用和相互影响的关系，这是教学理论中最核心、最基本的理论问题，其实质是促进教学运行两个主体力量（教师和学生）相互协同、相互促进的有机统一。简而言之，课堂师生关系就是教师与学生在教学活动中的地位、作用及行为规范。高校思想政治理论课课堂师生关系是教师和学生在高校思想政治理论课教学活动中结成的相互作用、相互影响的关系，包括教师和学生所处的地位、作用和态度等，其中师生之间的业务关系，师生之间的伦理关系和师生之间的情感关系是在教学活动中师生关系的三个主要方面，其中情感关系在高校思想政治理论课教学过程中起到重要的作用，所谓"亲其师"，才能"信其道"，就是这个道理。加强对高校思想课堂教学中师生互动关系的分析，可以发现高校思想政治理论课教师选用教学方法的一些实际情况。一是教师与学生之间的互动具有选择性。实践证明，高校思想政治理论课教师喜欢选择优秀的学生进行互动，如上课专心听讲、理论功底好的学生被教师提问或点名回答问题的频率比一般学生高得多，而且教师对这些学习认真、理论功底好的优秀学生比较宽容、比较有耐心，主要表现在学生回答问题正确，教师能给予表扬和鼓励，回答不正确，教师会给予耐心引导，师生之间的情感良好。然而，教师对学习较差的学生，有时则会采取听之任之的教学态度。二是教师与学生之间的互动具有单向性。师生互动的单向性是指在绝大多数情况下，教师与学生之间的互动是由教师发起的，学生只是被动地参与其中。例如，课堂上教师问学生较多，而学生问教师较少，教师也很少创造一些机会让学生向教师提问，师生之间的互动具有单向性。三是师生之间的互动具有单调性。师生互动的单调性主要是指教师与学生之间的互动形式单一，主要表现在：通常情况下，师生之间的互动就是教师与学生群体之间面对面地交流，或者是教师与学生个体之间的交流。对影响学生行为方式、态度和价值观的某些学生共同关注的贴近生活、贴近社会、贴近实际的问题，交流和探讨的机会很少，特别是学生群体之间。

当然，在新时代高校思想政治理论课教学实践中，课堂教学的空间、时间和师生关系，并不是孤立、静止的，而是不断变化、发展的。如何建构课堂教学空间，科学、合理地安排教学时间，营造发挥主导、主体作用的师生关系，是新时代高校思想政治理论课教师在设计教学方法时需要思考的问题。

（二）过程问题

分析高校思想政治理论课教学方法运用过程，可以发现了一个突出的问题，即高校思想政治理论课课堂教学方法比以前单一的教学形式增多了，学生在课堂上的活动变得多元了，学生回答问题，分组讨论、辩论等形式多样化，高校思想政治理论课课堂仿佛"活"起来了，"火"起来了。但仔细分析研究发现：看似气氛热烈的教学课堂背后，隐藏着对教学方法选用的形式化、随意性和机械化等问题。具体体现如下。

1. 以语言为主的灌输法

在高校思想政治理论课教师选用的教学方法中，有一个共同的特点就是教师喜欢采取以口头语言讲授为主的教学方法。即使教学课堂采用提问、设疑、学生回答问题、讨论辩论热点焦点问题等多种形式，但本质上还是教师在唱主角，学生在演配角。诚然，对于教学方法来说，语言是必不可少的。因为任何一种教学方法的使用都离不开教师运用一定的共同语言与学生进行沟通和交流，而且教师在对课堂教学方法的设计和讲究中，语言的讲究是最基本、最重要的，因为教师与学生之间沟通交流的主要手段就是共同的语言，尤其是作为师生共同交流信息和切磋学问的高校思想政治理论课课堂。从这个意义上来讲，语言是高校思想政治理论课教学方法改革、创新的基础。实践也证明，生动有趣、幽默诙谐的语言，对上好一节思想政治理论课是非常重要的，尤其是高校思想政治理论课的思想性、政治性和理论性特质，更要求教师要运用具有自身魅力的口头语言，通过深入浅出地阐释马克思列宁主义、毛泽东思想、邓小平理论、"三个代表"重要思想、科学发展观以及习近平新时代中国特色社会主义思想的概念、基本原理、基本理论，科学地论证事物发展规律、生动形象地叙述中国特色社会主义发展的鲜活事实，才能使青年大学生认知理论知识，改变内在信念和情感，才能使青年大学生在掌握马克思主义基本原理以及社会主义核心价值观的基础上，形成科学的、正确的世界观、人生观、价值观，成为一个社会主义事业的合格建设者和可靠接班人。

虽然教师的语言对上好一堂思想政治理论课的作用很重大，但是由于思想观念、自身素质、专业训练等因素的影响，没有哪一种教学方法比讲授法受到过如此多地批评和非议，其原因在于讲授法是一种自有班级授课制以来沿用至今的传统教学方法，其局限性在于：在教学过程中，教师起着主导作用，按计划有条理地陈述概念、事实等，旨在使学生在短时间内获得大量的系统而连贯的知识，因此不能像其他教学法一样，直接给学生在学习中出现的问题及时做出反馈的机会，从而发挥学生的主体作用不够充分，也不能很好顾及学生的个别差异，很容易使学生处于消极被动的地位，忽略了唤起学生的注意力和兴趣。在高校思想政治理论课教学实践中，虽然教学形式、方法多种多样，但通常是学生端正坐好，专心致志地听讲。老师在教学过程时，特别是学生在"开小差"时，常常使用带有威胁性、缺乏情感性的言语，如"平时表现在期末考试成绩中占百分之几""你们的一举一动，一言一行，我都非常清楚！"诸如此类语言在课堂教学过程中的运用，使得高校思想政治理论课课堂离师生共同交流信息和切磋学问的目的越来越远。

2. 侧重知识的记忆

高校思想政治理论课课堂上，教师反复地讲解，目的在于让学生"记住"

教师所讲和书本所要求的学习内容，而不是对其进行"内化"和"体验"。为了期末考试或进一步攻读学位的需要，学生不得不承认高校思想政治理论课教师的价值，并逐渐地接受这种"记忆性"教学的训练。其实，高校思想政治理论课教学更重要的目的不是让学生去死记硬背一些应付考试的概念和理论知识，也不是对所学知识的简单复制，而是让学生在学习过程中成为积极、主动的意义建构者，即学生要对所学知识、理论赋予富有个人特质的理解，并内化于心，外化于行。所以，高校思想政治理论课教师在设计、选择教学方法时，首要的任务就是深入了解学生的思想动态及其学情，正如奥苏伯尔所说，作为教师最重要的任务并不是决定教什么以及怎么教，而是要了解学生已经知道了什么。不可否认，在一定程度上记忆一些基本理论知识对内化理论、指导实践、推动工作是有益无害的，尤其是在经济社会相对落后，学生知识理论功底较薄弱的时期，比较好的教学方法之一就是通过教师有效地讲，学生进行有效的记忆，让学生最大限度地熟悉、掌握理论知识。但是随着网络信息技术迅猛发展，信息知识传播的即时性、互动性和社会化已经成为现实，单靠以强化记忆为特点的教学方法已经不能适应当代青年大学生学习的要求了。

3. 课堂提问机械化

简单地说，"问题"就是对立统一的矛盾，提"问题"，就是推动认识矛盾水平的提高，从而得出科学的理论。正如奥地利著名方法论学者波普尔所言：关于科学的出发点……它从问题开始，主要是通过尝试去解决问题而得出新的理论。因此，高校思想政治理论课教师在设计提问教学环节的方法时，最主要和极其必要的教学技巧之一，就是在教学过程中不仅要善于提出问题，而且要逐渐增加问题答案的复杂性和难度。实践证明，要激发学生学习的积极性、主动性和创造性，高校思想政治理论课教师必须设计良好的问题，并巧妙地提出问题或引导、启发学生自己提问。然而在高校思想政治理论课教学实践中，教师的提问在形式和内容上存在着机械化的倾向：一是教师课前设计的问题缺乏启发性。笔者从课堂教学过程中发现，思想政治理论课教师在教学课堂上提出的问题，一般是随机顺口提问多，在课前备课时没有精心设计。教师与学生之间"一问一答"式地提问，从形式看似乎是在"隔山唱情歌"，即教师随意地给学生提出"对不对呀""是不是呀"的问题，学生（单独或集体）又不停地回答"对、错""是、不是"。这种提问看似课堂气氛很活跃，其实没有启发性，尤其是集体回答"对"或"错"的时候，有的学生是随声附和，而且绝大多数学生是被教师牵着鼻子走的。即使有些教师在课前备课时，创设了一些让学生提出问题的机会，但总体来说，还是教师提问的时候多，学生提问的时候少，教师牢牢掌控了提问的主动权，学生成为一个个被提问者。二是提问内容的单一。就课堂教学提问的内容而言，主要有温故而知新的记忆性提问、逻辑推理性提问、开拓思维的创造性提问、价值判断上的评价性提问、常规管理性问题提问等。但常见的教师提问集中在对一些认知记忆性问题上的提问，或者是只需做简单"是"或"不是"回答的简单提问，例如："上节课老师讲解关于……的理论，主要要点是什么，哪位同学能回答或关于……基本原理的讲解，同学们还有什么地方没弄清楚吗?"等。三是提出的问题标准化。在教学实践中，有时在课前备课时精心设计的问题可能根本用不上，必须随机应变，完全使用另一种提问形式。在课堂教学进程中，教师可能精心准备了十套提问方案，结果可能使用的是第十一套临时提问方案，这主要就是在于顺应学生的学习思路。但实际上，多数情况下教师都是按自己的上课思路滔滔不绝地讲，提出的问题，一时半会学生摸不着头脑，学生想半天也不明白老师为什么要这么提问，这样学生的鼻子就被教师牵得死死的。当然，如果教师的理论功底、业务能力稍差点，要灵活提出问题，也不是一件容易的事。教师要博览群书，具有开阔的视野和深厚的理论功底，才可在教学课堂上随机应变。如果死板地认为准备的时候是什么方式，教的时候就该用什么方式，那是教不好课的。

4. 课堂讨论形式化

课堂讨论是指教师通过课前备课，预先设计一定的教学环节，创设一定的教学问题，在教学过程中，精心组织、引导学生发表对问题的见解，以完成教学任务，实现教学目标。在高校思想政治理论课教学实践中，开展高效的课堂讨论，不仅有利于促进教师与学生之间、学生与学生之间的沟通交流，增进师生之间的感情，而且有利于学生对基本原理、基本理论的理解和把握，提高思想政治理论课课堂教学的效果，同时也有助于提高学生学习的积极性、主动性和创造性，活跃课堂气氛。

通过对高校思想政治理论课教学观察，发现教师较以前更加注重让学生在课堂上有讨论问题的机会，尤其是在公开课上，讨论式教学的方法成了经常选用的方法之一，而且讨论形式也多种多样，比较常用的讨论方式主要有：一是全班学生一起讨论；二是小组讨论；三是教师与同学们一起讨论。但不容忽视的一个问题是，绝大多数情况下课堂讨论流于形式，只是为了迎合课堂气氛。第一，讨论的问题不真。什么是"问题"?《辞典》中很明确：需要研究讨论并加以解决的矛盾、疑难。合作学习源于存在真正的问题，并以课堂讨论的方式解惑答疑，它要求所有学生的讨论都是围绕某一个问题展开，如果问题根本不存在或者是问题答案显而易见，那么讨论必然流于形式。有的高校思想政治理论课老师就这样组织讨论，说："讨论一下我们刚才学了什么？给你们一分钟的时间。"讨论学了什么，是回顾旧知识，最多考察学生的总结归纳能力，讨论的意义不大，而且一分钟能让学生把问题讨论清楚、讨论彻底吗？这样讨论的目的无非就是迎合要求，增加课堂教学方式的多样性，或者为了给昏昏欲睡的学生一个说话的机会，提神醒脑而已，讨论的目的异化了。第二，讨论方法的不当。课堂讨论方法不当主要表现在四个方面：一是每次课堂讨论时间都比较短，学生没有时间对问题进行充分的考虑，而且学生对问题还没有进入实质讨论阶段，刚见问题的冰山一角，教师就宣布"好，讨论就到此为止"。二是讨论问题太泛。一般情况下，教师不会给学生所讨论问题的相关背景材料，讨论问题的依据不清，学生东南西北中漫无边际地凭空讨论，想说啥就说啥。三是学生各自发表见解，没有建立一个特定的观点，你说你的，我说我的。学生只是表达观点，没有讨论是什么，也没有分析为什么，互不相干、互不"拆台"，说出来就等于讨论起来，学生没有进行针锋相对地辩驳。四是讨论随意性大。真正有效的课堂讨论能使学生兴趣高涨、思维活跃、集思广益、注意力集中、精神振奋，在讨论过程中学生产生怀疑、深思、巧论辩、能感悟，并培养了学生刨根问底的探究精神、团结的协作精神以及交流沟通的能力。但在实际教学过程中，有的教师对讨论的问题没有精心设计，甚至就是教师在课堂教学中抛出来的自己临时遇到的模棱两可的问题，让学生讨论来讨论去，无果而终。因此，这样的课堂讨论往往出现以下结局：一是讨论的问题是 A，讨论出来的结果是 B；二是不管学生讨论什么，怎么样讨论，讨论的结果都是教师课前备课所做的答案，实质上通过学生的讨论没有解决任何矛盾和疑难。这是典型的为了迎合某种教学评价需要而进行的为讨论而讨论的形式主义讨论，是无意义的假讨论。

（三）问题原因

1. 教师因素

一是教师教学理念。高校思想政治理论课教学方法改革发展虽然历经了七十多年，取得了许多成绩，但教师在观念里仍然隐含着一种传统教学理念，即高校思想政治理论课教学目的是完成教学大纲规定的教学内容或者是把学生塑造成国家、社会期待的人才。这种教育教学认识上的偏颇，必然会导致学生成为教师进行塑造的原材料或者接受知识的容器。因此，背诵、记住教学内容成为学生学习的最主要目的，而不是把教学内容看作学习的工具、资源和载体。在课堂教学过程中教师始终牢牢把控着学生学习的主导权。在这种教学理念的支配下，教师选用的教学方法无论多么时尚、新潮，从某种意义上来说都是传统的教学方法。即使为了顺应高校思想政治理论课教学方法改革趋势，使得高校思想政治理论课教师在课堂上或多或少选用能体现学生学习自主性的教学方法，但是沉淀于教师内心的传统教学理念令其得不到有效的、充分的运用。例如，在实际教学过程中很多高校思想政治理论课教师不管学校有没有现代化教学条件，他的内心还是希望能够用上一些多媒体设备，因为这样可以使课堂教学看起来更现代化，可以为教师节省更多的时间用于对教学内容的讲解。实质上，教学方法的现代化首先表现在教师教学理念的现代化，而不是教学手段的现代化，教学手段的现代化只不过是教学理念现代化的表象之一。客观地说，新时代高校思想政治理论课课堂教学方法仍然徘徊在传统教学方法的圈套里，其变化大部分只是形式上的改变，缺乏实质性的蜕变。二是教师对选用教学方法的重要性认识不到位。在实际教学过程中，大多数高校思想政治理论课教师在课前备课时对"讲授这节课需要用哪些教学方法"之类的问题，认识不是很明确。少数教师偶尔会在备课时想一想选用什么样的教学方法比较有利于教学，有利于学生主动学习，但大多数情况教师是根据自己以往长期养成的一种授课习惯来讲课，他们总认为按时完成教学任务才是最重要的。有些高校思想政治理论课教师认为，一个大班上课，如果不能很好地控制学生、控制课堂教学秩序，就没有办法讲好课。能控制好学生，让学生认真听课，就算是一节成功的课；认为滔滔不绝地多讲，既能完成教学任务，又比较轻松简单、省时省力，尤其是一些高校思想政治理论课年长的教师，他们的理论功底较好，又有很丰富的教学经验，就更喜欢选用自己早已固定的一套教学方法。实践也证明，往往一些专业训练有素而又有丰富实际工作经验的教师，对掌握新的教学方法会表现得漫不经心或运用得相对迟缓。

2. 学生因素

学生影响教师选用教学方法，首先表现在课堂教学过程中学生对教学方法的态度。例如，对于教师在课堂教学中的提问或启发，若每位学生都积极思考、回答问题或举一反三解答问题，课堂气氛活跃，教师自然会选择互动式教学法或启发式教学法。在访谈调研过程中，有些高校思想政治理论课教师说，有时会组织学生进行课堂讨论。为什么会说"有时"呢？因为有时学生会对某些社会热点、焦点和关注的问题特别感兴趣，想知道真相，想得到一种解说，学习情绪特别高涨，这样就可以随机地组织学生进行讨论。其次是学生的学情。例如，绝大多数理科生都不太喜欢思想政治理论课，即使教师有时会创设一些让学生提出问题的机会，启发学生思考，可是学生不感兴趣，积极性不高或者反应迟缓，久而久之，教师也就只有适应学生的这种学习状态。最后，影响教师选用教学方法的因素就是学生学习的效果。如何评价教师教学水平怎么样呢？就目前来说，一般是看学生的考试成绩，鉴于此，教师就会选用一些在课堂上可以很好控制学生的教学方法或者生动的讲授方法或者能尽量让学生在课堂上多掌握知识点的教学方法。

3. 教学内容因素

教学内容的难易程度、理论知识的深浅以及教学内容的重要程度等诸多要素会影响高校思想政治理论课教师选用教学方法。大多数教师认为，对于基本理论、原理比较深奥的，是章节教学重点内容的，就会多讲一点，分配的课堂时间也要长一些。例如"思想道德修养与法律基础"课程中一些比较简单的内容或观点，教师就喜欢多提问学生，或者让学生自学、讨论、合作学习等；重点内容，如习近平新时代中国特色社会主义思想，教师一般是以讲授为主，讲准、讲深、讲透，让学生理解、把握和运用这些基本观点、基本原理于实践之中。如果按照学校要求，教学内容又必须在教学计划时间内完成，但教学时间又比较有限，在这种情况下教师首先考虑的就是教学内容的问题，而不是教学方法的选择。此外，关于教学内容谈论得最多的是思想政治理论课学科教学内容的性质问题。例如在"毛泽东思想和中国特色社会主义理论体系概论"的教案中就不可能设计太多的包含观察、角色扮演、作品展示等形式的教学方法，虽然观察、角色扮演等教学方式可以很好地开拓学生思维，但是，并不是所有的思想政治理论课都适合这种教学方法。显然学科教学内容的性质影响了教师对教学内容的组织、编排、呈现，因而影响了思想政治理论课教师对教学方法的选用。

第三节　高校思想政治理论课教学方法改革发展的
　　　　主要特点

纵观我国高校思想政治理论课教学方法七十多年的改革发展历程，一个主要趋势是教师的主体作用逐步让位给学生，使学生成为高校思想政治理论课的主体。而高校思想政治理论课教师在课堂教学中逐步转换为引导、启发学生的角色，发挥着主导作用。在这一角色转换过程中，高校思想政治理论课教师教学方法改革创新呈现出以下特点。

一、教学理念转变

思想政治理论课的性质决定了其教学方法具有一定的灌输性，高校思想政治理论课强调，教师要对青年大学生进行正面的、系统的马克思主义理论和马克思主义中国化理论成果——毛泽东思想、邓小平理论、"三个代表"重要思想、科学发展观和习近平新时代中国特色社会主义思想以及社会主义核心价值观的传授和阐释，用马克思主义以及马克思主义中国化最新理论成果武装青年大学生头脑，培养一代又一代社会主义合格建设者和可靠接班人。然而，这些科学理论、政治观念以及社会主义核心价值观不可能自发地在青年大学生的头脑中形成，青年大学生也不可能自发地弄通、笃信、做实。加之中华人民共和国刚刚成立，处在社会主义革命和建设的初期，国际国内形势产生了深刻变化、意识形态领域的斗争相当复杂和严峻。这就需要高校思想政治理论课教师采用灌输式、说服式的教学方法来对青年大学生进行教育，解决青年大学生的思想问题。列宁在《怎么办》一文中指出：工人阶级和群众自身不可能自发地产生科学社会主义的思想，这种思想必须从外部灌输进去。当然灌输式教学并不是强调硬灌漫灌，也不是"填鸭"，更不是被有些人所歪曲的"控制论"或"洗脑论"，而是"动之以情，晓之以理"地教学，在一定的历史发展阶段，灌输式教学方法发挥了一定的积极作用。随着时代的发展，尤其是党的十一届三中全会后，中国进入改革开放新的历史时期，政治、经济、社会以及人们的思想观念发生了深刻的变化，青年大学生的自身能力与素质也有了很大的提高，这就要求在高校思想政治理论课教学过程中，既要坚持灌输式的教学方法，同时又要结合青年大学生的思想实际，遵循青年大学生的学习和成长规律，积极运用启发式、互动式、参与式等教学方法。在青年大学生想不通又想弄通和渴望说清楚又表达不出来的时候，教师就可以去启发开导学生，使其在求知和思考中接受理论、学习知识。孔子所言"不愤不启，不悱不发"，讲的就是这种情形。随着时代的发展，人们越来越认识到一个人的思想政治素质和道德法律素质的形成离不开自主建构的过程，只有通过启发和引导，才能促使受教育者对学习内容有更深刻领悟，从而实现"内化于心，外化于行"的教学目的。因此，高校思想政治理论课教学方法由灌输式教学向启发式教学转变，注重培养学生的批判性思维、开放性思维、抽象性思维和创造性思维，能提升学生自觉运用马克思主义基本立场、观点和方法分析问题和解决问题的能力，这是高校思想政治理论课教学方法改革创新的必然要求和趋势。

随着全球化的深入发展，世界各国在思想文化领域的交流、交融、交锋更加频繁，多元的政治、价值观念和复杂多样的社会、文化环境，对青年大学生思想、价值观念形成的影响愈发明显。在当代青年大学生之中，"普世价值论"、新自由主义、历史虚无主义的杂音仍不时响起，拜金主义、享乐主义、极端个人主义等消极思想偶尔会沉渣泛起。高校思想政治理论课教师必须通过启发的方法引导青年大学生得出正确结论，才能使马克思主义理论和社会主义核心价值观在青年大学生心中彻底内化，从而提升青年大学生明辨是非、抵御错误言论的能力。

实质上，灌输性和启发性作为高校思想政治理论课教学的重要属性，二者是相辅相成、辩证统一的，它们共同服务于高校思想政治理论课落实立德树人根本任务这一主题。高校思想政治理论课的教学和实践若没有系统性的理论灌输，启发就没有基础，就会成为无源之水、无本之木，必将走向放任主义和相对主义；如果没有"触动心灵"的启发，灌输则会变得呆板僵化、枯燥无味，必将陷入教条主义、形式主义。

二、教学手段转变

在教学活动中，教师总是需要借助一定的教学手段作用于一定的教学对象，才能实现教学的预期目的。实际上，教学手段就是教师执行教学方法的载体，主要表现为教师使用的教学工具、教学设备、媒体等，是教师向学生传递教学信息的物质基础。从教学实践来看，教学手段一般可分为两大类：一类是传统教学手段，主要包括教材、教棍、粉笔、黑板、挂图、卡片、图表、教具模型等，多以语言讲述为主，板书为辅，但缺乏动感，较难吸引学生的注意力；一类是现代教学手段，主要有幻灯片、投影仪、VCD 机、DVD 机、录音机、电视机、电子黑板、计算机、多媒体技术、VR 技术等。

长期以来，一本教材、一块黑板、一支粉笔、几幅挂图、一张嘴、一具模型，成为高校思想政治理论课传统课堂教学标配。这种传统的教学手段在今天依然广泛使用，是因为其具有以下独特的优点：其一，操作简单、成本低廉。使用传统教学手段进行教学，无须像运用现代教学手段那样，安置调配投影仪、电脑、操作台、影像仪器等，只需一本教材、一本教辅、一支粉笔，教师也不需要掌握什么现代高科技，教室也不需要进行特殊的改造，教学活动就可以开展。其二，教师与学生面对面进行学习和交流，教师可以更直观地把握学生的学习状态，如学生在课堂临时提出教学内容衍生出来的问题，教师完全可以临机应变处理；学生可以更直接地通过教师的表情、动作等理解教师的用意。因而教师的个人特长、个性化的教学风格易与教学内容结合，往往有相得益彰的功效，能潜移默化地影响学生成长。其三，有助于夯实教师教学基本功和提高教学能力。由于没有多媒体课件、录像视频等辅助，需要教师对于教学内容不仅能了然于心，还要能运用自如。由于现代教学手段普及和使用率的提高，一些新教师从走上讲台开始就没有用过黑板和粉笔，更多的时间和精力是去网上寻找别人的成果，如音频、视频资料、文字图片资料等，离开了多媒体课件更是无法正常展开教学活动，这需要引起重视和思考。一名合格的教师，不管现代教学技术发展到什么程度，都不应该丢失其最基本的职业技能。其四，传统教学手段，比如用一支粉笔写板书、换一副挂图等，花费的时间较长，能留给学生一些时间发挥想象力，留给学生更充足时间去思考教师接下来该讲什么。传统教学手段虽然在加强师生互动、调动学生学习积极性方面发挥着积极作用，但毋庸置疑，与现代教学手段相比，传统教学手段也存在明显不足。首先，形式单一，易使学生感到枯燥。学生长期地处于同样情境中、面对同一个老师，尤其是专业水平不高、教学能力不强的教师，久而久之就会觉得枯燥乏味，提不起学习这门课程的兴趣，更不用说爱好，从而导致学习效果差；其次，教学信息传递量小，教学效率低。传统教学是以书本为载体，以教师为中心的一种教学模式，传统的教学手段单纯依靠教师一张嘴、形体动作和一些生硬的教具来完成教学任务，这不仅对教师的精力和体力有一定的要求，而且讲授的内容也会受到时空的限制。

随着现代科学技术的迅猛发展，传统教学手段的优势逐渐减弱，而传统教学手段效率低、信息量小、时间和空间受限等弊端日益凸显。同时，随着物质生活条件的改善和科学信息技术的发展，当代青年大学生的知识面、眼界和需求已经发生了深刻的变化，他们热爱新事物，好奇心强，乐于也善于从新事物中汲取知识、提高能力。实践证明，在新时代高校思想政治理论课教学中，单一的传统教学手段已经不能满足当代青年大学生的学习需要，恰当地运用现代教学手段已成为必然。

现代教学手段以计算机和网络信息技术为基本条件，根据高校思想政治理论课教学目标、内容和青年大学生的认知规律和特点，通过教学设计，合理选用现代教学手段，如视频、音频资料等。与传统教学手段相比，现代教学手段具有以下优点：其一，更加生动化、形象化、具体化。通过文字、图片、视频、音频等资料，形成图、文、声并茂的多媒体课件，可以直接带给学生视觉和听觉的双重刺激甚至是享受，使学生能直观、生动地接触到教学内容，容易引起学生的学习兴趣，提高注意力。其二，传递的信息量更大、更新、更快。与传统手写教案更改补充内容比较困难不同，多媒体课件的制作和更新更简单便捷，教师可以根据教学情况和教学内容的变化，随时调整和补充课件，更多更好的教学资源也能在第一时间传递给学生。其三，将网络技术运用到教学中，使教学活动突破了传统教学时空上的限制，一台电脑、一部手机、一个网络，微课、慕课、公众号、小程序，学生随时随地都可以查询、学习、回看想要学习的内容。

自1991年教育部提出使用幻灯片、广播、电视、录像等电教器材设备进行电化教学，改进教学手段，提高教学效果后，现代教学手段得到迅猛发展。1996年为进一步推动教学手段现代化，教育部将教学方法改革和教学手段的现代化作为教学改革的重要内容。高校思想政治理论课教学手段从充分利用现代传媒手段、影视音像资料到"精彩一课"多媒体课件，到利用网络媒体技术建设的国家精品课程资源网、"爱课程"网、超星在线教学管理平台，再到"两微一端"等网络社交媒体的广泛利用，一系列多样化的现代教学手段被广泛运用到高校思想政治理论课课堂和青年大学生的日常思想政治教育活动中，极大地增强了高校思想政治理论课教学的实效性和感染力。从高校思想政治理论课教学方法七十多年的发展历程来看，教学手段逐步由单一化向现代化转变。高校思想政治理论课教学方法包含了教师对于教学手段的选择和运用，其选择的过程需要教师充分发挥主观能动性，综合分析教学各方面因素才能进行最佳的选择。

客观地说，传统教学手段有其优势和劣势，现代化教学手段也有其优点和不足。实践证明，现代化教学手段在知识传授、智力发展方面较传统教学手段显示出更生动形象、直观明了的特点；而传统教学手段在师生情感交往和熏陶学生人格等方面的优势更为明显。因此，新时代高校思想政治理论课教师要转变教学观念、更新教学理念，在教学手段选择上，既要发挥传统教学手段的优势，也要吸收现代教学手段的优势，将传统教学手段与现代教学手段高度融合，以实现思想政治理论课落实立德树人根本任务的目标，进一步丰富和发展教学手段，实现传统教学手段和现代教学手段的优质"整合"与优势互补，让传统的和现代的一切教学手段为我所用，做到以人驭物，用其所长，用之恰当，实现传统教学手段和现代教学手段深度融合的"乘法效应"，不断提高新时代高校思想政治理论课教学的时代感和吸引力。

三、组织形式转变

在一个完整的教学过程中，教学方法和教学手段的高效运转，必须有一定的教学组织形式，才能不断地提高教学工作的效率和教学的实效。所谓教学组织形式，就是教师以一定的教学理念为指导，以特定的教学目标为指向，根据教学内容及教学条件来组织安排教学活动的方式，简而言之，就是在教学过程中，教师怎么"教"与学生怎么"学"，"教"与"学"怎样有机地组合起来发生作用。这需要教师对教学时间和空间进行有效的安排部署，调整组合和科学地控制利用。

从教学方法改革发展的历史进程来看，教学方法的改革总是伴随着教学组织形式的不断改进，并与教学模式的改革融为一体。教学组织形式与教学方法、教学手段、教学模式的互促融合程度如何，决定着教学组织形式是否合理，合理的教学组织形式对于教学活动的顺利开展以及教学效果的提高具有直接的意义。在高校思想政治理论课教学发展历程中，除了传统的课堂教学组织形式采取班级教学外，还出现了个别教学、小班授课、分组教学、实践教学等组织形式以及在网络技术环境下逐步发展起来的慕课（MOOC）、翻转课堂、微课、雨课堂等混合教学组织形式。

在高校思想政治理论课开设之初，教学活动的组织形式主要就是单一的课堂教学。1950年，教育部在全国高等学校暑期政治课教学研讨会上指出：高校思想政治课教学的组织形式较为单一，不利于教学活动的开展，应设立班级、小组以便开展教学。在此之后，学生自主学习、小组讨论、实践教学等教学组织形式逐步发展起来。

知行合一是高校思想政治理论课落实立德树人根本任务的关键环节，因此，实践教学逐渐成为高校思想政治理论课教学的重要组成部分。高校思想政治理论课的教学目的不仅仅是使青年大学生学习并掌握马克思主义理论知识，更是为了能提升青年大学生运用马克思主义立场、观点和方法，分析实际问题和解决实际问题的能力，树立正确的世界观、人生观和价值观，并外化于行。基于此，新时代高校思想政治理论课教学需要坚定不移地坚持的基本原则之一，就是理论联系实际，体现在教学组织形式上就是实践教学。因此，除了课堂教学外，开展丰富多彩的校园文化活动和社会实践教学活动，使课堂教学和校园文化、实践教学等各种形式有机结合，成为高校思想政治理论课较理想的教学组织形式。1980年教育部、共青团中央印发的《关于加强高等学校学生思想政治工作的意见》提出：各高校要积极举办讨论会、专题报告会、讲座以及文娱体育活动等课外活动。这一文件的精神不仅是对高校思想政治理论课课堂教学的拓展，而且丰富了高校思想政治理论课教学组织形式，使高校思想政治理论课教学不再局限于单一的课堂。从此以后，高校思想政治理论课实践教学的组织形式不断丰富，例如，青年志愿者活动、专题社会调研、假期

"三下乡"、参观革命烈士纪念馆，清明烈士陵园扫墓等如雨后春笋般发展起来。与此同时，一批批国家级、省级、市级、校级高校思想政治理论课实践教学基地（中心）也应运而生，一系列高校思想政治理论课实践教学活动如火如荼地开展起来。

总之，从20世纪80年代提出高校思想政治理论课要适当组织实践教学活动，到20世纪90年代强调高校思想政治理论课要组织必要的社会实践活动，再到进入21世纪教育部多次强调要加强高校思想政治理论课的实践教学，可以看出高校思想政治理论课实践教学组织形式越来越受到党中央和教育主管部门的重视。

随着网络信息技术和新媒体在高校思想政治理论课中的普遍应用，以慕课为基础的混合式新型教学组织形式日益成熟和发展起来。慕课是一种利用网络信息技术开展起来的教学模式与学习行为，是互联网与教育深度融合的体现。这种全新的教学模式主要采用线上线下相结合的形式，学生通过互联网自主学习，学习后在课堂和老师进行面对面的讨论。慕课这种教学组织形式具有基于网络的开放性和互动性特征，通过慕课，可以实现传统课堂教学空间与网络教学空间、实践教学空间的优势互补，使传统单一的灌输教学组织形式流程变为多维并举的教学组织形式，实现教学流程从"教—学—考"向"学—导—行"的转变。在中国高校，慕课教学平台首先于2013年出现在清华大学，慕课的名称为学堂在线，后来在北京大学、复旦大学等高校也纷纷录制了慕课。慕课的兴起也给高校思想政治理论课教学带来了新的生长点，复旦大学、武汉大学、清华大学录制的思想政治理论课视频上传到慕课平台后纷纷成为网红课、热门课，从此，很多高校纷纷加入了基于慕课的混合式教学试点改革潮流中。

对于慕课教学的组织形式，我们既要肯定其给高校思想政治理论课教学带来的新变化，同时也应对其中存在的问题有客观清醒的认识。一方面，慕课为新时代高校思想政治理论课教学带来了新的机遇：第一，慕课可以整合、共享优质的高校思想政治理论课教学资源。因为，慕课制作可以集中全国最优秀的高校思想政治理论课老师，打造精品课程。这些精品课程上传到慕课平台后，就可以供成千上万的青年大学生学习，突破了原有传统单一的课堂教学组织形式存在地域、时间限制的问题。第二，慕课极大地提升了青年大学生的自学能力，青年大学生自己在线上学习高校思想政治理论课课程，还要按照要求提交作业、随时完成课程测试。没有深入探究的主动性和认真的学习态度，不可能顺利地完成慕课的教学任务。第三，慕课增加了高校思想政治理论课课堂的吸引力。将慕课教学资源、微课教学资源等引入高校思想政治理论课课堂，教师可以通过播放微课视频、慕课视频、师生交流、小组讨论、随堂小测验等来增强教学的趣味性和吸引力。另一方面，慕课在高校思想政治理论课教学过程中也存在几个需要我们引起重视的问题：其一，有些人认为慕课可以完全取代高校思想政治理论课传统教学组织形式，这种想法是极其错误的。思想政治教育是做人的工作，离不开心灵与心灵的沟通，情感与情感的交流。青年大学生在线上学习，缺少与老师的互动，长此以往就会过多地依赖视频教学，阻碍教师与学生之间的心灵和情感交流；同时教师不可能也无法随时在线解答每一个青年大学生的问题，导致一部分青年大学生在自学过程中产生的疑难问题无法及时解答，影响了学习效果。其二，少数"00后"青年大学生学习惰性大，自我约束力较差，在线观看视频时不能保证真正的学，真正的思。因为，有的青年大学生一边挂着视频"学习"，一边在玩手机，加之没有时空限制，有的青年大学生一个知识点还没学完就退出学习，还有一些青年大学生由于学习不认真，课堂测试的通过率较低。其三，高校思想政治理论课教师录制慕课时，面对的是镜头，而不是青年大学生，借助提示器等设备，教师不需要完全熟悉、掌握教学内容，长此以往不利于高校思想政治理论课教师教学能力的提升。第四，慕课的制作往往需要教师和学校投入很大的精力、物力和财力，而大部分高校思想政治理论课教师都是兼职完成慕课视频的录制，往往疲于应对或者积极性不高。此外，有些教师对于"慕课"教学形式是否符合高校思想政治理论课的性质和特点，是否遵循高校思想政治理论课自身的教学规律，是否有利于实现高校思想政治理论课教学改革的目标也提出了疑问。从慕课发展的历史过程来看，我们既不能片面夸大慕课在高校思想政治理论课教学过程中的作用，也不能对其持拒绝怀疑的态度，我们应始终坚持从高校思想政治理论课的课程性质和特点出发，从实现高校思想政治理论课教学目标出发，以高校思想政治理论课自身的教学规律为遵循，不断探索慕课与高校思想政治理论课课堂教学深度融合的新方法、新举措。

在网络信息技术推动下，翻转课堂也在高校思想政治理论课教学中得到越来越广泛的运用。翻转课堂教学组织形式是将原本需要在传统教学课堂中讲授的理论知识和教学内容，提前录制成小而精的教学视频，学生可以随时随地进行学习。在学习过程中产生的疑惑或需要深化的理论，教师将在传统的课堂教学中与学生一起解决。可见，在翻转课堂中，教师的角色由原来的知识传授者转变为学生自学的辅助者，学生的角色由原来的知识的接受者转变为主动学习知识的建构者，正因如此，有人将翻转课堂形象地称为"颠倒课堂"。

翻转课堂最早由美国高中教师乔纳森·伯格曼和亚伦·萨姆斯于 2007 年

提出，随着网络信息技术的普及和新媒体的发展，翻转课堂教学组织形式在2012年以后逐渐在美国流行起来并引起争论。近几年，翻转课堂在我国一些高校思想政治理论课教学过程中逐步活跃起来。不过翻转课堂在高校思想政治理论课教学过程中的应用应该辩证地看。一方面，翻转课堂改变了高校思想政治理论传统课堂"满堂灌"的教学模式，提高了青年大学生学习思想政治理论课的积极性和主动性。首先，在传统高校思想政治理论课教学中，大多数教师采取"一言堂"的教学组织形式，教师主导和控制着整个教学的过程、方式和节奏，学生只能被动地听、读、写、记。这样的教学组织容易造成学生学习倦怠和丧失学习主动性。翻转课堂则完全颠覆了以教师为中心的教学模式，在翻转课堂中，学生成为教学活动的中心和教学进程的推动者，从课前的学习、课中的讨论到课后的反思巩固，都需要学生充分发挥自身的主观能动性，需要学生的积极参与，在学习过程中不断提高了学生学习的能力和水平。其次，翻转课堂能让高校思想政治理论课活跃起来，它打破了枯燥、沉闷的传统"灌输式"课堂组织形式。因为学生在课前已经对理论知识进行了学习和思考，熟悉掌握了基本的教学内容，在课堂上就能够有较为充裕的时间将自己学习中存在的疑惑与教师、其他同学交流、讨论，教师也可以采用辩论、小组讨论、演讲等多种形式来帮助学生深化对知识的理解，课堂气氛往往比较活跃而热烈，有助于教学效果的提升。最后，翻转课堂提高了高校思想政治理论课教学的针对性。学生通过课前学习，已经清晰地认识到自己哪些理论知识把握不准、掌握不透，在课堂教学活动中，学生基本上都是带着问题来学的。教师可以对学生课前学习中突出的普遍问题有针对性地讲解，帮助学生答疑解惑，使教学活动更有的放矢。另一方面，翻转课堂在高校思想政治理论课教学中也存在不容小觑的问题：一是过分强化翻转课堂的组织形式，会弱化高校思想政治理论课的价值引领性。翻转课堂教学组织形式易调动学生学习的自主性和积极性，发挥学生的主体作用，体现在翻转课堂侧重让学生在课堂上发声，因而一些高校思想政治理论课教师的教学重心不再是对学生进行价值引领、人格的塑造、品德的培养，而是转为如何让学生热热闹闹地参与教学，对于学生在交流互动中的一些偏激认识和不当言论，一些教师怕挫伤学生的学习积极性而不能正面地批判和深刻地剖析，这就会导致高校思想政治理论课育人功能的削减。二是翻转课堂课前的微课录制与慕课一样，需要耗费学校和教师过多的精力和体力，同时需要教师具有较高的信息技术素养和能力，因此单靠教师个人的"单打独斗"很难完成，需要综合运用和发挥各种教育资源合力。三是翻转课堂教学组织形式在高校思想政治理论课大班额的课堂教学中效果不理想。从目前各高校思想政治理论课教学的现实情况来看，大班额教学依然是普遍现状，一名高校思想政治理论课教师往往要面对一百名以上的学生个体。翻转课堂要求学生在课前自主观看视频，学生的学习情况、学习中存在的问题需要教师能随时把握和检测。人数过多无疑会给教师完成这项工作增加很大的难度，也需要耗费更多的时间和精力。在课堂教学中，学生需要通过小组讨论、师生互动等方式来与教师沟通，此时教师往往更会感到分身乏术、疲于应对。这些情况无疑是当前翻转课堂应用于高校思想政治理论课，必须面对又很难解决的问题。此外，对于翻转课堂这一新兴事物究竟该怎样有效地融入高校思想政治理论课教学，并没有前人的成功经验可以借鉴，这更需要对其进行更为持久的深入研究。

从总体上看，作为高校思想政治理论课教学的基本组织形式，经过几十年的发展，已经逐渐地从单一的课堂教学走向了多种教学组织形式相结合教学模式。

四、教学认知转变

高校思想政治理论课教学方法几十年的改革发展，与其他学科（地理学、物理学等）先从哲学思辨到实践探索的改革发展不同，基本坚持了这样一种路向，就是先从教学方法改革的实践推进，再到知性或理论层面的经验介绍与思考。高校思想政治理论课传统教学主要以教师讲授为主，教学方法主要是从外部进行感性的、浅层次的探索与总结经验，缺少对思想政治理论课规律的探索。高校思想政治理论课教学方法探索之初，教师的教学方法观并未确立，教师关于高校思想政治理论课的"教"与"学"以及如何将"教"与"学"有机结合等基本理论问题并没有清晰的认识，导致高校思想政治理论课教师在教学方法改革过程中"摸着石头过河"。因此，一些高校思想政治理论课教师在教学方法观上仍然存在一些问题，如有的高校思想政治理论课课堂教学过分关注"精彩性""活跃性"，忽视对青年大学生政治、思想和价值的引领；有的将中小学的教学方法简单"复制"到高校思想政治理论课课堂，不考虑高校教法与中小学教法的区别；又如，部分教师过分地将新媒体技术应用到高校思想政治理论课教学，课堂出现娱乐性、表演化、技术化倾向；等等。高校思想政治理论课新教师提升教学能力的主要途径：一是见习，把零散的、肤浅的感性认识上升为经验总结；二是"传、帮、带"，就是通过思想政治理论课老教师把教学过程中积累的教学技能、经验亲自传授新教师；三是个人教学实践的积累，这些具有明显的经验总结痕迹。

高校思想政治理论课是落实立德树人根本任务的关键、核心课程，是提高大学生思想政治素质和道德法律素养的主渠道和主阵地，承担着培养社会主义合格建设者和可靠接班人，培养担当民族复兴大任的时代新人。"05"方案颁布后，作为对青年大学生进行系统的马克思主义理论教育的主阵地和对青年大学生进行思想政治教育和道德法律素质培养的主渠道，高校思想政治理论课的教学地位得到了极大提高。马克思主义理论一级学科的建立和发展，为高校思想政治理论课教学方法的科学研究奠定了深厚的理论基础，高校思想政治理论课进入依托学科建设、不断深化教学方法改革的阶段。纵观"05"方案实施这十余年，高校思想政治理论课教学认识发生了巨大转变，主要体现在以下几个方面：一是积极推进高校思想政治理论课的教材体系向教学体系转化，课堂教学的方式方法多元并进，积极推进现代网络信息技术的运用，丰富教学组织形式等；二是加强马克思主义一级学科，使学科建设与高校思想政治理论课课程建设相互促进、相互受益；三是在学科建设支撑下，高校思想政治理论课课程建设逐步纳入学科和科学研究的发展轨道；四是借助学科建设和科学理论研究成果，广大教师积极参与各级各类教研活动，推动新时代高校思想政治理论课教学方法的科学化与专业化，从而实现新时代高校思想政治理论课教学从经验总结到科学化、专业化的转变。

第四节　高校思想政治理论课教学方法改革发展的经验

纵观高校思想政治理论课教学方法七十余年的发展历程，我们可以从中总结出一些经验，探索出一些规律，并将其转化为教学实践，推进新时代高校思想政治理论课教学方法科学化发展。

一、因时而进是时代要求

明者因时而变，知者随事而制。纵观高校思想政治理论课教学方法七十余年的改革、发展和创新，一条基本主线就是教学方法会根据社会历史条件和教学对象的变化而变化，积极回应时代变化和不同时代对人才培养目标的不同需求。从高校思想政治理论课教学方法改革发展的历史沿革，可以看出，几乎每一次高校思想政治理论课教学方法的改革发展，都能够反映出时代的需求，并根据高校思想政治理论课课程设置、教学目标、教学内容和教学对象的变化，进行不断地改革和创新。计划经济年代，高校思想政治理论课主要以灌输式教学方法为主，适应了当时经济社会发展和青年大学生思想观念；社会主义市场经济时代，青年大学生的思维更为活跃，视野更为开阔，开拓精神更强烈，为尊重青年大学生主体意识，遵循青年大学生的认知规律，高校思想政治理论课教学方法逐步转向以体现青年大学生主体地位的启发式、讨论式、互动式等教学方法；互联网时代，随着网络信息技术的快速发展，投影仪、录音机、录像机、投影仪、电视机、电影机、计算机、微信、微博等现代教学手段被广泛运用到高校思想政治理论课教学方法的改革创新实践中。

随着国际国内环境的深刻变化和科学技术的迅猛发展，高校思想政治理论课的教学环境、教学内容、教学技术与手段等都发生了深刻变化。高校思想政治理论课教师在坚持使用传统教学方法讲解、阐释马克思主义基本理论的同时，转变不合时宜的教学方法理念，不断改革创新教学方法。在高校思想政治理论课教学实践中，教师用新的教学手段和教学方式对马克思主义中国化最新理论成果进行科学的阐释，回应青年大学生新的需要，提升了高校思想政治理论课教学的针对性和实效性。此外，随着网络信息技术的发展和网络虚拟环境的出现，高校思想政治理论课教学方法的改革和创新又获得了新"血液"，以互联网和新媒体为平台开展的多媒体教学，慕课、翻转课堂、微课、超星课堂等新的教学方式和方法不断涌现，在高校思想政治理论课教学实践中，具有形式新颖而富有感染力和吸引力的教学方法也在不断地涌现。

高校思想政治理论课教学的最终目的是帮助青年大学生树立正确的世界观、人生观和价值观，为中国特色社会主义事业培养合格建设者和可靠接班人。这就要求高校思想政治理论课教师要与时俱进地改革创新教学方法，真正实现马克思主义中国化进程中不断取得的理论新成果"入脑入心"。基于此，高校思想政治理论课教学方法的运用应始终围绕青年大学生思想行为发生的变化和呈现的新特点，围绕青年大学生的关注点和实际需求不断改革、创新。

二、师资队伍是根本依靠

从学生个人成长的角度看，青少年阶段是人生的"拔节孕穗期"；从党和国家事业的全局来看，国家富强、民族振兴，离不开一代又一代拥护中国共产党领导，献身社会主义现代化建设的接班人。这就要求高校思想政治理论课教师要用马克思主义中国化最新理论成果铸魂育人。正因如此，习近平总书记指出：办好思想政治理论课，关键在教师。实践证明，高校思想政治理论课教学，尤其是教学方法的每一次改革，教师都是推动者、创新者和掌舵者。高校思想政治理论课建设和教学方法改革成功与否，效果如何，取决于教师队伍的综合素质的高低和教学能力的强弱。同时，高校思想政治理论课教师个人的综合素质和教学能力的提高，直接决定着高校思想政治理论课教师队伍整体水平的提升。从宏观上看，政府、社会和高校都应该营造良好的科研和学习环境，促进高校思想政治理论课教师队伍整体教学能力的提高；从微观上，高校思想政治理论课教师个人要政治强，情怀深，思维新，视野广，自律严，人格正，是提升自己综合素质和教学能力的重要因素。

高校思想政治理论课鲜明的政治属性，决定了思想政治理论课教师必须具有坚定的政治立场，具备较高的政治理论素质，要真学、真懂、真信。只有这样才能把知识传递出去，让青年大学生听得懂，才能把知识中蕴含的政治导向、价值观念内化为青年大学生的行为方式。因此，每一名高校思想政治理论课教师都要不断地加强学习马克思主义理论，尤其是对习近平新时代中国特色社会主义思想的学习，突出理论武装、坚持问题导向，把党和国家以及高等教育事业的重大理论问题、重大实践问题、重大实践经验作为学习和研究的重点，使之成为不断推动、改进高校思想政治理论课教学方法改革创新动力源泉。

加强思想政治理论课教师队伍建设，让有信仰的人讲信仰，让有爱国情怀的人讲爱国。高校思想政治理论课教师应该具有深厚的家国情怀，因为只有具有家国情怀的教师，才会产生为党育人、为国育才的意识、观念和思想，才会比其他任课教师有更高的政治站位、更强的政治意识、更敏锐的政治鉴别力和政治洞察力，才能担负起引导青年大学生坚定共产主义信仰和中国特色社会主义信念的重任，才会不断改革创新高校思想政治理论课教学方法，以情去激励、引导青年大学生拥有家国情怀的使命与担当，落实立德树人的根本任务。

格局决定结局，思路决定出路。高校思想政治理论课教师是青年大学生的引路人，教师所站的高度，所具有的思维和视野，将直接影响和决定青年大学生的思路和眼界。高校思想政治理论课教师首先必须坚持辩证历史唯物主义思维方法，并以此指导实践，推动工作。要站在世界发展大背景下，善于用国际化的眼光和胸怀去引导青年大学生，吸收更丰富的人类文明成果，客观、辩证地看待世界大变局给中国特色社会主义建设带来的机遇与挑战，讲好树立"四个意识"、坚定"四个自信"的底气和优势。因此，面对常新的教学对象，讲授不断发展的马克思主义中国化最新理论成果，高校思想政治理论课教师必然要以更新的思维、更广的视野改革创新教学方法。

文以载道，亲其师，才能信其道。教师的师德师风建设在落实立德树人根本任务过程中起着模范带头的显性作用和春风化雨的隐形作用。一方面，青年大学生会受到高校思想政治理论课教师教化的影响；另一方面，高校思想政治理论课教师自身的人格魅力也会影响青年大学生的言谈举止。马克思曾说过："如果你想感化别人，那你就必须是一个实际上能够鼓舞和推动别人前进的人。"高校思想政治理论课教师应该做到严格约束自己，言行一致、知行合一、严于律己、宽以待人，不断提高和增强自身的人格魅力，运用积极向上的人格力量引导青年大学生成长的自觉性。在教学中坚持言传与身教相结合，不仅要成为青年大学生知识的传播人，更要成为青年大学生思想上的领路人和行动上的榜样模范，用高尚的人格感染学生、赢得学生。

从教学能力提升上看，在长期教学实践中，高校思想政治理论课教师教学能力得到大幅度提高，一些成功经验应坚持并不断改革深化。一是在科研方面，国家、社会基金、教育部人文社科机构要不断加大对人文社科类、高校思想政治理论课专项经费的投入和政策支持，从整体上提升高校思想政治理论课教师队伍的教学能力，从而间接地推进高校思想政治理论课教学方法的改革创新。近年来，国家、教育部和科研院所设立了不少关于思想政治理论课的专项课题，广大高校思想政治理论课教师积极参与，并开展了深入的研究工作。这不仅提高了高校思想政治理论课教师教学科研能力，而且间接地推动了高校思想政治理论课教学方法的发展。此外，国家、教育部以及部分高校建立了高校思想政治理论课教师社会实践研修基地，为全国高校思想政治理论课教师实践研修活动搭建了平台。这既有利于高校思想政治理论课教师成长，也有利于提高高校思想政治理论课教学质量。二是教师培养方面。随着网络信息技术的发展，知识更新加快，新技术日新月异，一次性教育已适应不了现代教育发展的需要，因此，加强教师培训，成为解决教师知识更新、业务素质提高、创新能力提升的重要途径。近年来，国家、教育行政机构以及高校高度重视高校思想政治理论课教师的培训，形成了"走出去"与"引进来"两条腿走路的培训机制，大大提高了新时代高校思想政治理论课教师的教学能力和综合素质。"走出去"就是定期或不定期将高校思想政治理论课教师派到本校以外的其他高校交流、学习或参加相关培训会，这样教师就有机会学习、吸收和借鉴其他高校成功的教学改革经验；"引进来"就是邀请专家、教授和名师来校本部开展示范性教学或对本校老师进行培训。这些举措对于高校思想政治理论课教师转变教学思维、开阔视野、获取先进的教学方法具有积极的促进意义。三是注重发挥教学团队合力的作用。构建跨学科、跨领域、高素质的高校思想政治理论课专职教学团队，引导广大思想政治理论课教师讲政治、讲大局、讲信仰，提升教师专业水平、理论素养、人格素养，这是由新时代高校思想政治理论课课程性质决定的。然而从教学实际看，绝大多数高校思想政治理论课教师都承担了大量的教学任务而较少有精力加强学科建设，再加上不同课程各有其特点，不同课程教师之间缺乏合作和交流，造成了当前以教学为主的模式和高校思想政治理论课教师"孤军奋战"的状态。树立高校思想政治理论课教师团队建设理念，树立学科研究意识，可以为新时代高校思想政治理论课教学方法的进一步改革发展奠定坚实的学科和理论基础。四是观摩优秀教学和开展教学竞赛。参加教学竞赛需要教师对教学内容反复推敲，对教学方法精雕细琢，这无疑有利于快速地提升教师的教学能力和水平。教学观摩可以使教师最直观的学习到优秀教师的教学经验和教学思想，也是促进教师教学能力提升的有效方式，需要继续积极地开展并形成制度加以坚持。

三、以学生为本是根本遵循

以人为本的教育理念最先来自人本主义，它认为人应该是哲学的出发点和归宿，要突出人的价值和地位，强调主体的创造性作用。高校思想政治理论课贯彻以人为本的思想，在教学方法上体现为：提出了与传统教育相对的学习主张，例如，意义学习、自由学习、自由评价等；渗透了以人为本和以学生为主的人文思想。苏联教育家苏霍姆林斯基认为，把学生看成活生生的人是教育工作者最重要的理念。在一个完整的教学过程中，教师和学生处在双边活动两侧，教师是施动者，学生是受动者，同时学生也是教育的主体。从高校思想政治理论课教学方法改革发展的历程来看，中华人民共和国成立初期，尤其是"文化大革命"期间，高校思想政治理论课教学实践中将学生的主体性忽视了，学生的意志、人格和尊严逐渐淡化，学生被当成传授知识的容器或口袋。随着经济社会的发展，教师认识到提升高校思想政治理论课教学实效，离不开坚持以学生为中心、基于学而设计教的教学理念，即坚持以学生为本。因而在新时代高校思想政治理论课教学中启发式、讨论式、互动式等教学方法得到大力倡导和不断创新。

在新时代高校思想政治理论课教学方法的改革和创新中，如果仅仅关注的是教师如何教好，而不关注学生如何学好，割离相互依存、相互影响、相互促进的教与学的关系，最终会因为不符合教学环境、教学目的和教学对象相互之间的对立统一规律而失败。研究高校思想政治理论课教学方法的改革和创新，不仅要关注教师如何教好，更要关注学生如何学好。只有这样，才是抓住了高校思想政治理论课教学中的主要矛盾，实现从教学理念的高度，重新审视高校思想政治理论课教学方法，形成符合以学生为中心、基于学而设计教的现代教育理念的新时代高校思想政治理论课教学方法体系。

四、网络信息现代化是现实需求

随着网络信息技术的迅猛发展，青年大学生的生活方式、学习方式等方面产生了巨大变化，同时网络信息技术在教育教学领域的广泛运用，给教育教学带来了深刻的变革。例如，教学实践中的硬件和软件、资源和学习、模式和方法、文化和观念，教学模式，教学关系，教学组织形式，教的方法和学的方法等，推动着高校思想政治理论课教师教学方式的变革，也推动了青年大学生学习方式以及师生互动方式的变革。高校思想政治理论课教师如果还是仅仅依靠专业知识和工作经验开展教学活动和科学研究，是不能自如地应对新时代高校思想政治理论课教学工作的。只有适应现代网络信息技术发展新趋势，掌握新兴媒体的运用技术，恰当运用现代教学手段，才能提升高校思想政治理论课教学质量。因此，转变教师教学方法理念、创新教学方法不仅是高校思想政治理论课教师应然的工作，更是必然的需要。在网络信息技术飞速发展的今天，人类社会进入了知识经济时代，知识更新速度与日俱增，它促进了青年大学生对高校思想政治理论课教学信息地接收、消化和吸收，是高校思想政治理论课教学的有效途径。因此，广大高校思想政治理论课教师既要充分发挥传统教学手段进行知识传授的优势，也要迎合新时代青年大学生的喜好，科学管理新型教学资源，合理设计新型教学模式，将传统教学手段和现代教学手段深度融合，在实际教学过程中合理运用网络教学资源，与青年大学生实现教学资源的有效共享。可见，进入新时代，高校思想政治理论课教师将网络信息技术运用于教学实践，是教学方法改革创新的必然选择。

五、知情意行并重是本质要求

高校思想政治理论课传授马克思主义理论，阐释社会主义核心价值观的最终目的就是让青年大学生学通弄懂马克思主义基本原理，并运用马克思主义基本观点、方法，发现问题、分析问题和解决问题；领悟社会主义核心价值观的要义，做社会主义核心价值观的忠实践行者。因此，在高校思想政治理论课实际教学过程中，必须牢牢把握知与行的关系。"知之真切笃实处，即是行。行之明觉精察处，即是知。"但知与行并不是天然的合一，而是一个心理变化过程，其间还有情和意：情，即对马克思主义理论、社会主义核心价值观的认同情感；意，即在对马克思主义理论、社会主义核心价值观认同情感基础上的坚定信仰意志。可见知、情、意、行四个环节是由表向里深层发展的状态，是一个内化于心、外化于行的认识循环过程，在培育和践行马克思主义、社会主义核心价值观过程中是紧密联系，缺一不可的。

因此，高校思想政治理论课教师要理解和把握青年大学生知、情、意、行四个环节的心理过程，在教学实践过程中，既要注重学习马克思主义基本理论，又要注重培养社会主义核心价值观的道德情感，既要注重提升青年大学生的意志品质，又要注重理论联系实际，注重学以致用。在高校思想政治理论课教学实践中要将知（认知）、情（情感）、意（意志）、行（行为）结合起来，在学中做，在做中学，真正实现为党育人，为国育才的目标。

从七十多年高校思想政治理论课教学方法改革发展历程来看，新中国成立后的一段时间，高校思想政治理论课教师侧重于提升学生知的教学方法改进，突出地表现为教条主义偏向，对理论与实际一致的真实意义不清楚。……甚至在一些比较落后高校讲思想政治理论课，要求学生必须抄黑板、背诵原文原句，普遍采用传统的"灌输式"教学方法。党的十一届三中全会后，随着改革开放不断深入，经济政治和文化等各方面发生了深刻变化，青年大学生自我意识、独立思考的特点更为明显，为适应新形势、新情况，高校思想政治理论课教师逐步加强对青年大学生情、意的人文关照与关怀。"05方案"明确提出：要加强高校思想政治理论课的实践教学。各地高校认真贯彻落实文件精神，教师通过组织学生参加社会调查、参观革命纪念馆等形式开展实践教学，增强了青年大学生行的意识和能力。习近平总书记指出，思想政治理论课建设要"坚持理论性和实践性相统一"，要"在理论和实践的结合中，教育引导学生把人生抱负落实到脚踏实地的实际行动中，把学习奋斗的具体目标同民族复兴的伟大目标结合起来，立鸿鹄志，做奋斗者。"为落实习近平总书记重要指示精神，中共中央办公厅、国务院办公厅印发的《关于深化新时代学校思想政治理论课改革创新的若干意见》强调要推动思想政治理论课实践教学与学生社会实践活动、志愿服务活动结合，完善思想政治理论课实践教学机制。在新时代高校思想政治理论课教学过程中，教师要更加重视知与行相统一的教学方法，在教学中晓之以理，动之以情，导之以行，真正发挥新时代高校思想政治理论课落实立德树人根本任务的主渠道、主阵地作用。

第五节　对高校思想政治理论课教学方法改革发展的思考

辩证地看待、分析高校思想政治理论课教学方法改革发展进程中的问题，以史为鉴，有利于推进新时代高校思想政治理论课教学方法的改革创新。

一、如何看待教学方法选用问题

回顾高校思想政治理论课教学方法七十多年的发展历程，对高校思想政治理论课教师选用教学方法所呈现的机械化、形式化、随意性等问题，必须正确认识，客观对待。一是教育价值取向。教学方法的价值取向是指从教师所选用的教学方法中体现出来的特定的教育价值观，其基本前提是相应的课程与教学目标，其核心是对"什么是受过教育的人"的回答，因为教学方法的选择本质上是教师对教育价值的选择。从高校思想政治理论课教学方法七十多年发展历程中，可以发现，高校思想政治理论课教师的教育价值取向，就是以传授知识为主，强调文化要素的传承，以间接经验为主。教学过程的核心是吸收预先规定的教材内容，其主动权在教师而不在学生。在此教育价值观的影响下，高校思想政治理论课教师在选用教学方法时，首先考虑的是怎样让学生掌握理论知识，认为学习知识是学生主要任务，自然而然，传授知识则成为教师的主要职责。这种"重知识，轻情感"的教育价值理念，忽略了教师与学生课后深层次的交流。二是课堂氛围。教师与学生之间、学生与学生之间的关系是营造课堂氛围的核心要件。在高校思想政治理论课教学过程中，无论采用哪种教学方法，其基本模式还是以教师管控为主的师生关系模式。因此，在教学过程中，思想政治理论课课堂氛围一般比较严肃，师生关系比较僵化，这就约束了一些以学生学习活动为主的教学方法的使用。三是评价制度。教学评价制度是影响教师选择教学方法的直接因素。实事求是地讲，目前构建高校思想政治理论课教学方法评价体系工作没有实质性进展，主要体现在：第一，没有建立科学的、完整的教学方法选用评价体系；第二，对选用教学方法的评价处于表面化、泛泛而评，一般情况下都是对教学方法的外在表现形式进行评价，忽略了对教学方法本质内涵的探讨。因此，在公开课或教研课上出现"新瓶装旧酒"的现象就不足为奇。"新瓶"就是指教学方式、教学形式的多样化；"旧酒"就是指教师传统的教学思想和教学观念。因此，对高校思想政治理论课教师教学方法选用的评价，要透过现象看本质，不能被其外在光怪陆离的形式所蒙蔽，而要看到隐藏在教学方法背后的教师教学理念。高校思想政治理论课教师所选用的教学方法会出现"形式"与"实质"之间相背离的现象，表明教师认识不清、理解不透教学方法的本质内涵，对教学方法的选用还是处于盲目、被动的状态。但从教师追逐、讲究教学方法多样化的现状来看，说明高校思想政治理论课教师，一方面开始意识到原来所选用的教学方法的不足，另一方面逐渐意识到恰当的教学方法对教学以及育人的效果、作用。只要我们用马克思主义辩证唯物史观看待这一问题，就会发现高校思想政治理论课教学方法改革是在不断前进的。

二、如何看待传统教学方法

对待传统的东西，"取其精华，去其糟粕"这八个字是科学正确的态度，对待高校思想政治理论课传统教学方法的态度也不例外，一是不能全盘否定，二是不能墨守成规。从理论上分析，传统教学方法是一定历史阶段形成的适合一定历史条件的教学操作行为，隐含着一定历史时期教师的教育理念。但是过去的并不代表就是没有价值的，也就是说传统教学方法并不是一无是处。从认知心理学角度看，陈述性知识、程序性知识和策略性知识是现代知识的三种基本类型，其中，陈述性知识是关于"是什么"的知识。实践证明，掌握陈述性知识最有效的教学方法就是传统教学方法。因为传统教学方法是以知识记忆为目的，以强化训练为手段、以条理化教材内容为大纲、以教师权威为管控方式的教学方法。因此，传统教学方法对于知识记忆巩固、知识体系形成的效果是显而易见的。毋庸置疑，学生在学习思想政治理论课过程中，必须掌握一定的陈述性知识，教师也不可避免地要选用一些所谓体现传统教学方法特点的教学方式。反思人们对传统教学方法的责难，就在于教师在课堂教学过程中传统教学方法选用得过于频繁，占用的时间过多，使学生的学习方式大部分局限于再现式学习，制约了学生的全面发展。实事求是地说，存在就有其存在的理由，传统教学方法之所以还在今天的研讨之中，就说明其本身有存在的合理性，不能以偏概全地把各种教学过程中存在的不足，统统塞进传统教学方法的"旧瓶"里。从客观现实来看，我国人口众多，面积广阔，城乡差别很大，东西部发展不平衡。因此，在经济文化比较落后的地区，教学设备现代化有限，师生比例不协调，流行大班上课。客观的教学环境或多或少制约了教师选用现代教学方法。反思人们对传统教学方法的责难，就在于人们的视野仅局限于少数几个大城市，却忽视了为数不少的一些高职高专院校的现实情况。可见，传统的教学方法不管是在理论上，还是在现实条件上，都有存在的合理性与必要性，对于传统教学方法不是"要"与"不要"的问题，而是如何选用、如何改进、如何发挥传统教学方法优势的问题。

三、教学方法改革发展阻力何在

随着时代的发展，因时而进、顺势而为地改革创新高校思想政治理论课教学方法是每一位教师职责和使命。一方面，"00后"青年大学生是生在网络时代，长在多媒体迅猛发展时期，对教师"一言堂""满堂灌""填鸭式"等传统教学方法普遍不满；另一方面，网络信息技术发展以及科技进步，为广大教师运用多样化的教学手段提供了物质条件，教师产生了运用现代教学方法的观念，教学形式满足了学生对学习的需求。实践证明，高校思想政治理论课教学方法改革创新，搭乘着网络信息技术和科学技术的便车，取得了较为丰硕的成果。但是在这一过程中也不能忽视一些问题，我们必须正确面对并力争妥善解决。

（一）组织力量单薄

从教学方法改革主体来看，大致有五类：一是学校党委高度重视思想政治工作，要求科研处和教学单位（马克思主义学院或思想政治理论课教育部）联合进行教学方法改革；二是新时代高校思想政治理论课教师因势而变、顺势而为，立足于学情，积极主动地进行课堂教学方法改革；三是教育行政部门与高校联合，通过教学技能大赛、说课等途径，开展高校思想政治理论课教学方法改革；四是校本科研机构为提高教育教学质量，从教学方法角度进行的改革；五是教育行政部门为了提高人才培养质量而进行的教学方法改革，如教育部力推的"课堂革命"，就是从教学方法、教学方式角度开展的。然而，大部分高校思想政治理论课教学方法改革，主要是立足于学校思想政治理论课课堂教学实际。在访谈过程中，倡导现代教学方法的教师，占调查教师的71.1%，强调传统教学方法的教师，只占调查对象的29.9%（主要是年龄较大的高校思想政治理论课教师）。可见，学校教学是高校思想政治理论课教学方法改革的一个切实可行的立足点，因为只有教师能更了解和更好地掌握高校思想政治理论课的教学实际情况。教学方法改革得怎么样？只有学校的教师和学生最有发言权。但是在调查过程中，笔者发现高校思想政治理论课教师存在一种倾向：一是高校思想政治理论课教师不太注重对教育理论的学习，简单地认为教学方法是一个形式问题。因此，对教学方法的改革更多的是源自教师学科教学的经验总结，而不能上升到理论层面进行分析，形成共性的一般的教学方法。二是高校思想政治理论课教学方法改革的力度和深度不够。首先，高校思想政治理论课教师不重视教学方法改革，认为侧重于教学形式改革是中小学的事情，对大学而言就没有必要了；其次，高校思想政治理论课教学方法改革，主要是在批评"教师一味地讲，学生心不在焉地听"的传统教学方法模式，强调学生学习的主体性和积极性，大多数教学方法改革缺乏教学理论的指导、严谨的改革方案、清晰的改革思路、具体的改革程序、行之有效的评价手段等。许多教学方法改革没有取得实质性的突破，只是围绕着"讲授"与"实践"两方面做强调、变革、更新，如改变"讲授"和"实践"的分量，突出"实践教学"重要性及其实践教学的内容。即便是在"讲授"与"实践教学"的有机结合上，也多是在乎"讲授"与"实践"的简单拼凑，甚至以为批判传统的"教师先讲"，就要表现为"学生先实践"或者是"学生先思考"。

虽然教学方法改革最直接、最关键、最核心的因素是高校思想政治理论课教师，但要取得教学方法改革的实效，单凭高校思想政治理论课教师一个人或一群人是不可能实现的。高校思想政治理论课教学方法改革是一个系统工程，也就是说，教学方法改革要立足于开放的整体系统观，突破组织机构封闭和静态的系统观局限，即要把高校思想政治理论课教学方法改革放在整个教育教学发展大背景中进行，而且教学方法改革不能停留在改变创新外在形式上，更多的是改变其内在的实质上，甚至与之相关、相配套的硬件、软件均需改革，从而达到相向而行、同频共振。长期以来，高校思想政治理论课教学方法改革多偏重于师生活动的外在形式和活动所借助的手段，而对教学方法、教学理念、教学内容以及师生能力等软件要素，没有给予应有的重视。因此，方法是一个系统的工程，受着小目标、大目标等一连串目标的制约，需要形成"合力"才能取得实效。

（二）传统教学观念固守

教学方法能否发挥作用、能发挥多大作用，不是通过一个简单的指标、一种主观测评方式就可以衡量、确定的，高校思想政治理论课教学方法发挥作用的过程是缓慢曲折的，甚至是看不见、摸不着的。正因如此，一些高校思想政治理论课教师对于教学方法研究的积极性、主动性不高，改革创新意识不强、对教学方法规律的把握不透。然而作为一名成功的高校思想政治理论课教师，不仅要具备扎实的理论功底、过硬的教学能力、勤勉的教学态度，而且要善于运用科学的教学方法。可以说，"过硬的教学能力"可以通过教师长期的教学实践锻炼达成，"勤勉的教学态度"可以在教师的自我反省、自我磨砺中得到逐步强化，"科学的教学方法"则需要教师建立在高度重视的内驱力上。

高校思想政治理论课教学是融政治、法律、文化、思想道德于一体的综合性教育过程。一个成功的教学过程应包括认识—情感—内化—意志—行为五个阶段。第一阶段是认识理论；第二阶段是认可理论；第三阶段是内化理论，即将自己在课堂所学知识理论内化为自己的世界观、人生观、价值观，指导自己的实践，促进自己全面发展；第四阶段是对所学习的理论，形成矢志不渝的坚持、笃信不疑的坚守；第五阶段是将内化于心、坚守笃信的理论外化于行，即将所学理论运用于社会实践活动中。这五个阶段不是孤立存在、互不影响、独立运行的，而是紧密相连、相互影响、相互作用、相互促进、环环相扣的。虽然五个发展阶段从形式上看是独立的，实质上他们彼此之间是不可分割的。对理论的认识是对其产生情感的前提；对理论的情感是将其内化于心的基础；将理论内化于心是对其形成矢志不渝地坚守的关键；而对内化于心、形成坚强的意志是运用理论发现问题、分析问题和解决问题的基础。行为是认识、内化的必然结果，同时又为更高层次的认识、内化奠定基础、开辟道路。以上五个环节是相互联系、相互影响、相互作用的有机整体，只有在教学改革过程中将其作为一个整体加以整合，才能正确地把握高校思想政治理论课教学基本规律，并以此来指导教学方法改革。否则，只见树木，不见森林，片面地强调某一个环节的重要性，忽视教学过程的有机完整性，就无法实现高校思想政治理论课教学方法改革目标。传统教学观忽视对思想政治理论课教学规律的把握，往往只停留在教会、教懂学生的"知其然"环节和层次上，对于内化，即"知其所以然"的环节和层次上，则关注较少，而对于"外化于行""知行统一"环节和层次上，则不做过多思考和要求。如果以这样的传统教学观为指导，则不能有科学的思想政治理论课教学方法改革创新，最终将与思想政治理论课的教学目标越行越远。

（三）重教轻学影响实效

随着科技和网络信息技术以及经济全球化、政治多极化的发展，各种思想观念相互交流、相互碰撞，相互融合；随着社会主义市场经济发展和经济社会结构的深刻调整，当代青年大学生的思想观念、行为方式出现了新变化和新特点，"你讲，我听"的教师主导课堂的授课方法，已经在一定程度上阻碍了思想政治理论课教学效果的提升。进入新时代，教师依然喜欢在课堂上唱独角戏，一个人在三尺讲台上夸夸其谈，为"教"而教，教师的"教"无法引起学生有效的"学"，这是高校思想政治理论课教学方法仍然必须解决的现实问题。习近平总书记指出：要提升思想政治教育亲和力和针对性，满足学生成长发展需求和期待。客观地说，高校思想政治理论课亲和力的强弱，很大程度上取决于教师人格魅力的大小以及理论功底的深浅，除此之外，教育引导学生的方式方法也是一个重要因素。一般情况下，亲和力的外在表现是青年大学生对高校思想政治理论课教师认同、亲近和信赖以及高校思想政治理论课教师对青年大学生的感召和吸引；其内在实质则为高校思想政治理论课教学目的的人本性、教师的影响力、教育方法的适当性、教学载体的相宜性、教学情境的相融性等多种因素有机融合的整体。提升高校思想政治理论课教学的亲和力，是一个包含多方面的系统工程，高校思想政治理论课教学方法的适当性就是其中很重要的一个因素。适当性的前提是教学方法本身是科学的、合乎教学规律的、契合教学内容的、符合教学环境的。从这个意义上说，教学方法的适当性是需要进行深入研究的，这也是教学方法研究的意义所在。值得一提的是，教学方法的改革，即包括教师"教"的改革，也包括学生"学"的改革，然而在实际的高校思想政治理论课教学方法研究中，学界对教师"教"的方法投入了更多的精力、物力和财力，对学生"学"的研究则轻描淡写、一笑而过。因此，在知网、读秀等检索平台查询，发现关于教师"教"与学生"学"的方法，在研究成果数量以及研究深度上是不一样的。关于教师"教"法研究的深度和广度远远超过对学生"学"法的研究。这种重视"教"法而忽视"学"法的现状，既不利于新时代高校思想政治理论课教学方法的改革，也不利于提高新时代高校思想政治理论课教学方法的亲和力。

（四）改革针对性不强

为了进一步加强思想政治理论课建设，高校思想政治理论课教学规范化、标准化程度越来越高，主要体现在：第一，教材的标准化。高校思想政治理论课要求使用全国统编的"马克思主义理论研究和建设工程"重点教材。第二，教学辅导用书也是由高等教育出版社统一编写，规范性较强。但不能忽视一个问题，即形形色色、质量参差不齐的教学辅导用书也大量存在。高校思想政治理论课各门课程在当当网上输入"课程名+教学辅导书"进行查找，能搜索到大量的相关教辅书，其中，以"思想道德修养与法律基础"课程的教辅书最多，还不包括各种各样的案例书、实践教学类等教辅用书。可以这样说，如果高校思想政治理论课教师不想备课、不愿备课或者备课时间紧张，可以在网络上轻松地找到各种各样的可以直接用于教学的资料。可以想象教师没有经过"备大纲""备教材""备学生"和"备理论知识"等过程，简单地、机械地实行"拿来主义"，其教学过程必然是粗糙的、浅显的、枯燥无味的；其教学方式不仅缺乏针对性，更缺乏实效性。当然还有一些高校思想政治理论课教师在授课前精心准备了一门课程完整的教学内容、教学重点、教学难点和教学方法等，但从此以后就"墨守成规""固步自封"，一本厚厚的教案、一个过时的案例、一套陈旧的教学方法，天天讲、年年用，就会脱离时代、脱离社会、脱离学生。时代在发展、社会在进步，事物、人物都在不断变化。高校思想政治理论课是做青年大学生的工作，当时代以及社会环境发生深刻变化后，青年大学生的思想行为也会相应发生深刻变化，因此，教师就应该选择新鲜的、反映社会热点的案例、合乎大学生"口味"的先进事迹和模范典型进行教学。比如，一些"思想道德修养与法律基础"课教师，一讲到正确评价人生价值需要坚持物质贡献与精神贡献的统一时，脱口而出的案例就是居里夫人；需要坚持能力有大小与贡献须尽力时，就将博士生陈方文靠乞讨度日的例子和白方礼90岁蹬三轮车资助学生上学的事例对比。陈方文乞讨的新闻发生在2005年，除了时间与现实间隔久远外，这还是一个具有极大特殊性的个别事例。而马加爵、药家鑫案例又经常会成为"思想道德修养与法律基础"课教师在讲刑事法律制度时候的案例。这些事例在中国特色社会主义进入新时代的今天使用，不仅过时，而且也不太适合时宜，这样的案例教学法显然是不科学的，也没有实效。第三，忽略学情。一些高校思想政治理论课教师在教学中无论是给文科专业，还是理科专业大学生授课，通通使用一本教案、一样的案例、一套教学方法，这就没有体现出对不同授课对象的差异化教学。要提高新时代高校思想政治理论课的教学效果，离不开"备学生"这一重要环节。"备学生"就是要把握新时代青年大学生的差异性，把握青年大学生的知识需求，把握青年大学生的情感需求，把握青年大学生的兴趣点。同时，给不同专业的大学生讲课，授课教师应结合学生的专业背景，设置和调整教学内容，采用不同的教学方法。比如，给马克思主义学院的学生上课和给物理学院的学生上课，如果任课教师使用同一本教案，用同样的教学方法，肯定是不恰当的。实质上，在同一门思想政治理论课课堂上，不同大学生，尤其是不同专业的大学生感兴趣的教学内容、知识点的差异性也是很明显的。教师想要实现高校思想政治理论课教学从"众口难调"到"众口可调"的转变，仅仅依靠"照本宣科"、空洞的说教，依靠公式化和程式化的教学方法是不能真正实现的。

第三章 改革创新

随着全球化和我国对外开放的深入发展，各民族文化交流碰撞日益频繁，人们的思想观念变得日益多元。进入新时代，我国的经济结构深刻变革，社会利益格局深刻调整，人们的思想观念深刻变化，青年大学生的思想道德观念、价值取向等方面呈现出许多新特点，作为落实立德树人主渠道主阵地的思想政治理论课既迎来了前所未有的机遇，又面临前所未有的挑战。适应新情况，解决新问题，加强高校思想政治理论课教学方法改革创新成为时代之需。

第一节 高校思想政治理论课教学方法改革创新的必要性

时代在发展，技术在进步，生活环境在变化，当代青年大学生的思想行为状态不断呈现出新特点。进入新时代，高校思想政治理论课的教学目标、教学内容等方面也在不断调整。与此相适应，新时代高校思想政治理论课教学方法必须不断改革、创新，以适应变化发展的新情况。

一、适应新时代发展的客观需要

中国特色社会主义进入了新时代，世界面临百年未有之大变局。新时代高校思想政治理论课建设面临新的形势和新的任务，其中教学方法的改革创新显得尤为迫切。习近平总书记从党和国家事业发展全局出发，对如何办好新时代高校思想政治理论课做出新部署、提出新要求，为推进新时代高校思想政治理论课教学方法改革创新提供了思想指引和实践遵循。从国际环境来看，当前国际形势正在发生深刻变化：世界多极化加速推进，大国关系深入调整；经济全球化深入发展，世界经济格局深刻变化；国际环境总体和平稳定，国际非安全挑战错综复杂；各种文明交流互鉴，不同思想文化相互激荡。深入分析世界转型过渡期国际形势的演变规律，准确把握历史交汇期我国外部环境的基本特征，是新时代高校思想政治理论课改革创新的现实要求。从国内来看，经过长期艰辛努力，中国特色社会主义进入了新时代，正处在实现"两个一百年"（2021年，中国共产党诞辰100年时，建成惠及十几亿人口的更高水平的小康社会；2049年中华人民共和国成立100年时，建成富强民主文明和谐美丽的社会主义现代化强国）奋斗目标的历史交汇期。因此，新时代高校思想政治理论课教师肩负着讲清楚、讲透彻马克思主义在中国为什么能"行"，中国共产党为什么"能"，中国特色社会主义为什么"好"的重大责任。完成这一重大责任，改革创新新时代高校思想政治理论课教学方法成为必然。在学校思想政治理论课教师座谈会上，习近平总书记强调：推动思想政治理论课建设，要坚持政治性和学理性相统一，要坚持价值性和知识性相统一，要坚持建设性和批判性相统一，要坚持理论性和实践性相统一，要坚持统一性和多样性相统一，要坚持主导性和主体性相统一，要坚持灌输性和启发性相统一，要坚持显性教育和隐性教育相统一。"八个相统一"要求，为新时代高校思想政治理论课建设提供了基本原则和正确方向。新时代高校思想政治理论课教师必须在继承和发扬高校思想政治理论课教学方法优良传统基础上，还需在内容、形式、方法、手段、机制等方面进行改革、创新，特别要在增强新时代高校思想政治理论课思想性、理论性、亲和力和针对性上下功夫。

从教学对象来看，随着科技和网络信息技术的发展，当代青年大学生思想观念和成长规律呈现出了新特点，这不仅使新时代高校思想政治理论课教学方法改革创新显得尤为必要，而且为教学方法改革创新提供了有利条件。总体而言，当代青年大学生群体思想政治状况、道德品德状况、法律法规意识、身心状况等方面是积极、健康、向上的。但当代青年大学生的独立性、多变性、选择性和差异性日益增强，他们具有强烈的自我意识、法律意识，敢于对不道德行为进行批判；他们自主自立，竞争效率意识不断提高，思维比较活跃和敏锐，易于接受新事物、新思想和新观念，逆反心理与好奇心态并存。教学实践证明，当代青年大学生对单一陈旧的"满堂灌""填鸭式"教学方法比较不屑一顾，甚至有一定的逆反心理，要求改革创新教学方式方法的欲望强烈。而现代信息化教学条件的改善以及新媒体技术的普及，为新时代高校思想政治理论课教学方法的改革提供了良好条件和有效载体。网络信息技术包括计算机软件、硬件和外部设备，它们可以向人们提供文字、声音、动画、影像、数据和其他信息，既可创新配置高校思想政治理论课教学资源，也可增强高校思想政治理论课教学过程的生动性和形象性，为新时代高校思想政治理论课教学方法改革创新提供了较好的物质技术条件。

二、提高教学效果的现实需要

影响新时代高校思想政治理论课教学效果的原因是多方面、多层次的，其中教学方法陈旧是影响教学效果的重要原因之一，具体表现在以下两个方面：一是新时代高校思想政治理论课教学方法与教学实效的预期相矛盾的现象日益突出，二是新时代高校思想政治理论课教学方法与培养社会主义合格建设者和可靠接班人要求不相适应的问题突出。随着科学技术和网络信息技术的发展，新时代高校思想政治理论课教学方法改革创新成果丰富多样、有声有色。但是，从我国各高校思想政治理论课教学实际情况看，这些新教学方法的覆盖面和使用率是极其有限的。广大高校思想政治理论课教师依然偏爱于采用比较单一、简单实用的讲授法进行教学，不太喜欢在教学方法方面费心思、做研究，认为这不过是形式问题。讲授法操作简便、覆盖面广，特别适合当前高校思想政治理论课大班教学模式，然而课堂教学与学生的实际生活、学习兴趣以及身边鲜活事例的联系与结合不够，课堂上教师不知不觉成为往学生头脑里"灌"的实施者，学生则机械被动地成为教师装教学内容的容器。这种"单向度"的教学方法，往往偏重对高校思想政治理论课教学内容的死记硬背，忽视了青年大学生的主观需要和认知特点以及对理论知识的接受程度，整个高校思想政治理论课课堂是单调乏味、枯燥沉闷的，这样的教学方法极容易使学生产生厌学情绪，要么趴在桌子上迷迷糊糊睡觉，要么玩手机打游戏，"当一天和尚撞一天钟"，教学效果堪忧。改革创新新时代高校思想政治理论课教学方法，构建既反映新时代发展新特点新情况，又符合教育教学规律的教学方法体系，成为新时代高校思想政治理论课教学改革的重中之重，这也是提升新时代高校思想政治理论课教学效果的关键性因素之一。正如习近平总书记所说，学校应分析总结创新更加符合网络信息化时代特点、更加贴近青年大学生思想实际状况的教育教学方法，不断增强高校思想政治理论课的政治性、理论性、亲和力和针对性。

当前，提高新时代高校思想政治理论课的"三率"（到课率、听课率和抬头率），是教学方法改革创新所追求的重要目标之一，而提高青年大学生学习思想政治理论课的积极性、主动性，实现从"要我学"到"我要学"的转变，则是提高新时代高校思想政治理论课"三率"的关键。从目前高校思想政治理论课课堂来看，只要采取一定的措施作为保障，学生的到课率是可以保障的，但是学生到课率得到保障后，摆在广大高校思想政治理论课教师面前的现实问题就是如何保障学生认真听课、认真思考问题、真正融入高校思想政治理论课课堂。正如陈宝生部长在回答人民日报记者关于高校思想政治理论课，抬头率不高，人到了心没到的问题时，指出的那样：如何真正实现思想政治理论课教学的"入耳、入脑、入心"，是当前思想政治理论课教学需要尽快解决的重要问题。新时代高校思想政治理论课教师只有充分抓住青年大学生的心理特点和认知规律，利用"小班教学""大学生讲思想政治理论课""鲜活生动的实践课""翻转课堂"和"两微一端"等新形式和新方法，才能增强青年大学生学习思想政治理论课的积极性、主动性和创造性，变"被动听课"为"主动听课"，不断提升新时代高校思想政治理论课的教学实效。

三、提升教研能力的主观需要

教学方法的重要意义就在于将教师的"教"与学生的"学"联系起来，充分发挥桥梁和纽带的作用。高校思想政治理论课教师通过恰当的教学方法向青年大学生传授马克思主义、毛泽东思想和中国特色社会主义理论以及社会主义核心价值观；青年大学生则通过教学方法对教师的教学活动产生反应。可见，正是通过教师选择使用的教学方法，才把高校思想政治理论课教师的教学活动与青年大学生的学习活动紧密联系起来，为实现高校思想政治理论课共同教学目标而相互影响、相互作用、相互促进。教学方法采用得当，高校思想政治理论课教师和青年大学生之间就会处于良性互动状态中，师生之间的沟通交流就是顺畅和愉悦的，这无疑会极大地促进高校思想政治理论课的教学，提高教学质量；可如果高校思想政治理论课教师教学方法运用失当，就会在教师与学生间形成一道厚厚的看不见的屏障，师生之间的沟通交流就是僵硬的、无趣的，甚至是逆反的，这无疑会阻碍高校思想政治理论课教学活动的顺利开展，不利于教学目标的成功实现。值得注意的是，青年大学生的需要应成为高校思想政治理论课教学改革的关注点，应成为新时代高校思想政治理论课教师致力于对教学方法改革创新研究的重点。关注青年大学生的所思、所想，回应青年大学生的所需，是新时代高校思想政治理论课教学质量提高的关键举措。高校思想政治理论课教师要想回应学生不断变化发展的需要，就需要高校思想政治理论课教师不断调整教学方法，这无疑会促进高校思想政治理论课教师的教学科研水平和教学能力更上层楼。

第二节　高校思想政治理论课教学方法改革创新的基本原则

中华人民共和国成立以来，高校思想政治理论课教学改革经历了长达七十多年的探索，其中教学方法改革的基本经验，就是既要符合青年大学生身心发展特点和认知规律，又要符合高校思想政治理论课教育教学规律；既要符合党和国家以及社会发展对人才培养的要求，又要符合培养社会主义合格建设者和可靠接班人的教学目的。2019年习近平总书记在学校思想政治理论课教师座谈会上，提出的"八个相统一"，充分阐述了高校思想政治理论课的政治属性、建设方向和教学方法的基本原则，深刻指出了高校思想政治理论课如何才能走进学生内心深处，为"培养什么样的人""怎样培养人"和"为谁培养人"这个根本问题提供了解决方略；习近平总书记的"八个相统一"回应了当前高校思想政治理论课建设过程中面临的重大问题，从理论与实践相结合的高度，深刻回答了我们该如何推动高校思想政治理论课守正创新。习近平总书记的"八个相统一"不仅科学概括了高校思想政治理论课建设的成功经验，而且深刻揭示了新时代高校思想政治理论课教学的内在规律，也必然成为新时代高校思想政治理论课教学方法改革创新的基本原则。

一、坚持政治性和学理性相统一

高校思想政治理论课建设，一方面，必须坚持以马克思主义、毛泽东思想和中国特色社会主义理论为指导，反映广大人民群众的根本利益，体现中国共产党执政的基本理念、立场和观点以及执政规律，呈现出鲜明的政治性；另一方面，高校思想政治理论课的政治属性必须以一定的知识体系和一定的学科体系表现出来，从而具有相应的科学性或学理性。因此，高校思想政治理论课既要以马克思主义、毛泽东思想和中国特色社会主义理论以及社会主义核心价值观的教育教学为主要内容，又要坚持高校思想政治理论课教学的方法论原则，即坚持政治性和学理性相统一。这就要求新时代高校思想政治理论课教师在教学过程中所采用的方法，既要坚持价值引领的政治方向性，又要用科学的理论来阐释中国共产党执政的正当性和正确性。坚持价值引领的政治性教学方法，是高校思想政治理论课教学成功开展的根本保证。坚持政治性为灵魂，用政治指导和推动高校思想政治理论课教学方法的改革创新，才能确保新时代高校思想政治理论课教学方法改革创新不会出现原则性错误。高校思想政治理论课教学内容的学理性阐释，为高校思想政治理论课教学的政治导向性提供了坚实的理论基础和保障。正确处理好高校思想政治理论课政治导向性与知识性的关系是教师在教学过程中首先要解决的重要问题。政治性是主导，学理性是从属，两者相统一是高校思想政治理论课不同于其他专业理论课的根本特征。在新时代高校思想政治理论课教学过程中，要坚持政治性和学理性相统一的教学方法。一是在教学实践中，教师要研究理论、深挖理论，通过透彻的学理分析来回应青年大学生的知识需求，通过彻底的思想理论来解决青年大学生的思想困惑，通过真理的强大力量来引导青年大学生形成正确的"三观"。离开了政治性与学理性相统一的教学方法，思想政治理论课就会活泼有余而严肃不足，浅显有余而深度不足，不可避免地陷入媚俗化、浅显化。这样的教学只会让学生觉得课上热闹有趣，课后毫无收获。因此，新时代高校思想政治理论课教师绝对不能将政治性和学理性割裂开来，甚至对立起来。要树立正确的教学方法改革创新观，实现政治性和学理性融会贯通、相辅相成、相生生长，达到政治性和学理性相统一的最佳效果。

二、坚持价值性和知识性相统一

高校思想政治理论课的最终教学目标，与大多数专业课程将教学目标定位于注重知识本身和传授技能不一样，它不止于使学生获取知识、掌握某项技能，而是指向将科学的思想理论、正确的价值观念传递给学生，向学生传导正能量，用习近平新时代中国特色社会主义思想武装学生头脑，给学生心灵埋下真、善、美的种子，帮助学生扣好人生的第一粒扣子。习近平总书记强调：高校思想政治理论课教学要坚持价值性和知识性相统一，寓价值观引导于知识传授之中。这一论述深刻阐述了高校思想政治理论课教学过程中价值性与知识性的辩证关系，为推动高校思想政治理论课教学方法改革创新提供了基本遵循。在教学实践中，高校思想政治理论课教学方法要做到价值性和知识性相统一，关键在于教师要巧妙地找到并把握好知识传授与价值观塑造的结合点。当前在高校思想政治理论课教学中，教师过分强调价值观和政治意识的外部输入，即只告诉青年大学生是什么，而不讲清楚、讲透彻"为什么"的现象比较普遍，这是导致高校思想政治理论课课堂"一潭死水""活不起来"和青年大学生在思想政治理论课课堂上"三率"不高的重要原因之一。从高校思想政治理论课教学实际来看，生搬硬套、囫囵吞枣地灌输或传递以某种价值观为目的的教学，其教学活动是根本无法激起青年大学生的求知欲和探索欲的。只有以丰富的知识、科学的理论为工具来支撑学习内容，才能引起青年大学生的学习兴趣，从而引导青年大学生树立正确的世界观、人生观、价值观。在教学过程中如果不用特定数量和质量的知识来承载带有特定目标的价值观，高校思想政治理论课教学所要传递的"道"就失去了赖以载之的"文"，势必带来高校思想政治理论课"点头率"不高。青年大学生善于独立思考、独立行为，因此新时代高校思想政治理论课教师要让青年大学生明确该做什么、该怎么做，就必须使青年大学生知道、明白为什么要这么做，理由是什么、依据是什么。在改革创新教学方法的过程中，坚持以知识的力量去感召和征服青年大学生，不仅是可为的，更是应为的。在大学阶段，青年大学生正处于世界观、人生观、价值观快速建构的阶段，在其认知世界过程中常常会发生多种思想、观念和价值体系的激情交流或激烈交锋。因此，青年大学生往往会出现这样或那样的观念、思想和价值上的困惑，甚至迷茫，极其容易受到不正确思想观念或不良社会现象的影响而出现认知上的偏离、思想意识和价值观念上的偏差。只有通过不间断地、持续地、有效地开展思想政治理论课教学方法改革创新，才能不断地促进青年大学生思想素质、道德素质、政治素质、法律意识和职业素养的提升，纠正和解决青年大学生认知上、思想上、观念上、行为上出现的偏差和困惑。贯彻落实价值性和知识性相统一要求，需要高校思想政治理论课教师在教学方法改革创新的过程中，始终坚持用习近平新时代中国特色社会主义思想铸魂育人，坚持以社会主义核心价值观为引领，将对青年大学生价值观的引导融入对青年大学生进行理论知识的传授之中，使青年大学生在不断地学习马克思主义理论知识的过程中，感受到真理的力量。这样既能提升青年大学生在知识方面的收获感，又能不断提升青年大学生用马克思主义立场、观点和方法去发现问题、分析问题和解决问题的能力。

三、坚持建设性和批判性相统一

所谓建设性，是指一种思想或行为的特殊性质，即成就事业必然联系在一起的建构性、创造性。高校思想政治理论课教学方法的建设性主要体现在不断更新、完善和创造教学方法，以支撑高校思想政治理论课发展的内生要素的属性。所谓批判性，是指通过辨别、分析、判断和指出事物或思想的缺点、不足的性质。高校思想政治理论课教学方法的批判性主要体现在不断对教学方法自身存在的"短板""缺弱环节"的评析和校正，也体现在对高校思想政治理论课建设积极主动地反思和调整。从外部的发展动力看，随着高校思想政治理论课教学目标、教学内容、教学手段、教学载体和教学环境的不断变化，教学方法也随之不断改革、调整和发展；从内部的发展动力看，只有通过不断地对现有高校思想政治理论课教学方法进行批判性反思和调整，新时代的思想政治理论课教学方法才能不断得以创新、提升，高校思想政治理论课的针对性和实效性才能得以实现。因此，高校思想政治理论课教学方法改革创新，要将建设性与批判性统一于具体的高校思想政治理论课教学方法运用过程中。比如，随着网络信息技术和新媒体技术的发展和普及，慕课、微课、翻转课堂等教学手段和方法既是高校思想政治理论课教学方法建设性地发展，也是对高校思想政治理论课教学方法墨守成规批判性地抛弃。只有这样的教学课堂，才能真正地吸引青年大学生，增强青年大学生的获得感。高校思想政治理论课建设性的主旨就是要围绕全面贯彻党的教育方针，解决好培养什么人、怎样培养人、为谁培养人这个根本问题，在加强高校思想政治理论课教材体系建设、教师队伍建设、教学方法改革等诸多方面不断改革创新。

四、坚持理论性和实践性相统一

理论性与实践性相统一，源于马克思主义内在的解释世界与改造世界的根本特质，也是高校思想政治理论课建设的根本要求，贯穿于高校思想政治理论课教学全过程。由此可见，在高校思想政治理论课教学过程中，坚持理论性和实践性相统一的教学方法，是由高校思想政治理论课本身的性质和特征决定的。这就必然要求讲授这门课程的方法，既要注重理论性，又要坚持实践性，只有坚持理论性与实践性相统一的教学方法，才能真正地兼顾大学生知、情、意、行四个方面，使科学理论的学习、道德情感的培养、意志品质的提高最终体现在青年大学生的实际行动中。具体而言，在高校思想政治理论课教学过程中坚持理论性和实践性相统一，主要体现在以下三个方面：第一，注重深挖马克思主义、毛泽东思想和马克思主义中国化最新理论成果形成和发展的实践背景，讲清、讲透理论产生的实践环境。在此基础上，全面、系统、深入地讲授马克思主义、毛泽东思想和马克思主义中国化最新理论成果的知识和学科体系，使青年大学生能够置身于马克思主义、毛泽东思想和马克思主义中国化最新理论成果产生的时代背景和实践条件之下，深刻感悟、真切体会实践性本质，真正感受到马克思主义、毛泽东思想和马克思主义中国化最新理论成果，既源于实践，又能指导实践。第二，结合新时代发展的现实情况，讲清、讲透和弄懂马克思主义理论和马克思主义中国化最新理论成果与时俱进的本质。在我国新民主主义革命和社会主义革命、建设和改革开放过程中，将马克思主义的基本原理同中国国情和实际相结合，在不断总结中国革命、建设和改革开放的历史经验和教训过程中，形成了毛泽东思想、中国特色社会主义理论，这是新中国成立七十多年来创造一个又一个壮举的思想和理论武器。在思想政治理论课教学过程中，要通过讲授一代又一代中国人在社会主义现代化建设和中华民族伟大复兴进程中的伟大实践，使青年大学生悟深、弄懂马克思主义中国化最新理论成果的正确性、科学性，切实感受到自己肩上的重任和历史使命，自觉学好本领，投身到中国特色社会主义现代化建设的伟大实践中。第三，要密切关注社会现实，关注青年大学生的需要，不断提高理论讲授的针对性。思想政治理论课既有较强的理论性又有极强的实践性，在授课过程中，教师要结合当今社会的时代背景，讲深、讲透习近平新时代中国特色社会主义思想，并结合青年大学生关心的热点、疑难和难点问题，给予深刻的理论剖析和合理的解答，使青年大学生在不断地求知中自觉地去深入学习理论并提升自身发现问题、分析问题、解决问题的能力。

五、坚持统一性和多样性相统一

坚持统一性和多样性相统一，既是高校思想政治理论课建设遵循教育教学规律和学生成长规律的具体体现，也是高校思想政治理论课建设的具体要求。所谓"统一性"，是指高校思想政治理论课的总体目标、课程设置、教材、教学内容、师资队伍建设以及教学管理等方面要有统一要求，其中坚持立德树人的教学方向和目标，就是高校思想政治理论课教学坚持的统一性标准。这就要求为实现高校思想政治理论课教学目标服务，清晰展现高校思想政治理论课教学内容的教学方法也要具有统一性。这种统一性主要体现在两个方面：第一，高校思想政治理论课在教学过程中，存在着普遍适用的教学方法，比如讲授法、灌输法、启发法等。科学运用这些方法，有利于高校思想政治理论课教学目标的实现和教学内容的入脑入心。这种高校思想政治理论课教学方法的统一性原则，也确保了多种多样的教学方法同向而行、同频共振，共同为实现立德树人的根本目标服务。第二，高校思想政治理论课教学方法的继承性体现了教学方法历史发展的统一性。尽管随着网络信息技术的发展和教学环境、教学载体的变化，微课、慕课等借助网络、多媒体的教学新形式如雨后春笋般大量出现，但是高校思想政治理论课传统教学方法依然发挥着重要的作用，应坚持教学方法继承性发展原则，注重对传统教学方法的传承与创新。教学方法这种继承性地发展，也是教学方法统一性的一种体现。所谓"多样性"是指高校思想政治理论课教学方式、方法、手段要依据不同的教育对象，突出因地制宜、因时制宜、因材施教。不能忽视的是，不同时代、不同地区的青年大学生都有各自的特点和不同的需求，他们的文化背景、生活环境、思维方式、视野见识、价值判断标准都是不尽相同的，单纯地、过分地强调高校思想政治理论课教学方法的统一性，必然导致不能满足不同时代、不同青年大学生的不同需求，这就要求我们在坚持教学方法统一性基础上，还要坚持教学方法的多样性原则，实现统一性与多样性相统一。教学有法，教无定法，贵在得法。进入新时代，不同层次的学校、不同的教育对象，教学方法应当更加灵活和多样，同时应提倡多种教学方法的组合和创新。

六、坚持主导性和主体性相统一

当前，推进高校思想政治理论课教学方法改革创新，重点在于坚持主导性和主体性相统一，即高校思想政治理论课教学方法的改革创新，既需要依靠高校思想政治理论课教师来主导落实，也需要学生这个主体来实践，离开了教师主导性和学生主体性作用的发挥，再好的教学方法也难以实施。教师的主导性和学生的主体性是新时代高校思想政治理论课这一事物的两个方面，因为教学过程是教师与学生互动的过程。在高校思想政治理论课教学过程中，教师是教学过程的主导者，起着引导的作用，因为高校思想政治理论课的价值塑造、知识传授、能力培养、素质提升功能，需要通过教师主导的教学活动来彰显；而青年大学生是高校思想政治理论课教学的对象和意义所在，其目的是提高青年大学生的思想政治和道德素质，因而必须尊重青年大学生的主体地位。高校思想政治理论课的落脚点在于对青年大学生社会主义核心价值观的建构、马克思主义理论知识的掌握、运用马克思主义立场、观点和方法发现问题、分析问题和解决问题能力的提升，这些都需要青年大学生亲身实践才能完成。坚持主导性和主体性相统一，首先是教师要发挥主导作用，这是高校思想政治理论课教学顺利开展的基础和前提，选择什么样的教学方法，采用什么样的教学方式都是由高校思想政治理论课教师，根据教学目标、教学内容，结合大学生的学情和教学环境等因素来运用和决定的。同时，要充分发挥青年大学生学好思想政治理论课的主体作用，深入研究并遵循青年大学生的接受特点、心理需求和认知规律，充分调动学生学习思想政治理论课的积极性、主动性和创造性，采用灵活多样的教学方法，如情境展示、课堂讨论、启发式、互动式等，使青年大学生自主自愿参与到思想政治理论课的教学过程中来，实现"要我学"到"我要学"的转变。高校思想政治理论课教师在授课过程中，采用的教学方法要兼顾教师的主导性和青年大学生的主体性。当然，承认和肯定青年大学生的主体性作用，并不意味着否定教师在课堂教学过程中的主导性地位。在整个教学过程中，教师只有充分地发挥自身主导性作用，才能实现对教学过程的掌控和引导。只有这样，才能从根本上保证高校思想政治理论课教学沿着正确的方向开展。与此同时，在高校思想政治理论课教学过程中，教师应灵活运用一切有利于调动青年大学生学习思想政治理论课积极性、主动性的教学方法，充分尊重青年大学生的主体性地位，坚持教学方法主导性与主体性的统一。

七、坚持灌输性和启发性相统一

灌输性是高校思想政治理论课教学的本质属性，启发性是高校思想政治理论课教学的题中之义。坚持高校思想政治理论课灌输性与启发性的统一，要科学把握高校思想政治理论课灌输法与启发法的内涵，才能取得新时代高校思想政治理论课的教学方法的实效。高校思想政治理论课教学的灌输性是教师有目的、有计划地向青年大学生进行马克思主义、毛泽东思想和中国特色社会主义理论以及社会主义核心价值观的教育，引导青年大学生逐步树立科学的世界观、人生观、价值观的方法。长期以来，学界对于灌输式教学方法一直存在着较多的质疑、否定和批判的声音，那些认为灌输式教学方法无效、过时的观点，是对灌输式教学方法本身的曲解。灌输式教学方法从来不是照本宣科地说教，也不是强化背诵、记忆的填鸭式教学，更不是"假""大""空"的宣传片，而是蕴含着规律性、自觉性和实效性的科学方法和实践过程。高校思想政治理论课教学要达到目的、取得实效，就必须坚持对青年大学生进行社会主义意识形态的灌输。列宁在《怎么办》一书中指出："工人本来也不可能有社会民主主义的意识。这种意识只能从外面灌输进去。"列宁认为，基于当时无产阶级自身所处的现实的残酷生存条件，无产阶级是根本无法自发形成阶级政治意识、自悟社会主义思想的。只有通过从外面对无产阶级进行社会主义意识形态的"灌输性"，才能引导工人阶级建立无产阶级世界观的理论体系，增强社会主义思想意识，才能使工人运动从自发上升为自觉。灌输性教育的主要目的是引导工人阶级掌握一种科学的世界观和正确的方法论。其实，作为马克思主义理论教育的基本方法，正是依靠有效的灌输，才能实现用马克思主义理论武装人民群众，始终坚守马克思主义意识形态阵地，坚持中国特色社会主义道路。青年大学生，是中国特色社会主义事业的建设者和接班人，如果没有坚定的马克思主义信仰和社会主义政治立场，其后果不堪设想。而这些思想意识和价值观念不可能在青年大学生的头脑中自发生成，这就要求在高校思想政治理论课教学中，毫不动摇地坚持灌输性教学方法，旗帜鲜明地用马克思主义科学理论、中国特色社会主义理论武装青年大学生头脑。当然，成功的灌输离不开正确的方法，这种正确的方法就是不断提高"灌"的艺术性，坚持灌输性与启发性相统一，充分注重启发性地教育教学方式方法。与此同时，高校思想政治理论课教师在教学中要始终注重启发性教育，要充分调动和发挥青年大学生学习思想政治理论课的积极性和主动性，并在教师不断地启发下让青年大学生积极思考、认真分析、主动参与，使青年大学生在春风化雨、滋润心灵中，提高发现问题、分析问题、解决问题的能力。坚持灌输性和启发性相统一的思想政治理论课课堂，既不是"洗脑课"也不是"说教课"，而是生动的"说理课"和"铸魂育人课"。

八、坚持显性教育和隐性教育相统一

显性教育和隐性教育作为思想政治教育的两种形态，在高校思想政治教育方法体系中一直处于比较重要的位置。显性教育注重通过旗帜鲜明的、能积极引起被教育者注意的外显性教育活动，来传达教育内容、实现教育目标。与之相反，隐性教育主要是通过无痕迹的、不被受教育者觉察的隐性方式开展教育活动，使被教育者在潜移默化中接受教育。二者在表现形式上迥异，显性教育一般内容系统、组织严密，如黄钟大吕；隐性教育一般潜隐无形、浸润心扉，如春风化雨。显性教育和隐性教育在目标上是一致的，形式上是互补的。坚持显性教育和隐性教育相统一，是提高新时代高校思想政治理论课教学效果的重要抓手。从宏观层面来看，显性教育是完成高校思想政治理论课教学内容的主渠道，它以课堂为依托，以系统化、规范化、专门化的方式进行，其强调的是教学的明确性和有组织性。但是，这并不意味着仅仅依靠课堂的显性教育方法，就可以实现全部的教学目标，隐性教育方法的重要价值同样不可忽视。众所周知，学生思想政治素质的提高，科学世界观、人生观、价值观的养成是一个长期的过程，也是一个多方面因素综合作用的结果，离不开课内的显性教育，也离不开感化、移情、感染等隐性育人方法，这些方法虽然润物无声、潜隐无形，但其对青年大学生正向的感染和熏陶作用往往更为细腻、深入而持久。值得注意的是，高校思想政治理论课教师本身的人格魅力和道德示范作用就是很好的隐性教育资源，一位对学生充满爱、愿意付出爱、具有坚定共产主义信仰和深厚家国情怀的充满人格魅力的教师，自然而然会将其信仰、价值观移情于学生心灵之中，自会"桃李不言，下自成蹊"。

第三节　高校思想政治理论课教学方法改革创新的着力点

近年来，各级教育行政主管部门一方面注重高校思想政治理论课建设的顶层设计，另一方面又多措并举地不断推进新时代高校思想政治理论课教学方法的改革创新。各高校的思想政治理论课教学方法改革工作如火如荼地开展，取得了较好的成绩。但当前高校思想政治理论课教学实效与党和国家对思想政治理论课提出的新要求，以及社会发展不断出现的新变化，与"学生真心喜爱、终身受益"的课程要求还有着较大的差距，存在着这样或那样的问题。面对这些差距与问题，当前的高校思想政治理论课教学方法改革创新，应着力从不断推进马克思主义中国化最新理论成果进课堂进头脑、坚持以问题为导向和增强青年大学生获得感三个方面发力，切实增强高校思想政治理论课教学方法的实效。

一、以推进"三进"工作为重点

实现新时代高校思想政治理论课建设内涵式发展，必须全面贯彻党的十九大精神，推动习近平新时代中国特色社会主义思想进教材、进课堂、进头脑，这是当前改革创新高校思想政治理论课教学方法的核心着力点。

有效推进习近平新时代中国特色社会主义思想进教材、进课堂、进青年大学生头脑的一个重要手段，就是改革创新高校思想政治理论课的教学方法。首先，课堂教学是学生获取系统知识的主渠道，将习近平新时代中国特色社会主义思想切实融入高校思想政治理论课教学过程中，是当前不断深化高校思想政治理论课教学方法改革创新的重要任务之一。高校思想政治理论课教师要在深入学习和全面领会习近平新时代中国特色社会主义思想基础上，结合青年大学生学情、认知特点和成长规律，采用灵活多样的教学方法，讲清、讲透、讲实习近平新时代中国特色社会主义思想的深刻内涵和精神实质。在高校思想政治理论课课堂教学中，教师可以通过讨论式教学法、互动式教学法以及辩论会等方式，也可以邀请理论专家和领导干部做专题讲座等形式开展学习。同时，也可以通过青年大学生喜闻乐见的微信公众号、微博、BBS等"微平台"推送习近平新时代中国特色社会主义思想相关的精品文章、精品微课，以满足青年大学生课前预习和课后巩固的需求，此外，还可以结合身边、家乡、国家发生的深刻变化，通过实践教学法，开展党史国史、社会主义核心价值观、中国优秀传统文化、"四个自信"等主题教育活动，使学习和贯彻习近平新时代中国特色社会主义思想落到实处。其次，有效推进习近平新时代中国特色社会主义思想进青年大学生头脑，必须做到"四个真"，即青年大学生要真学习近平新时代中国特色社会主义思想，要真懂习近平新时代中国特色社会主义思想，要真信习近平新时代中国特色社会主义思想，真用习近平新时代中国特色社会主义思想指导实践。真学、真懂、真信和真实践是相互作用、相互促进的有机整体。真学是前提和基础，要使学生真学，就需要教师在改进创新新时代高校思想政治理论课教学方法上肯下苦功夫，不断提升教学的针对性和实效性，充分调动青年大学生的积极性、主动性，激发青年大学生学习习近平新时代中国特色社会主义思想的热情，主动地学、自愿地学、快乐地学，并将学习成果转化为投身社会主义现代化和中华民族伟大复兴的实践中。

二、以坚持问题导向为指引

马克思主义不仅是世界观，而且是方法论。因此，马克思主义不仅是新时代高校思想政治理论课教学的内容，而且是新时代高校思想政治理论课教学方法改革创新的方法论指导。探究马克思主义理论产生和发展的内在逻辑会发现，问题导向就是马克思主义的根本动力和理论本质。马克思主义的现实性原则，要求新时代高校思想政治理论课教学方法的选择要坚持以问题为导向，即以现实问题为切入点来调整和改进新时代高校思想政治理论课的教学方法。如何在有限的时间内把思想政治理论课讲精、讲好、讲到学生心坎里，是每一位新时代高校思想政治理论课教师都需要认真思考的问题。高校思想政治理论课教材内容看似是机械的、固化的，实则是鲜活的、生动的。中国特色社会主义理论看似与青年大学生现实生活离得远，实则是与每一个青年大学生息息相关的。怎么使青年大学生切实感受到新时代高校思想政治理论课教学内容的生动、鲜活、与个人的成长成才息息相关呢？这就离不开坚持以问题为导向的教学方法的改革创新。坚持以问题为导向的高校思想政治理论课教学方法的改革创新。首先，要明确什么是问题导向教学模式。简而言之，问题导向教学模式就是指教师以问题为中心思考、设计教学活动，将交互性主体师生融入共同参与课堂教学的一种教学范式，即在教师"教"和学生"学"的过程中，教师将需要探索和解决的问题以教学内容的形式呈现，使其成为联结师生理性思维和知识体系的纽带。在新时代高校思想政治理论课教学过程中坚持以问题为导向，就是以解决青年大学生在学习过程中出现的问题和自身思想认识的问题为根本指向，一切的教学活动都围绕这些问题来开展。发现问题、分析问题、解决问题就是坚持问题导向教学方法的基本思路。

在新时代高校思想政治理论课教学过程中要坚持问题导向，首先要树立问题意识、要发现问题。这个问题应包含两个方面：第一，教师应在授课前采用调查问卷、翻转课堂等形式充分掌握学生思想认识中对高校思想政治理论课内容的疑惑点和自身无法解决的思想问题；第二，要善于发现高校思想政治理论课教学中存在实效性不强、吸引力不足的问题。从这两个问题入手，展开高校思想政治理论课教学方法改革创新，就会使教学活动有的放矢、具有针对性。发现问题后，教师需要结合教学目标与教学内容来设置和分析问题，这里最有效的教学方法就是专题式教学方法，即将问题嵌入高校思想政治理论课教学内容中加以整合，形成专题教学形式，通过以问题为引领的专题式教学方法，可以最大限度地将教学内容与学生的现实问题相融合，使学生在学习理论知识同时，学会正确看待问题、分析问题和解决问题的方法。由于教学过程始终是围绕学生的实际需要展开的，学生就会自觉地参与到教学活动中来，这样教师的教与学生的学处于良性的互促互动中，学生的学习效率自然会提高，其产生的疑惑也会在逐步地学习中得到正确的阐释和有效的解决，从而提高思想政治理论课教学的实效。

三、以增强学生获得感为归宿

在一个完整的课堂教学过程中，一个包含教师、教材、课堂等诸多要素的有机体系是课堂教学的"供给侧"，青年大学生是课堂教学的"需求侧"，"供给侧"与"需求侧"的平衡程度，直接影响教学目标的达成度。从当前我国高校思想政治教育理论课教学的实际情况看，"供给侧"与"需求侧"存在一定程度的失衡，"供"与"需"不相契合，一定程度上影响了新时代高校思想政治理论课教学目标的实现，使教学效果大打折扣。首先，从高校思想政治理论课教学的"供给侧"本身看，不少高校思想政治理论课课堂依然存在教学内容单调、教学方式方法单一，重理论灌输的问题，轻视或忽视了青年大学生的需求和个性，不注重"需求侧"的主体性，造成了教学效果的弱化。其次，一些高校思想政治理论课教师"矫枉过正"，过分地关注将教学重心转向"需求侧"，存在选择使用教学方法过分迎合青年大学生需求的现象。这种做法忽视了"供给侧"自身对教学效果的影响力和引领力，往往造成了教师对自身发展的懈怠和轻视。在貌似"供""需"两旺的背景下，高校思想政治理论课教学中存在"中、低端甚至无效"供给过剩的问题。"优质高端"的供给相对不足，从总体上看其导致了青年大学生的需求无法得到有效的满足。新时代高校思想政治理论课教学方法改革创新，要从提高教学质量出发，以增强青年大学生的获得感为目标，围绕青年大学生真正的需要和思想认识中的困惑点，有针对性地调整教学内容和方法，用改革的办法创新课堂、师资等要素，提高教学解决青年大学生在人生价值观等方面存在的困惑的针对性，真正让青年大学生主动地"坐到课堂前排来，把头抬起来，提出问题来"，使高校思想政治理论课真正成为学生"真心喜爱、终身受益、毕生难忘"的课程，从而提升青年大学生学习思想政治理论课的获得感和满足感。

第四节　高校思想政治理论课教学方法改革创新的路径

一个完整的思想政治理论课教学过程是一个由诸多要素构成的多变的复杂系统工程，它主要包括教学主体、教学客体、教学内容、教学目标、教学方法、教学手段和教学环境等要素。高校思想政治理论课教学活动的顺利开展，是以上诸要素相互联系、相互影响、相互作用的结果，其中教学方法是教学过程中最丰富、最灵活，直接影响高校思想政治理论课教学质量的最显著因素之一，是高校思想政治理论课建设中最活跃、最外显的要素，是提高高校思想政治理论课教学效果的重要因素之一。因此，新时代高校思想政治理论课教师要高度重视对教学方法的改革创新，并把改革创新成果转化为新时代思想政治理论课的教学实践，充分发挥教学方法对教学实效的作用。

一、依据教材内容改革创新

以什么样的教学内容施教于青年大学生，就如同把什么样的精神种子种在青年大学生的心田里，这对"培养什么人""为谁培养人"具有决定性意义。以什么样的方式方法进行教学活动，就如同用什么样的劳动工具（器械、装备等）开展生产，这势必影响生产效率和质量，直接影响着"怎样培养人"。新时代高校思想政治理论课教学研究的一个核心问题就是要厘清应该"教什么"和"怎么教"，这就关乎高校思想政治理论课教学如何从内容的视角来科学运用和创新教学方法。可见，高校思想政治理论课教学的基本问题和核心问题之一就是教学内容问题。高校思想政治理论课教学活动的顺利开展，离不开教学对象、教学主体、教学内容、教学方法、教学手段、教学环境等各个要素的相互连接、相互影响、相互作用和相互促进。而在这些要素中，教学内容是最为核心的关键要素之一。高校思想政治理论课必须借助一定载体，即具体教学内容，通过教师向青年大学生进行内容的讲授，才能实现教学目标、完成教学任务。课堂教学方法、手段、策略的达成，也必须依靠具体教学内容的讲授、传递来实现。因此，在探讨高校思想政治理论课教学方法运用和创新的过程中，首先要厘清教学内容与教学方法的关系问题，并进一步探讨如何使我们的教学方法更好地为高校思想政治理论课教学内容服务。

总之，改革创新新时代高校思想政治理论课教学方法的依据是教学载体，即新时代高校思想政治理论课的教材内容。教材内容是高校思想政治理论课教师进行教学活动最重要的依靠资源，是高校思想政治理论课教师教学的范本，同时也是挖掘其他教学资源得以运用的根本依据。思想政治理论课教学方法具有教学内容的规定性，有效的教学方法必须突出思想政治理论课不同教学内容的教学特色，与思想政治理论课教学内容高度契合，才能确保蕴藏在思想政治理论课教学内容中的知识板块、价值内涵内化为青年大学生的精神追求、外化为青年大学生的实践。

（一）围绕教学内容性质改革创新

在《矛盾论》一书中，毛泽东同志指出：世间万事万物运动形式的内部，都包含着对立统一的自身特殊矛盾。这种特殊的矛盾运动形式，就是得以将一事物区别于另一事物的特殊本质，也是世间万物所以呈现出纷繁复杂的内在根据。事不同，道同，每一门高校思想政治理论课也都有自身特殊的矛盾运动形式，集中表现为每一门高校思想政治理论课都具有自身的特点，使得每一门高校思想政治理论课与其他课程不同。不同课程因其特性和特点的不同，教学内容的不同，常常需要高校思想政治理论课教师采用不同的教学方式、方法，才能落实立德树人根本任务的目的。从哲学意义上理解，教学内容与教学方法是一个事物的内容与形式的辩证统一关系，两者之间存在着本质的必然的联系，是不可分割的。首先，教学内容、教学重点、难点和关键点以及教学目标的实现，必须通过一定的教学形式、方式和方法，才能实现其育人的目的；其次，有效的教学方法必须以一定的教学内容为基础和前提，反映教学环境的时代变化和青年大学生主体意识不断增强的现实情况。否则，皮之不存，毛将焉附。可见，教学方法是教学内容得以展现的一种特殊表现形式，是在以新时代高校思想政治理论课教学内容基础上得出的相应的教学方法。同时，教学内容的性质也决定了教师该采用什么样的具体教学方法来展现教学内容。因此，不同的高校思想政治理论课程，每一门课程的不同章节教学内容，教师都应该采取不同的教学方法与之相适应。

具体而言，一堂课的教学计划、教学目标、教学案例、教学重点、难点、关键点等，都是教学活动要呈现的教学内容，那么，高校思想政治理论课教师围绕教学目标、教学内容、教学的重点难点所选用的教学方法就应该是这堂课的教学形式。教学内容的性质直接决定了高校思想政治理论课教师采用什么样的教学方法来展现，才能更好地实现其教学计划和目标。如果不顾或忽视教学内容的性质，随意地采用教学方法来展开教学活动，就会竹篮子打水一场空，甚至出现南辕北辙的现象。这样不仅不能完整、恰当地呈现教学内容，还容易使青年大学生产生反感和抵触的情绪，从而难以实现高校思想政治理论课的教学目标。高校思想政治理论课教师真学、真懂、真信教学内容，是提高课堂教学效率，提升教学吸引力，获得理想教学效果的基础和前提。高校思想政治理论课是落实立德树人根本任务的关键课程，是用马克思主义理论和马克思主义中国化最新理论成果武装青年大学生头脑的灵魂课程，肩负着培养社会主义合格建设者和可靠接班人的重大使命。因此，高校思想政治理论课教师必须坚持以理论为本，真学，真懂，真信；以内容为王，立足于中国现实国情，用历史观点和国际视野认识和把握中国以及世界和人类发展大势。高校思想政治理论课教师只有吃透教学内容，准确把握教学内容的特性和特点，才有可能科学有效地运用教学方法，促进和实现教学方法的创新。高校思想政治理论课建设和发展依托于马克思主义理论一级学科，马克思主义一级学科具有鲜明的意识形态性、思想理论性和实践性等特点，这也就决定了高校思想政治理论课教学内容的意识形态性、思想理论性和实践性。因此，高校思想政治理论课教师选择使用的教学方法，就不能像理科、工科类课程常用的实验、观察、分析探究等教学方法，也不能用艺术类学科常用的示范、练习和演示模仿等教学方法，而要契合思想政治理论课自身的课程属性和特点，比如理论灌输法、典型案例教学法、启发式教学法等来展开教学。

（二）围绕教学内容特点改革创新

高校思想政治理论课是青年大学生必修的一门公共课，是由"马克思主义基本原理概论""毛泽东思想和中国特色社会主义理论体系概论""思想道德修养与法律基础""形势与政策""中国近现代史纲要"和"习近平新时代中国特色社会主义思想"等多门课程构成的综合体系。新时代高校思想政治理论课具有巩固马克思主义在青年大学生意识形态的指导地位、坚持社会主义办学方向、落实党的方针政策、为党育人、为国育才的举足轻重的地位，其意义远远超越了高校其他一般专业课程、公共基础课程。高校思想政治理论课这一重要地位凸显其政治性特点和鲜明的意识形态属性。作为给青年大学生心灵埋下真、善、美的种子，引导青年大学生扣好人生第一粒扣子的核心和关键课程，高校思想政治理论课教师在关注青年大学生掌握马克思主义理论的同时，更要关注青年大学生是否能把学到的知识真正地"内化于心"和"外化于行"。这就决定了高校思想政治理论课教学内容兼具了理论教育、情感认同和注重实践性等特点。因此，高校思想政治理论课教学方法的改革创新在坚持一般专业课程、公共课程教学方法共性的基础上，又要坚持政治需求的特殊性。同时，高校思想政治理论课教学过程无论是向青年大学生传递知识，还是引导青年大学生塑造价值观，都是高校思想政治理论课教学内容要完成的任务，它包含了教学主体、教学客体、教学手段、教学环境和教学评价等在内的一个相互影响、相互作用、相互促进的动态过程。这一特点也决定了高校思想政治理论课教学方法决不能是单一的、静态的、机械的、简单的方法，而应该成为一个灵活多样的、变化发展的教学方法体系和系统。实践证明，高校思想政治理论课课堂教学过程中许多实际问题的有效解决，往往是教师选择使用多种行之有效的教学方法共同起作用的结果。

（三）教材向教学体系转化中改革创新

高校思想政治理论课教材具有严密的逻辑性、科学性和鲜明的意识形态属性，是党和国家意志的重要载体。党的十九大之后，为进一步贯彻和落实习近平新时代中国特色社会主义思想进教材，教育部组织一批专家深入学习党的理论创新成果，按照理论创新的逻辑、实践创新的规律、学科发展的规范、学理阐述的要求，编写了 2018 版思想政治理论课新教材。这套新编教材同样包含了"马克思主义基本原理概论""毛泽东思想和中国特色社会主义理论体系概论""中国近现代史纲要""思想道德修养与法律基础"和"形势与政策"五门课程，构成了新时代高校思想政治理论课完整的教材体系，为实现用习近平新时代中国特色社会主义思想武装青年大学生头脑、铸魂育人，培养社会主义合格建设者和可靠接班人的教学目标服务。但是无论教材编写得多么完美，仅仅依靠教材本身让青年大学生主动自学，是很难实现其作用和功能的，因为教材体系的育人功能必须依靠教学体系来发挥。高校思想政治理论课教师正是通过教学体系的设计，创新各种教学方法，在实现教材体系向教学体系转化过程中实现高校思想政治理论课教学目标、完成教学任务的。高校思想政治理论课教师对教学体系的设计、运用和青年大学生对高校思想政治理论课教学内容的学习领会、消化运用的效果越好，教材体系的功能就发挥得越好，其间教师选择、使用的教学方法在教材体系向教学体系转化过程中起主导作用。在实现教材体系向教学体系转化的过程中，高校思想政治理论课教师不是直接将教材内容简单地、机械地灌输给青年大学生的"搬运工"和"传输者"，而是需要充分发挥主观能动性，将教材内容整合、梳理、提取和补充的"编程者"和"再生产者"。青年大学生是教学方法能动的作用者和直接的体验者，教材体系向教学体系转化的最终目的能否实现，以教学方法能否真正发挥作用，促进教材内容真正内化为青年大学生的情感认同，并成为青年大学生的实践指引为衡量标准。在实现教材体系向教学体系转化的过程中，教师科学有效地选择、使用教学方法会起到事半功倍的作用。首先，真学、真懂教材是实现高校思想政治理论课教材体系向教学体系转化的前提。高校思想政治理论课教师拿到一本教材，首先要真学教学大纲，深刻把握教材的教学目的和教学的基本要求，厘清教材的逻辑起点、主线和框架，明确教材的重点、难点和关键点，并能够创造性地将教材内容与马克思主义中国化最新理论成果，社会热点、焦点和国际国内形势相融合。

其次，读懂青年大学生是实现高校思想政治理论课教材体系向教学体系转化的基础。高校思想政治理论课教学方法最终要作用于青年大学生，教学方法有效与否，最终也要依赖于青年大学生的评价和反馈。从教材体系向教学体系转化的过程中，青年大学生不是被动的、死板的、僵化的对象，教师要深入研究青年大学生的特点、学习动机和学习的需求，针对青年大学生学情特点和认知规律，选择合适的教学方法，根据青年大学生的学习需求、思想困惑和生活难点来展开高校思想政治理论课的讲授，将高校思想政治理论课教学内容与青年大学生的学习需求、社会热点、焦点和国际国内形势相结合，与青年大学生观念认同、价值认知中存在的实际问题相结合，与青年大学生提高思想道德素养的内在需求相结合，与青年大学生运用马克思主义立场、观点、方法提升自身发现问题、分析问题和解决问题能力的现实要求相结合，充分调动青年大学生学习思想政治理论课的积极性、主动性和创造性，真正解决青年大学生学习和生活中出现的现实问题，为青年大学生思想理论素养的提高，人格品德修养的完善，正确世界观、人生观和价值的形成提供科学指导和价值指引。

再次，明确教学重心是实现高校思想政治理论课教材体系向教学体系转化的重要环节。高校思想政治理论课教师的教学过程是实现马克思主义理论和马克思主义中国化最新理论成果进课堂、进头脑的过程，青年大学生不仅要读原著、学原文，理解马克思主义基本原理，掌握马克思主义中国化最新理论成果，更重要的是要用自己的现实生活、用自己的言行，甚至生命，把自己理解的马克思主义理论和掌握的马克思主义中国化最新理论成果体现出来，成为青年大学生的使命，成为青年大学生追求人生价值的实践，这才是高校思想政治理论课教学的落脚点、重点和难点。因此，高校思想政治理论课教师在教学方法设计、选择过程中，不应将教学重心局限于对马克思主义理论知识的讲解和传授，更应注重对青年大学生进行正确的价值塑造，注重对培养青年大学生提升马克思主义科学方法论运用的能力，注重对训练青年大学生用马克思主义科学理论和马克思主义中国化理论成果发现问题、分析现实问题和解决实际问题的能力，同时要注重帮助青年大学生自觉地将科学理论内化为自身的思想道德素质，外化为行为规范的作用。

实际上，教材语言的转化是实现高校思想政治理论课教材体系向教学体系转化的关键。高校思想政治理论课的说服力、感召力，很大程度取决于于教师的语言。教师语言运用的技巧将直接影响到课堂的教学效果。由于高校思想政治理论课教材内容具有较强的理论性特点，决定其教材语言具有一定的"文件化"特点和抽象性特征。这样的教材语言对于青年大学生而言是较为枯燥无味和晦涩难懂的。因此，高校思想政治理论课教师在教学方法改革创新过程，不能简单地复述教材语言，而应该注意选用通俗易懂、灵活多样、贴近生活、贴近学生、贴近实际的语言和表达习惯，或借助青年大学生喜闻乐见的多媒体、自媒体等载体，把深奥的理论讲得形象生动、明了透彻。同时，在教学语言的选择上，教师应及时地学习、补充和更新自己的教学语言库，创新话语方式，将贴近时代、贴近青年大学生生活的语言，如一些适合的"网红"流行语、简单明了生动的动漫语音语调等，运用到思想政治理论课的教学方法实践中，既上得了课堂，又接得了地气。高校思想政治理论课教师要力争运用青年大学生喜闻乐见的语言，通过深入浅出地讲解，使教材内容鲜活生动起来，使教学方法具有亲和力和吸引力。

最后，发挥多种教学方法合力是实现高校思想政治理论课教材体系向教学体系转化的关键。在高校思想政治理论课教材体系向教学体系转化的过程中，是不可能有可以适用于所有高校思想政治理论课程、适用于所有学生的方法的。高校思想政治理论课各门课程具有自身各自的理论性特点，各学科专业的学生有不同的知识背景和认知特点，如果想"一劳永逸"地只使用一种教学方法、一本陈旧不变的教案、一套千篇一律的课件来应付教学，很难达到为党育人、为国育才的效果。不同的教学方法有不同的作用，高校思想政治理论课教师应运用多种教学方法，发挥合力作用，才能更好地完成高校思想政治理论课教学任务，实现高校思想政治理论课教学目标。另外，教学手段的现代化是实现高校思想政治理论课教材体系向教学体系转化的保障。随着科学技术的发展和网络信息技术的普及，多媒体、自媒体已经成为高校思想政治理论课教学方法改革的重要助推力量。进入新时代，数字化的影像设备、多媒体设备和短视频、直播视频、正能量的"网红"视频、微信、微博等现代教学手段，越来越多地被应用到高校思想政治理论课教学活动中，极大地拓宽了思想政治理论课教学方法改革创新渠道，以开放多元的教学形式、方法极大地丰富了思想政治理论课教学内容的呈现形式，使有限的思想政治理论课课堂教学时间和空间得以拓展，使单一的、死板的教学情境变得立体、逼真，丰富、多彩，有趣、有味，从而增强了思想政治理论课教学内容的吸引力，让青年大学生能够在全新的情境教学法中产生更大的情感认同，价值认同和政治认同。这些教学方法都有利于高校思想政治理论课教材体系向教学体系的有效转化，使思想政治理论课教学更具有感染力、亲和力和针对性。

（四）教学内容分类改革创新

高校思想政治理论课是一门跨学科性和综合性较强的公共必修课，其"跨学科性和综合性"的特点，决定了高校思想政治理论课教学方法选择使用的多样性。教学内容不同，教师选用的教学方法就应不一样，基于高校思想政治理论课教学内容对于教学方法的重要作用，以提升青年大学生的"政治、思想、理论认同""情感、价值认同"和"行为、实践认同"为主线，可将高校思想政治理论课教学内容划分为原理性知识、与大学生成长成才密切联系的知识和教学实践三方面的内容，并针对每类内容提出了一套与之相契合的教学方法。其中，原理性知识内容的教学是基础，与大学生成长成才联系密切知识的教学是关键，教学实践是提高，三者相辅相成，共同推动高校思想政治理论课教学内容入脑、入心、入行为，促进青年大学生在高校思想政治理论课课堂真学、真懂、真信。需要说明的是，高校思想政治理论课是涵盖了政治性、理论性、思想性、历史性、知识性和实践性于一体的综合性课程体系，对其教学内容的划分也仅仅是从大的类别角度进行的概括性分类，并以此为基础来探讨具有针对性和实用性的教学方法，但是这并不意味着适用此类教学内容的教学方法具有绝对性和专属性。也就是说，一个类别的教学内容，更多使用的是与之相配套的几种教学方法，但是绝不是仅仅使用这几种方法就足够了，高校思想政治理论课大部分教学内容，尤其是较为复杂的教学内容的完整呈现和完美讲授，往往是以一种教学方法为主，多种教学方法综合运用的结果。

首先，依据原理性教学内容改革创新教学方法。

高校思想政治理论课教学中，原理性教学内容主要包括三大板块理论，即马克思主义基本原理、马克思主义中国化最新理论成果以及人的全面发展理论。三大板块理论实质上揭示了三大规律：自然界和人类社会发展的普遍规律，中国特色社会主义发展规律，人的全面发展规律。坚持用科学的理论培养青年大学生、武装青年大学生，就是指坚持以马克思主义基本原理以及马克思主义中国化最新理论成果武装青年大学生，也是高校思想政治理论课必须传授给青年大学生的先进思想理论武器。在理论性知识的教学过程中，应该让青年大学生了解马克思主义的创立与发展过程，理解马克思主义的当代价值，同时掌握马克思主义的立场、观点和方法。立足新时代，高校思想政治理论课教师在对青年大学生进行理论讲授时，要着重讲清楚当代中国的马克思主义——习近平新时代中国特色社会主义思想，使青年大学生明确其基本精神、内容和要求，增强对中国特色社会主义理论的理论认同和情感认同，并将其转化为改造主、客观世界的物质力量。这些原理性知识和其揭示的普遍规律是高校思想政治理论课教学内容的重要组成部分。基于原理性知识内容自身的性质和特点，我们应利用多媒体的讲授法、专题式教学方法和以现实问题为导向的研讨式教学方法呈现教学内容。

一是利用多媒体改革创新讲授法。一直以来，讲授法都是高校思想政治理论课教师选择使用的主要教学方法之一。讲授法最早由捷克著名教育家夸美纽斯提出，并在其后一直沿用，直到今天仍被看作一种重要的教学方法。利用多媒体的讲授法是指高校思想政治课教师运用口头语言，配合使用多媒体课件，通过叙述和PPT展示高校思想政治理论课教材中涵盖的马克思列宁主义、毛泽东思想、中国特色社会主义理论和习近平系列讲话精神等重要思想观点，阐明、论证事物发展规律、陈述事实，深入剖析高校思想政治理论课原理性知识的教学方法。不管高校思想政治理论课教学方法的种类多么丰富，辅以多媒体的讲授法仍是当前高校思想政治理论课教师最常见、最重要的教学方法之一。利用多媒体的讲授法具有其他教学方法不能比拟的优点：适合高校思想政治理论课大班额的授课模式，可以同时向多人传授知识而不受人数的限制；对上课的场地和器械要求较低，普通的大学课堂都能完成教学；教师与学生之间可以无障碍地进行知识的传授和情感的交流，教师在上课过程中可以直接观察学生的反应，并根据授课的情况随时调整授课进度和节奏，灵活处理教学中出现的情况和学生学习中遇到的问题。利用多媒体进行授课，是一名合格的高校思想政治理论课教师必备的教学基本功。自高校思想政治理论课开设以来，讲授法就成为教师的必选，而且一直沿用至今。随着科学技术的发展，多媒体教学早已经在大学课堂中推广和普及。原来的一位老师、一本教案、一块黑板、一支粉笔、三尺讲台的教学形式，因为有了多媒体的辅助变得鲜活而丰富。教师在课前把要讲授的理论知识内容做成了一张张多媒体课件，不仅可以使抽象、灰色、高深的理论变得具体、生动而形象，而且可以对青年大学生形成一种声音+图形图像+文字+动画+视频等多种信息的立体感刺激，最大限度地激发、提升青年大学生的潜能，提高学习效率，同时也增强了教师单纯依靠一支粉笔和一块黑板讲授理论的感染力、说服力和吸引力，使青年大学生从被动的接受者转变为能动的学习者，提升了理论知识的学习效果。在高校思想政治理论课课程中，每门课程都涉及理论知识的讲授，尤其是"马克思主义基本原理"和"毛泽东思想和中国特色社会主义理论体系概论"课程的理论知识更加丰富，高校思想政治理论课教师要善于科学运用和不断创新多媒体的讲授法，具体应注意以下三个问题：其一，理论知识讲授不等于理论讲得越多越深越好。高校思想政治理论课教学是通过生动形象而具体地阐释来讲清、讲透马克思主义和马克思主义中国化理论成果的基本观点、基本原理，不同于解读文件，也不同于纯理论著述，切忌以抽象的理论阐释理论，必须以生动形象具体的事实引导青年大学生进行解读，从而不断增强高校思想政治理论课的教学实效。经验证明，青年大学生对系统的马克思主义理论把握并不多，能够真懂、真信一些基本观点已属不易。在这种情况下，教师更多地要考虑青年大学生究竟能接受多少理论知识，而不是一味地口若悬河地讲授理论，认为理论讲授越多、越深、越系统，教学效果就越好。理论往往是枯燥、难懂的，如何把它讲得生动、清晰，需要授课教师精心设计课程导入、课程展开、教学重难点、素材选用等各个环节，并将理论问题与青年大学生关心的问题和社会热点问题相结合，使青年大学生在学习的过程中受到正确理论的启发和引领，学会用马克思主义立场、观点和方法来分析问题，不断提升自身解决问题的能力，这才是理论讲授所要最终达到的目的和价值追求。将理论讲得既接地气，又有深度的教学方法不胜枚举，例如，近年来，华中科技大学开设的思想政治理论选修课"深度中国"，因为有了"好厨师""好配方"和"好工艺"，为青年大学生奉献了一堂堂色香味俱佳的思想政治理论课大餐，赢得了青年大学生们的喜爱和追捧，只能容纳200多人的教室，不仅节节课座无虚席，而且在过道和门口也挤满听课的青年大学生。这样"鲜美"的高校思想政治理论课"大餐"究竟是如何"烹饪"的呢？一个很重要的因素就是在讲授知识的过程中，辅以多媒体技术手段，遵循"先把大道理分解成小道理，再将小道理升华为大道理"的基本逻辑，把深奥的理论讲清、讲深、讲透，讲到学生心坎上。其二，多媒体课件不是教材内容或者板书的替代品。多媒体技术作为现代教学过程的一个组成部分，是连接教师、学生和教材三者之间的桥梁，其功能对课堂教学效果应该是锦上添花，而不是顾此失彼、喧宾夺主甚至取而代之，从而冲淡或者弱化课堂中的教和学。多媒体课件是高校思想政治理论课教师创造性智力成果的体现，反映了一个教师的教学风格、才情风格和理论修养。一个成功的多媒体课件，是教师在深刻领悟理论知识内涵和外延的基础上，精炼归纳和精心提取教材和教学内容元素，配以大小适中的文字和贴切的图片，同时注意背景的选择和课件整体画面的颜色搭配，使其可以在第一时间抓住青年大学生的眼球，吸引青年大学生的注意力。此外，多媒体课件可以集成音乐、视频等多种教学元素，开发和利用好这些元素也应是高校思想政治理论课教师应掌握的制作多媒体课件的基本功。其三，正确把握教师讲授和多媒体课件运用的关系，是使用好课堂讲授法的关键。第一，生动正确地讲授思想政治理论课是前提和基础。在讲授的过程中，高校思想政治理论课教师的教育观念、教学能力直接关系到课堂教学的有效性。在这里，切忌把讲授法理解为一种单纯机械地"填鸭式"的满堂灌，教师虽然是课堂教学活动的主要实施者，但不能把青年大学生仅仅看成教师讲授过程中被动地参与者，如何在讲授中充分调动和发挥青年大学生的积极性和主动性，使青年大学生参与到高校思想政治理论课课堂中来，才是真正考验高校思想政治理论课教师讲授能力的关键。单纯知识性内容的讲授是不能满足青年大学生需要的，在讲解中教师应融入一些贴近青年大学生生活和需求的元素，采用更多的技巧和生动的话语，使讲授更有吸引力。第二，恰当地运用多媒体课件是辅助思想政治理论课教师讲授的工具。高校思想政治理论课教师在讲授的过程中要适度地辅之以多媒体课件，但是不能成为"照屏宣科"的复述者，更不能成为播放多媒体课件的放映员。有一些教师上课的时候过度依赖多媒体课件，整个教学思路和教学环节的设计不是在自己的头脑中而是全部做到课件上，在讲课的过程中，眼睛需要一直扫视着课件内容才能讲课，这样不仅降低了教师在学生心目中的专业形象，而且教师无暇顾及在讲授过程中与学生眼神直接的交流，更不能用目光扫视全班来控制课堂。这样的多媒体讲授法不仅不能提高教学的实际效果，而且起到了反作用。更为严重的是，一些教师由于对多媒体课件的过度依赖，如果课堂突遇停电或者电脑故障导致不能使用多媒体课件时，正常的教学活动都无法开展，只能让学生自学，这样的教师是很难令学生喜爱和信服的。在利用多媒体的讲授法中，讲授法是"锦"，高校思想政治理论课教师要充分地发挥自身的主观能动性，不断提高自身的理论修养和教学能力，把这张"锦"织就得鲜艳生动，多媒体课件是锦上的"花"，好的多媒体课件可以使授课过程更加的丰富、灵动而引人入胜。

二是改革创新专题式教学方法。专题式教学法在高校思想政治理论课教学方法改革创新过程中得到了广泛的应用，其教学效果也得到了普遍的认同。专题教学法是指教师依托高校思想政治理论课教材内容，紧紧围绕教学目标和任务，以"教观点""教方法"为己任，灵活组织安排教学内容，对青年大学生实施"少而精"的专题教学。专题式教学法是在遵照教材内容基础上的一种再创造，它要求教师充分发挥教学自主权，认真研读教材内容，根据青年大学生的关注点和最新理论动态，积极采用现代化教学手段，开展重点突出、主题鲜明、针对性强的教学活动。高校思想政治理论课五门必修课程内容各有其特点和侧重点，对于其中的理论知识，高校思想政治理论课教师一方面要以提升教学效果为着力点，根据内容和教师自身的研究专长，结合青年大学生在实践中关注的疑难问题和社会上出现的重大时事、热点问题，对教材中的重大理论问题进行深入研究；另一方面，在教学设计和实际的教学过程中，教师应综合考量理论知识内容的深度、广度和难度，对其进行重新地编排和归纳，进一步提炼课程重点和难点，将其整合形成若干专题开展教学活动。关于理论知识的专题设置，应注意以下三个方面：第一，要注重从教材体系到教学体系的整体性。科学的专题设计和设置不是高校思想政治理论课教师独自一人能够完成的任务，而是教师集体智慧的实践。各教研室在设计本课程专题时应发挥教师的合力，在教师事先独自梳理和深刻理解理论知识的前提下进行集体的研讨、分析。同时不同教研室的教师也应树立五门思想政治理论课课程一体化的整体意识，在设计专题的时候，避免相同知识点的无用重复，使不同课程之间的教学专题与专题之间有清晰的逻辑关系，始终围绕"什么是马克思主义，为什么要始终坚持马克思主义，怎样坚持和发展马克思主义"这一主线来展开专题式教学。同时，专题式教学不是简单的专题堆砌，而是在教材体系逻辑架构并在深入研究的基础上，教师精心设计的整体教学。各个专题之间有着内在的逻辑关联。因此，在思想政治理论课教学中，充分发挥不同学科背景教师的合力，发挥教研室和教学团队的集体备课优势，精心设计每一个专题，才能实现思想政治理论课教学的"工艺精湛、配方新颖和包装时尚"。第二，要以问题为导向设置专题教学。专题式教学应以问题为核心来推进，这些问题既包括青年大学生学习、生活中出现的实际问题，尤其是一些思想上的实际问题，也包括一些重大的理论热点时政问题。专题式教学坚持在教学中融入问题，以"问题"为抓手来设计和开展教学，才能有针对性地给予青年大学生以需要的理论和能力，从而在以理服人的基础上进一步激发青年大学生的学习热情，增强青年大学生运用科学方法解决实际问题的能力。在教学活动中，将教学目标、学生成长需要、学生思想困惑破解与教学内容设计紧密结合来设置专题，并有效地展开教学活动，是以问题为导向专题式教学方法的精髓。专题设计注重问题意识与问题导向的强化，使青年大学生在学习的过程中既掌握了理论，又解决了思想困惑，解决实际问题的能力也得到提升，极大地提高了课程的吸引力。例如，当下青年大学生最关心、最期待了解的时政热点问题之一就是中美贸易摩擦的相关问题，这就要求高校思想政治理论课教师要根据其所授课的内容，补充关于中美贸易摩擦的专题，给予青年大学生一个关于此问题的清晰介绍和深层次的理论分析，这样既满足了青年大学生的求知欲，拓展了青年大学生的理论视野，也有助于加深青年大学生对于当前国际局势的了解和把握，进一步增强实现中华民族伟大复兴的信心，同时对自己身上肩负的重任有更深刻的认识，提升青年大学生的民族荣誉感和使命感。第三，教学专题的设置应采取一种弹性的教学模式。在教学过程中，不是一个专题设置好了，教师只要完全按照专题设计进行讲解就万事大吉。因为教学对象是发展中的青年大学生，而且教学环境、教学资源、教学载体和教学内容都是在不断地发展变化的，这就需要高校思想政治理论课教师随时根据青年大学生学习中出现的新问题和新情况，及时调整和不断丰富专题教学内容，使专题式教学活动能因事而化、因时而进、因势而新。

三是改革创新研讨式教学方法。为了提高青年大学生能力和综合素质，在教学中充分发挥青年大学生的积极性和主体作用，郭汉民教授打破旧有的教师"一言堂"和"满堂灌"的教学方法，探索出了一套全新的旨在培养能力和发挥青年大学生课堂主体作用，提高青年大学生自学能力、创新能力和科研能力的"研讨式五步教学法"，并将这套方法在湖南师范大学历史系九五级、九六级文科基地班的课堂教学中进行使用。后来这种研讨式教学法很快成为一种令青年大学生神往的、全新的教学方法，青年大学生充满热情地投入学习中，甚至一些原先没有选这门课的大学生中途也纷纷来旁听，青年大学生普遍觉得这样的教学方法让他们充满了学习的热情、受益匪浅，纷纷向其他老师推荐在教学中也运用这样的教学方法。由此，一种全新的教学方法——研讨式教学方法产生和发展起来。尽管不同学者对研讨式教学方法有不同的理解，但是其本质是相同的：研讨式教学方法，分为研究和讨论两方面，并坚持将研究基础上的讨论与讨论基础上的深入研究结合。研讨式教学方法是通过教师对一定理论知识的讲解，引导学生充分发挥自身的主体作用，对相关的理论问题进行自我学习、自我研究和自我提高，并以讨论的形式深化对知识的理解，从而主动汲取知识、培养能力、锻炼思维、提升自学和科研能力的一种教学方法。尽管在今天的高校思想政治理论课课堂，教师使用的讲授方法已经不同于之前教师绝对主导的"一言堂"和"满堂灌"，但是对于相对枯燥的理论知识的教学，如果从始至终以讲授法来展开教学，也会使青年大学生丧失学习兴趣，觉得理论原理性知识的学习是枯燥无味的，虽然其间教师可以穿插前面提到的专题式教学方法，但专题式教学最终也是要通过专题知识的讲授来完成的。基于此，在理论知识教学过程中，引入研讨式教学方法就显得既重要又必要。相比其他教学方法，研讨式教学方法具有如下四个方面的显著特点：第一，研讨式教学方法的"双主体性"特征。在研讨式教学过程中，教师成为起主导作用的主体，学生成为起关键作用的主体，教师与学生之间不再是"你讲我听，你教我学"的主导与被主导的关系，而是学生积极参与教学活动，师生共同完成学习任务。第二，激发学生探究问题的内在驱动力是研讨式教学法的最终目标。在研讨式教学方法运用过程中，学生通过查找资料或调研、分析深层次理论、撰写研讨报告等途径，逐渐提升了自己研究、思考问题的能力。第三，多样性与灵活性是研讨式教学法的主要特征。不同的教学内容可以运用不同的研讨方法来展开教学，比如，研究过程可以根据理论知识的难易程度，决定其由学生个人完成，还是组成学习小组完成。讨论的方式可以根据教学实际情况采用小组讨论、全班选出代表汇报展示等形式来进行。同时，研讨式教学在教学目标、组织形式、教学载体与空间等方面具有灵活性，这种灵活性可以为教师教的潜能和学生学的潜能发挥，营造出宽松的内部和外部环境。第四，对学生知识能力培养和思想道德素质提高是研讨式教学法的关注点。在研讨的过程中，学生需要组成若干个小组来完成教师布置的研究任务和回答教师提出的研究问题，这就需要同学之间通力合作、取长补短。师生之间的交流增多，教师高尚的人格、严谨的治学态度、敬业的工作精神等都会潜移默化地对学生产生积极的影响，这些不仅有利于学生获取知识、培养能力，而且有利于学生提高自身的道德修养。在高校思想政治理论课理论知识教学过程中，适时地采用研讨式教学方法，可以为过于沉闷、单调的思想政治理论课课堂教学注入鲜活的力量，具体在运用的过程可以遵循以下的几个步骤：第一步，理论导论与布置任务。教师先根据理论知识的实际内容，抽出理论的背景和最表层的知识进行讲解，使学生对该知识点的概貌有一定的了解。在讲授的过程中，教学应做到讲到而不讲明、提及而不说破；讲授的深度以蜻蜓点水似的在学生头脑中激起对理论学习的求知欲为最佳。以"思想道德修养与法律基础"课中马克思主义关于人的本质理论为例，教师可以介绍中国古代思想家关于人的本性的不同论述和西方思想家关于人的本质的阐释，并启发引导学生找出这些论述不正确、不科学的原因所在，由此激发学生的学习兴趣和探究人的本质的学习热情。接下来，教师根据教授的内容布置给学生研究任务，同时应教会学生查阅、收集资料的办法，然后将学生分成不同的小组来完成围绕该理论知识点拟定的不同选题。仍然以马克思关于人的本质理论来举例，教师可以根据授课班级的人数将学生分组，并给每个小组布置一个选题任务，比如"马克思其人""马克思人的本质理论提出的背景""马克思人的本质理论的科学概括""为什么说马克思对于人的本质理论的揭示是科学的？""马克思人的本质理论的理论价值""马克思人的本质理论的现实意义与时代价值"等选题分配给各个学习小组，要求各学习小组在规定的时间内完成资料的收集和发言稿的撰写。第二步，收集相关资料与撰写各自发言稿。每名学生按照教师讲授的方法，根据自己所在小组的选题，去图书馆或者利用网络来收集、整理资料，并对小组资料进行筛选和整理，在深入研究有用资料的基础上，认真完成参加小组讨论的发言稿。第三步，小组交流与大班展示。每名学生在小组内轮流发言，阐释自己对选题内容的理解和自己学习的心得体会，发言后其他小组成员对发言内容展开讨论和评议，同时记录发言中正确的阐述和思想中的闪光点。小组成员逐一汇报后，对大家共同认同的内容进行梳理和汇总，形成小组的发言稿并制作课件。最后，从小组中选出 1~2 名代表在大班授课中进行展示。第四步，代表讲课和师生共同评议。每个小组代表轮流上台，围绕选题进行 10 分钟左右的讲课展示，展示后由其他组成员提出疑问，展示小组代表或者本小组其他成员来进行回答，进一步加深理论知识学习的深度。展示交流后，其他组同学对展示小组的表现进行评议，对表现较好的小组提出可以借鉴和学习的经验。最后，教师进行综述性评价，这样做的目的有两个：其一是教师进一步补充、完善讨论知识点，深入剖析个中缘由；其二是纠偏、引导学生存在的偏颇观点和不正确的认识。第五步，教师归纳总结和形成成果。全部选题研讨完成后，教师对每个小组的整体表现进行总结，并要求每名同学完成一篇相关选题的学习总结或者论文，最后将学生的表现得分和成果赋分，记入学生的期末成绩。需要说明的是，讨论的方式不仅限于小组讨论和在班级中选代表上台展示两种形式，还可以采用穿插式讨论，即教师讲授和学生讨论穿插起来，或者演讲式讨论，即教师选择一些有代表性的选题，让学生以演讲的形式加以表达，并在演讲后进行讨论。再比如抽签式讨论，即由中签的学生作为小组代表来进行课堂展示，这样更能使每名学生都有理论研究的紧迫感和学习的积极性，避免分组后个别同学出现"搭便车"现象。此外，教师总结评分的方式也可以改为教师评分加学生评分的双主体评分形式，学生互评打分在一定程度上可以增加教师评分的公平公正性，也更有利于调动学生参与研讨的积极性。

其次，依据与学生成长密切联系的教学内容改革创新。

高校思想政治理论课的性质决定了其不仅要向青年大学生传播理论知识，而且要对青年大学生进行价值引领和塑造。如何在高校思想政治理论课教学中，将与学生个人成长成才联系密切的教学内容内化于青年大学生的心，外化于青年大学生的行，成为青年大学生成长成才路上的一盏指路明灯，是高校思想政治理论课教师在教学过程中必须思考和解决的问题。思想政治理论课作为落实立德树人根本任务的主渠道和关键课程，其根本任务是为中国特色社会主义事业培养德、智、体、美、劳全面发展的合格建设者和可靠接班人。毋庸置喙，成为一个德、智、体、美、劳全面发展的合格建设者和可靠接班人，也是青年大学生成长成才过程中追求的人生价值目标，是与青年大学生成长成才的过程同向而进的。高校思想政治理论课教学的重要内容之一就是对青年大学生的思想、道德、行为进行正确的引导，为青年大学生成长成才助力。可见，高校思想政治理论课育人和育才的过程是同频共振相统一的过程，需要高校思想政治理论课教师寻找到"怎样培养人"的好途径、好方法，这种方法应区别于讲授理论知识常用的灌输式教学方法。与学生成长密切联系的教学内容，例如人生价值观、道德规范等，需要教师更多地采用教育引导的教学方法。因此，现将启发式教学法、"创设情境"的参与式教学方法、案例式教学方法及思想政治理论课教学的心理学方法进行梳理和探讨，以利于进一步改革创新与学生成长密切联系教学内容的教学方法。

一是改革创新启发式教学法。何为启发式教学法？"启"是打开青年大学生的思维视角，充分调动青年大学生学习思想政治理论课的积极性、能动性和创造性，"发"是引发青年大学生的思考，使青年大学生自己真学、深悟知识，自觉认知、发现和把握问题，并主动掌握解决问题的方法。启发式教学法就是教师在教学过程中充分发挥教师的主导作用，充分利用教学手段、教学资源和教学环境，引导青年大学生积极、主动地思考问题，充分发挥青年大学生的主观能动性，自觉掌握学习知识及运用知识的方法，不断提升分析问题和解决问题能力的教学方法。

一直以来，启发式教学法都是高校思想政治理论课教师大力倡导和推行的教学方法，这是由高校思想政治理论课教学目的、任务决定的，也是适应青年大学生成长规律和特点的需要。科学有效地运用启发式教学法，应做到以下几个方面：首先，启发式教学法以了解青年大学生内心想法、行为习惯、学习实际情况为前提。高校思想政治理论课教师再口若悬河、滔滔不绝，也无法代替青年大学生自主学习、自主钻研。一个优秀的高校思想政治理论课教师，其作用不是代替青年大学生思考和选择，而是激发青年大学生思考、教会青年大学生怎样思考，从而引导青年大学生做出人生的正确选择。可如何才能做到呢？这就要对教学对象（青年大学生）有一个全面清晰的了解和把握。把握青年大学生基本思想状况主要有以下途径：其一，在课前对授课班级进行一次摸底式问卷调查，问题可以设置为青年大学生的信仰、理想、思想、观念、行为，对本课程的认识与期待，希望通过本课程的学习能够解决的问题和困惑等几类；其二，在课程教学过程中对授课班级进行一次教学情况的问卷调查，问题可以设置为青年大学生对于教学的评价与期待，关心的社会热点焦点问题和学习中存在问题等；其三，访谈授课班级的部分青年大学生，深入了解青年大学生的内心世界和真正的学习、生活需求；其四，利用课后与授课班级辅导员进行沟通和交流，进一步了解学生在生活、学习中的实际状况。其次，启发式教学法以教师主导作用和青年大学生主体作用的充分发挥为保障。在启发式教学过程中，如何实现教师主导作用与青年大学生主体作用的同频共振、同向同行，是高校思想政治理论课教师必须思考的问题。启发青年大学生的过程实际上就是教师主导作用发挥的过程。高校思想政治理论课教师应该运用设问、讲解、互动、讨论、答疑和案例等多种形式来启发青年大学生的思维，充分调动青年大学生的智力和非智力因素。但是，高校思想政治理论课教师必须清醒一点：教师自己发挥主导性作用的目的是充分调动青年大学生学习的积极性、主动性和创造性，激发青年大学生主体作用的发挥，而不是教师自己表演一番热情。启发式教学强调青年大学生是学习的主体和中心，把培养和发展青年大学生的能力作为出发点和落脚点，引导青年大学生积极参与教学活动，提高青年大学生的创新思维和创新能力，激发青年大学生内在的学习欲望和动力，使青年大学生通过主动思考获得知识，发展能力。启发式教学法是一个不断发展的方法体系，启发的关键在于内容而不偏重于形式。衡量启发式教学法是否具有启发性，主要有三个方面要素：第一，是青年大学生在教师的引领下能否积极主动地理解教材或章节中的知识，达到本堂课的教学目标；第二，是青年大学生能否举一反三、触类旁通，掌握同教学内容相似的知识和技能；第三，是青年大学生能否学到方法。如果回答是"肯定的"，那么即便高校思想政治理论课教师在课堂上主要采用了讲授法，也会达到启发式教学的目的。当然，启发式教学法不是一种具体、孤立、静止的教学方法，它是体现在各种教学方法之中，融入了各种教学方法的根本教学方法，也就是说，各种教学方法都是启发式教学法的具体体现，是高校思想政治理论课教学方法的"根"，各种各样的高校思想政治理论课教学方法都是从这个"根"上生长出来的枝叶和花果。

具体而言，启发式教学法的表现形式有很多。比如，高校思想政治理论课教师在运用讲授法授课，在回答各类知识问题的过程中也会运用启发式教学法；高校思想政治理论课教师在抛出社会热点、难点等问题开展引导型教学时，也会尝试着启发学生思维，引导学生去探求问题的答案。现以问题启发式方法为例，进一步分析启发式教学法的巨大魅力。古语云："学贵有疑，小疑则小进，大疑则大进；疑者，觉悟之基也。一番觉悟，一番长进。"质疑不仅可以提高高校思想政治理论课的针对性，而且可以帮助学生深入理解、把握教学内容，培养学生主动探究、善于发现的创新精神。实践证明，学生越是敢于质疑，其主体作用就越能得到充分地发挥。在高校思想政治理论课教学中，尤其是在讲解与青年大学生成长成才极为密切的知识内容时，单纯地告诉青年大学生应该怎么样，需要怎么做，什么是对的，什么是错的，不充分调动学生的主动性和积极性，其结果不仅是青年大学生不接受你的教导、观点，而且容易使他们产生逆反心理。只有针对性地结合教学内容中与青年大学生共性问题和实际需要，提出问题、设置悬念，牢牢抓住青年大学生的注意力和关注点，引发青年大学生积极、主动地思考，激发青年大学生的学习欲望，才能收获较好的教学效果。

需要注意的是，问题启发绝不等于机械地、简单地提问，问题的设置应该是教师根据教学内容在课前进行的精心准备和课堂上随机应变的有针对性的设问。为此，高校思想政治理论课教师要深入地研究教学内容和教学对象，设计出具有启发思考价值的问题。以"思想道德修养与法律基础"课为例，其教学目标是帮助青年大学生树立正确的世界观、人生观和价值观，提高青年大学生思想道德修养，来实现其对中国特色社会主义政治认同、思想认同、道德认同的根本目的，进而达到学生在政治、思想、道德上的信仰体系的构建，使之成为社会主义合格建设者和可靠接班人。青年大学生期待通过学习"思想道德修养与法律基础"课，获得人生问题的解决之道和丰富人生智慧，期待思想道德水平的提升，期待增加自身对中国特色社会主义道路、理论、制度的认同和信心，这些期待就是教师设置问题的关键点。另外，高校思想政治理论课教师在运用启发式教学法时，还应该要注意这样一个问题，即"启不透""发不足"，给青年大学生做一顿"夹生饭"。每一个重要的知识原点都应该让青年大学生在深入了解的基础上理解并掌握，而不是蜻蜓点水般浅尝辄止，切记把石头扔在水泥地板上，激不起一点浪花的所谓启发式教学。

二是改革创新互动式教学法。在高校思想政治理论课教学过程中，互动式教学法能充分发挥教师与青年大学生双方的积极性和主动性，师生之间通过平等交流、对话进行相互探讨、相互交流，实现教学相长。互动式教学法是高校思想政治理论课教师进行价值传导，实现青年大学生思想优质转化、凝聚思想共识的必要手段，是高校思想政治理论课教学中与学生成长成才联系密切的知识内容真正入心入脑的重要渠道。在实际的高校思想政治理论课教学过程中，互动式教学法互动的主客体、互动的内容和知识点以及互动的表现形式是丰富多彩、灵活多样的。现就在高校思想政治理论课课堂教学中最常使用的讨论互动式教学法进行一些探讨。

在高校思想政治理论课课堂教学中，课堂讨论，尤其是分小组讨论被认为是最具可操作性的互动方式，是青年大学生接受程度较高的互动式教学法。但讨论互动式教学法并不是以追求青年大学生乐于参与、课堂热闹不易睡觉、过程趣味性强等为目的，更不是只要教学方法是互动的、是青年大学生参与讨论的就是好的，就可以在讲课的时候"节节用""章章用""多多益善"。讨论互动式教学法的科学运用，具体来说就是高校思想政治理论课教师在具体的教学实践中科学地选择教学内容和教学时机，并在讲课前精心地设置讨论题目和讨论形式，认真思考讨论如何与讲授的内容衔接，以及讨论效果的反馈等一些关键环节的准备。同时在讨论互动的过程中，教师应该努力营造师生平等、学术氛围民主、课堂气氛和谐的良好环境，应凸显学生的主体地位，这绝不是强调高校思想政治理论课教师的"达人"秀，而是主动激发青年大学生的积极性、主动性和参与性，让青年大学生不再是被动的信息、知识的接受者。为了解决教师预设的教学问题，青年大学生需要独立思考、分析、判断，通过师生相互切磋寻求问题的答案，让青年大学生在纷繁复杂的价值交汇处，做出正确的选择。如果高校思想政治理论课教师不能很好地活跃课堂气氛，调动青年大学生的积极性、主动性，讨论互动最终只能变成教师机械、刻板地提问，青年大学生不加思考地被动机械回答。这样的讨论互动结果就是"强扭的瓜不甜"，使青年大学生丧失学习兴趣和热情。提升互动教学方法的教学效果，需要高校思想政治理论课教师不断提升应对青年大学生五花八门问题的能力，同时应具备辨析不同观点的能力，还要具备由一环节互动导入更深层次互动环节的能力。另外，从目前高校思想政治理论课教学实际来看，大班授课依然是主要授课形式，这就使得在师生之间、学生之间和小组合作的讨论过程中，一些青年大学生因为时间限制无法参与其中，这时就需要以学生之间讨论和小组合作讨论的形式来补充。高校思想政治理论课教师在确定了一个选题后，为了提高青年大学生的参与度、进一步提高讨论实效，可以采用全班学生自由讨论互动和将青年大学生分成若干小组，针对教师制定的选题进行互动讨论。这种形式可以在有限的时间内，使每一名青年大学生都能参与到教学活动中，激发青年大学生参与的积极性和参与热情，使青年大学生在一次次"头脑风暴"中获得知识，获得正确的价值观念。需要特别注意的是，在学生之间讨论和小组讨论的过程中，高校思想政治理论课教师不能当"甩手掌柜"，只在一旁无为的等待，而应该走下讲台，对全班学生的讨论情况进行整体的把握和控制，对于参加不积极的同学进行引导和鼓励，对于表现好的同学进行记录、给予肯定。此外，教师也可以适时地参与到某个小组的讨论中，与青年大学生平等地进行交流，这样更有利于拉近师生间的距离，增加教师的亲和力。而且，高校思想政治理论课老师在对班级讨论情况进行整体把握的过程中，还应该及时地发现青年大学生讨论中出现的问题，并认真地进行纠偏和正确地引导，确保讨论的正向进行。讨论结束后，可以在每个小组选出代表和学生推荐或者自荐的形式进行汇总发言，分享讨论的成果。从讨论互动形式来看，除了常规使用的一些讨论互动的形式之外，讨论互动教学方法还有很多十分灵活、多样的形式，要根据不同的教学目标而采用不同的研讨模式。例如，聚焦社会典型案例的案例式讨论，聚焦大学生理想信念教育问题的嘉宾式讨论，聚焦时事热点问题的课题研究式讨论，聚焦大学生职业发展问题的辩论式讨论，以及充分发挥学生主体性的情景模拟式讨论。这些形式新颖、时尚、内容丰富的讨论互动形式，会获得青年大学生的喜爱和好评，能更好地提升高校思想政治理论课课堂教学效果。

三是运用心理学改革创新教学方法。习近平总书记在学校思想政治理论课教师座谈会上指出，思想政治理论课教师要给学生心灵埋下真、善、美的种子。这就要求高校思想政治理论课教师要以一颗心灵唤醒另一颗心灵。如何用一份科学、正确的价值坚守，探索和实践"唤醒心灵"的教育，是每一名高校思想政治理论课教师都应思考和毕生致力的追求。高校思想政治理论课是高校落实立德树人根本任务的关键课程，其教学方法不同于智育方法，不仅要解决知与不知、懂与不懂的矛盾，更要解决信与不信、行与不行的矛盾，而且对人与人、个人与集体、社会、国家的关系问题也要进行科学的阐释。同时，高校思想政治理论课教学方法要服务于为社会主义事业培养德、智、体、美、劳全面发展的合格建设者和可靠接班人，其最终追求目标是青年大学生社会主义道德认知、情感、意志和行为的统一。

可见，高校思想政治理论课教学要面对和解决的问题是十分复杂的，其教育的方式、手段必须适应青年大学生的接受心理，能够对青年大学生的思想、道德施加正向的影响。伴随着高校思想政治理论课教学观念的发展和教学规律把握的逐步深入，高校思想政治理论课教学的心理学方法逐渐发展起来，并越来越引起人们的关注。教师在高校思想政治理论课教学过程中，树立隐性教育理念，借助心理学方法，对青年大学生进行心理引导、疏导，达到春风化雨、润物无声的育人效果。现在就情境教学法和暗示教学法两种较为重要的心理学方法进行探讨。

关于情境教学法，最通俗、直观的诠释就是"动之以情，晓之以理"。理论知识好像嫁接的树枝，而青年大学生的需求和渴望就像嫁接树下的根须，如果没有充足的水分和营养去滋养，嫁接的树枝就难以成活。恰当地、合理地运用情境教学法，有助于提升高校思想政治理论课教师的"嫁接"技术。具体而言，情境教学法就是在教学过程中，高校思想政治理论课教师有目的地创设或者引入具有一定情感色彩的、形象生动的现实的、活生生的教学场景，使青年大学生融入教学设置的情境中，青年大学生会因景生情、因情而感，从而使青年大学生在情感体验中学会理论知识、塑造正确价值观的教学方法。情境教学法的核心在于激发青年大学生的真实感受和真挚情感。毋庸置疑，情境教学法的运用有其一定的心理学理论依据。建构心理学表明，人通过学习，获得知识、形成思想，但"知识并非只是对经验做简单地复制与拷贝，相反它是将环境中的信息转变为与原有图式相吻合的知识而得以建构起来的。"创设一种教育环境来激发和创新青年大学生的主动认知和自我调节能力，可以很好地提升高校思想政治理论课的教学效果。高校思想政治理论课的教学内容是跨学科、比较复杂的，理想、信念、价值观、道德等知识内容也比较抽象、深刻。如果只是一味地讲授、单一地灌输，让青年大学生被动地学习和记忆，最多只能起到培养"考生"的作用，很难真正实现高校思想政治理论课的教学目标的。实践表明，真挚的情感体验对人们的认知活动具有增力效能，这对解决青年大学生对高校思想政治理论课普遍存在学习动力不足的问题赋予了新的启示。高校思想政治理论课教师在授课的过程中，应创设使青年大学生感到轻松愉快、情真意切、栩栩如生的教学情境，营造活泼欢快、积极向上、轻松愉悦的课堂气氛。在这样的教学环境中，青年大学生的自我认同感和获得感会显著提升，而这也正是最优的知识内化和深化之时机。抓住这一时机，将与青年大学生成长成才相关的教学内容传授给他们，往往会收到事半功倍的效果。作为一名从事多年高校思想政治理论课教学的教师，笔者在对课堂教学实践进行总结和反思时发现：欢快活泼的课堂气氛往往是取得优良教学效果的重要条件。教师在青年大学生情感高涨之时，开展教育教学活动，他们往往"一点即通""一学就会"，而且终生难忘。从方法论角度来看，情境教学法就是对心理反应理论的运用。高校思想政治理论课教师在深入研究教学内容的基础上，有意识创设和创新教学情境和青年大学生学习活动的客观环境，在教师生动鲜活的教学语言支配下，这种经过创新的教学情境和客观情境就使青年大学生置身于特定的教学情境中，青年大学生在身临其境或如临其境中，学习情绪、学习兴趣和学习积极性主动性将被极大地调动起来，在获得最纯粹的直观的感性认识中引起"共情"。高校思想政治理论课教师抓住这样的教学契机，引导青年大学生将感性认识逐步上升为理性认识，实现青年大学生从形象的感知达到抽象理性的顿悟。在高校思想政治理论课教学实践中，除了实体的情境创设外，还可以创设模拟的情境或者语境。实体情境创设主要是教师设计一些辩论、表演等活动或者展示一些实物或实物图片，将青年大学生带到要学习的内容中，例如讲到脱贫攻坚取得辉煌成绩时，可以以"家乡的变化"为主题组织青年大学生进行讨论；讲"以改革创新为核心的时代精神"时，可以将家里淘汰的BB 机、第一代白屏手机、蓝屏手机、彩屏手机与科技含量越来越高的智能手机，摆在一起给青年大学生展示，让青年大学生直观地感受科技进步带来的生活变化。随着科技和网络信息技术的发展，虚拟情境创设成为高校思想政治理论课实践教学的重要途径。高校思想政治理论课教师围绕教学内容，利用网络信息技术、PPT 和动漫视频等进行情境创设或者虚拟再现某个场景或人物来辅助教学。例如，高校思想政治理论课教师可以通过形象生动或幽默风趣的教学语言，为青年大学生创设教学语言情境，以饱满的热情、声情并茂地语言去吸引青年大学生，引起青年大学生的共鸣，把栩栩如生的画面呈现给青年大学生，让青年大学生在"闻其声，如见其人"的情境中，体会教师要传达的教学内容。卢梭曾说，切忌干巴巴地同年轻人讲什么理论，你就要用一种东西去标示它，应当使思想的语言通过他的心，才能让他懂得你所说的道理。新时代高校思想政治理论课教学面对的是一群伴随着网络信息技术成长的"00 后"，恰当地运用一些当下流行的网络语言来创设教学语言情境，易收到意想不到的教学效果。

暗示是指个人与环境之间交流信息的因素，正是这个交流信息的因素，才得以建立无意识交流或传达意蕴的心理倾向，通过这种心理倾向激发人与环境的交流潜力。暗示教学法是指在高校思想政治理论课教学过程中，教师通过巧妙地运用隐性的方法，巧妙地利用青年大学生无意识的心理活动，发挥其心理潜力，挖掘其潜能，增添青年大学生学习的动力和信心，使青年大学生在轻松愉快中完成学习任务，从而达到教学目的。保加利亚心理学家洛扎诺夫指出，从学生个体角度出发，创造高度的动机，建立激发学生个体潜力的心理倾向，在学习交流过程中将各种无意识暗示因素组织起来。科学正确地把握暗示教学法的心理学基础是正确有效运用暗示教学法的前提和基础。首先，人人具有可暗示性。"不可言传，只能意会"就说明有些意思的传达可以通过第三中介获得相应表达意义。如我们耳熟能详的成语"杯弓蛇影""望梅止渴""草木皆兵"的故事，就是典型的暗示性例子。虽然人人都有可能被暗示，但是不同的人，接受暗示的能力也有不同。因为，任何人都有逻辑防线（人总是批判性地对待落入自我意识之中的暗示）、感情防线（在幼儿身上表现最为明显，是每个人都有的一道防线）和伦理防线（与个人的道德标准相矛盾的暗示）。人们在接受某种暗示时，都会无意识地受到这三道防线的过滤。其次，无意识心理活动。实践证明，人们的许多活动都是在无意识的状态下进行的。但是人们的无意识并不等于无认识，只不过这种认识是不为人自身所察觉的、未加注意的、不知不觉的、不由自主的认识。同样一句话，出自一般同事的嘴，你会产生怀疑，但如果是出自领导的口，你也许会深信不疑，这是为什么呢？同样一件事，发生在贫穷人身上，你会心生怜悯之情，但发生在富二代身上，你可能会幸灾乐祸，为什么呢？同样，为了那件事你会心甘情愿地奋不顾身，身先士卒，而为了这件事你却斤斤计较，为什么呢……出现诸如此类的现象，最重要的原因之一，就是人们感情的参与。再次，是非特定心理反应。非特定心理反应是指人在非理性的状态下进行的知觉活动。在人的复杂心理活动中，清醒与模糊之间并没有清晰明确的界限，而是复杂地交织在一起。比如年轻的单身女性逛商场买衣服，有意识地关注符合自己身材、气质和年龄的服装，这就是特定的心理反应；结婚后，该女性也是去逛商场给自己买衣服，但她在经过男装专柜时会无意识地瞄一眼适合自己丈夫的服装，这就是一种非特定的心理活动。非特定心理反应在营销策略中往往被恰如其分地利用。例如，在大型商场琳琅满目的商品展示布置中，在儿童商品的旁边摆放女性的化妆品或生活必需品等，在一定程度上可以提升此类商品的销售额。这些策略都很好地利用了顾客的非特定心理倾向。在高校思想政治理论课教学中，我们就可以借鉴这种营销策略，暗示教学法的魅力就在于使青年大学生具备这种无意识心理活动中的无意识心理倾向，并指引这种倾向和青年大学生的兴趣、动机、期待相结合，激发出青年大学生的学习潜力，从而激发人的潜力。联合国教科文组织曾指出：人的大脑竟有高达10%以上的潜能未曾加以开发和利用。在现实生活中，因为一些特殊情况人的潜能被激发出来的例子时有发生。在汶川大地震中，马元江被困170多个小时后获救，长达8天的时间未进水米油盐，创造了一个生命的奇迹。这就是在特殊情况下，人释放出的巨大潜能。青年大学生不仅具有较高的感知力和观察力，而且具有比较强烈的求知欲望，是人生潜力开发及个人潜能运用的最佳时期。在高校思想政治理论课课堂上，如何利用好青年大学生这一独特优势，引导和帮助青年大学生有效地发挥自身的优势潜能、提升教学效果，是值得每位教师关注和研究的。高校思想政治理论课教师在教学活动中可以通过提高青年大学生认识、培养青年大学生领悟力和执行力、磨炼青年大学生意志等方法，发挥其生理和心理的潜能。

与洛扎诺夫提出的暗示教学方法主要应用于语言教学不同，将暗示教学法的"暗示教学艺术"运用于高校思想政治理论课教学，需要注意两个方面：第一，是学习气氛应该轻松愉快和谐。"闻鸡起舞""悬梁刺股""学海无涯苦作舟"之类的苦读故事，只能作为劝学的典范，在当今青年大学生的实际学习过程中，这样做往往会使青年大学生感受到学习是件苦差事，难免会在学习过程中产生压抑、抵触的情绪，与暗示教学法侧重的"乐学"思维运用是相悖的。暗示教学法要使青年大学生在一种享受的环境中学习，课堂气氛是充满乐趣、欢快而轻松的，青年大学生在学习的过程中感觉是愉悦而舒适的。在这样的气氛中青年大学生不会感觉到学习的压力和疲惫，往往在不知不觉中就完成了相关知识的学习。第二，是不能将有意识和无意识分割。传统的教学方法只注重有意识的理性能力，关注发挥青年大学生大脑皮层结构的作用，如直接灌输法，而对于无意识的调解作用，即青年大学生的情感、心理的调解作用却有所忽视。暗示教学法强调有意识和无意识两者之间是相互影响、相互促进的有机统整体，它一方面强调用无意识调节有意识，另一方面强调用情感因素补充理智因素。

关于暗示教学方法在高校思想政治理论课教学实践中的运用，具体而有效的措施主要有：第一，充分发挥权威的影响力。在生活中我们都有这样的经验，更愿意相信和认可权威。这个权威可以是某个人或某个机构，比如买研究生考试辅导用书的时候，更愿意选择名师或者著名辅导机构出版的辅导书；去医院看病的时候，我们更愿意挂专家号。这都说明了来自权威的信息更能够对接受者产生影响，获得接受者的信任。科学实验也证明，这种对权威信任产生的暗示作用可以极大地提高接受者接收信息。在高校思想政治理论课教学实践中，高校思想政治理论课教师可以很好地发挥权威的影响力。比如，在讲授思想政治理论课之前，教师可以先向青年大学生讲授习近平重要讲话和批示指示精神及中央文件中关于高校思想政治理论课重大意义及其作用的核心论述，让青年大学生感受到这门课程的重要性。在向青年大学生介绍使用的教材时，可以向青年大学生说明，高校思想政治理论课教材是党中央统一部署，中共中央宣传部、教育部统一组织编写的"马克思主义理论研究和建设工程重点"教材，这也是唯一经过国家领导人审阅和修改的教材。笔者采取如上方法，向大一新生介绍《思想道德修养与法律基础》这本教材时，青年大学生都目不转睛地看着，不由自主地感慨，顿时觉得青年大学生在无形中被这一开场白激发起了学习思想政治理论课的热情和信心。第二，营造轻松愉快的积极向上的教学环境。例如，在教室或走廊上悬挂制作精美的社会主义核心价值观、习近平新时代中国特色社会主义思想等内容的宣传挂板，营造一种积极、健康、向上的校园文化氛围和课堂学习氛围，帮助青年大学生树立正确的人生观、价值观，养成良好的行为习惯。同时，思想政治理论课教师要努力营造一种平等、民主、自由的学习氛围，重视青年大学生的情感体验。比如，在思想政治理论课课堂上，青年大学生不专心听讲或者窃窃私语时，教师就可以采用暗示的方法提醒这些青年大学生，而不是直接的批评或者讽刺，这样往往更能收到良好的效果。第三，在具体教学环节中采用适当的艺术形式。比如，在教学过程中，教师要善于利用丰富的表情、手势，多情的眼神等生动形象的面部和肢体语言展开教学内容的讲解，吸引青年大学生的注意力，使青年大学生了解教师胸中之意，产生强有力的暗示效应。比如，教师在上课过程中真诚的、面带微笑的表情可以增加亲和力，赢得青年大学生的喜爱；青年大学生在回答教师提问时，以一种鼓励的眼神；在提醒青年大学生专心听讲时，以批评的眼神，都可以起到很好地暗示作用。第四，化解和消除反暗示防线的消极作用。实践证明，有时候暗示者发出的信息会引起被暗示者与之相反的心理和行为反应。因此，高校思想政治理论课教师在表扬青年大学生时，应把握好"度"，表扬的语言恰如其分，表扬的方式到位暖心。如果教师用过分的语气和言语对青年大学生某一问题回答"大肆宣扬"，则会适得其反，使青年大学生自己觉得"是不是老师不相信我的能力"，也会使其他同学产生不屑一顾或轻描淡写的情绪。因此，高校思想政治理论课教师在教学过程中，要注意不能自觉或不自觉地把高校思想政治理论课教学内容绝对化、用强硬的语言、语气进行讲授，表面上看是在加强了理论的权威，实际结果却适得其反，青年大学生容易在思想上产生对立情绪，形成不良的心理暗示，进而导致其教学的失败。

最后，依据实践性内容改革创新教学方法。

实践性是马克思主义理论最鲜明的特征之一。在高校思想政治理论课教学过程中，教师通过实践性教学，可以让青年大学生亲身体验到深刻理性思维的价值，亲身感受到逼真教学情境的感染力，从而变被动学习为主动接受，极大地增强高校思想政治理论课教学的实效性。

"05"方案实施以来，实践教学得到广大高校思想政治理论课教师的普遍认同，并在教学中得到普遍推广。但是高校思想政治理论课实践教学依然存在着一些问题：其一，重视程度不够，与常态化地、规范化地开展实践教学要求存在一定差距。客观地说，很多高校对思想政治理论课的实践教学重要性认识不够，没有把高校思想政治理论课实践教学当成是一种必要的、常态性的教学环节而纳入教学计划，或者虽然在教学大纲中加入了实践教学的计划，但也只是停留在教学计划书上，在实际教学中，有的并没有落实或者落实的效果差。与理论课堂教学有全方位保障不同，高校思想政治理论课实践教学不仅缺乏统一地组织、协调，而且缺乏有效地评价和监督。其二，高校思想政治理论课学生覆盖面广，学生数量多，经费保障难、外出实践教学安全保障制度不健全等因素，致使很多高校无法扎实开展高质量的实践教学，实践教学的覆盖面也相对有限。其三，保障机制不健全。高校思想政治理论课实践教学在工作量核算、经费、学时学分、考核和质量监控等方面，没有系统完善的制度保障，教师一般是凭借自己的责任心和热情来开展实践教学活动的。一些高校即使设立了思想政治理论课实践教学的领导组织机构，实践教学考核和质量监控等方法，也往往是名存实亡，流于形式，应付检查。其四，一些知名品牌大学，由于其学情、校情和教学资源的特殊性，思想政治理论课实践教学取得了一些较好效果，但其成功的实践教学经验较难在一般的普通院校复制和推广。笔者在高校思想政治理论课教学情况的访谈中，在提到"要提高高校思想政治理论课教学实效性，您认为最需要解决的问题是什么？"的问题时，有近一半的青年大学生认为，加强实践教学和社会实践，注重理论联系实际，是高校思想政治理论课教学最应该解决的问题；另外，还有教学方法问题，有的青年大学生认为同样一门课，同样章节的教学内容，不同教师采用的教学方法不一样，学生参与教学的兴趣和热情度就不一样。除此之外，绝大部分青年大学生表示渴望能通过实践教学的方式，学习与自己成长成才联系密切的知识和马克思主义理论，但目前基本上没有参加过正式的思想政治理论课实践课活动，教师只是在思想政治理论课堂上布置了一些象征性的实践课作业，并没有激发起青年大学生的参与热情，与青年大学生心目中期待的形式多样、参与度高的实践教学，存在较大差距。增强新时代高校思想政治理论课实践教学实效，需要从以下几个方面入手：

第一，准确理解和深刻把握实践教学的鲜明特性：一是鲜明的目标性。为党育人、为国育才既是新时代高校思想政治理论课教学总目标，又是新时代高校思想政治理论课实践教学目标。具体而言，就是在高校思想政治理论课教学的认知目标上，通过实践教学活动，巩固高校思想政治理论课课堂上的理论教学成果，促进青年大学生进一步认同马克思主义理论，牢固树立"四个意识"，坚定"四个自信"，进一步认同马克思主义的世界观、人生观和价值观，树立正确的中国特色社会主义道德观和法治观，并将其逐步内化为自己的理想信念，外化于自己的报国行动。在能力目标上，要通过社会实践、社会调研、撰写调研报告、参与实践活动等形式，不断提升青年大学生发现问题、分析问题和解决问题的能力，并把认知转化为行为能力。在政治素质目标上，要使青年大学生成为马克思主义、习近平新时代中国特色社会主义思想的坚定信仰者、支持者、拥护者和践行者，成为中国共产党坚定的拥护者和追随者，要帮助青年大学生树立对实现中华民族伟大复兴事业的坚定信心。二是充分的主体性。在实践教学过程中，高校思想政治理论课教师应充分重视青年大学生的自我教育、自我管理和自我服务的意识，发挥青年大学生的积极性、主动性和创造性，激发青年大学生的精神需要。与"规规矩矩，恭恭敬敬，一板一眼"的课堂教学不同，新时代高校思想政治理论课实践教学的环境更为宽广，教学手段更为丰富，为青年大学生提供了更为宽松自由地发挥自身能力、发展自我个性、发扬创新精神的空间。尤其是在社会调查实践中，青年大学生通过主动参与和亲身体验，能近距离接触和了解社会。青年大学生参与的每一个实践环节，从设计活动方案到搜集调查资料，从实践过程到运用理论分析问题，从撰写实践报告到运用理论解决问题，从评价实践结果到总结实践经验，都离不开他们主体性的充分发挥。三是内容的针对性。新时代高校思想政治理论课实践教学的针对性，是指教师要针对"毛泽东思想和中国特色社会主义理论体系概论""中国近现代史纲要""思想道德修养与法律基础"等不同课程内容，设计和开展实践教学活动。例如，"思想道德修养与法律基础"课，可以开展"青年志愿者三下乡活动"进行实践教学；"毛泽东思想和中国特色社会主义理论体系概论"课，可以观看红色电影《井冈山》《三大战役》等进行实践教学活动；"中国近现代史纲要"课，可以通过组织青年大学生参观革命烈士纪念馆等进行实践教学活动；"马克思主义基本原理概论"课，可以举办"读原著、学原文、悟原理"活动开展实践教学；等等。同时，高校思想政治理论课实践教学的形式和方法，要结合青年大学生的专业、年级、学习的实际情况设计和制定，尤其是高职高专院校的青年大学生。同时，要充分挖掘本校和高校所在地区的实践资源开展实践教学。四是形式的综合性。新时代高校思想政治理论课教学内容的多样性和综合性，决定了无论是实践教学的内容，还是实践教学的形式，都应该是综合多样的。新时代高校思想政治理论课教师不管是开展课堂教学实践，还是校园教学实践，或者利用假期开展社会教学实践，其具体的实践形式都应该是多种多样的。此外，随着科技和网络信息技术的发展，高校思想政治理论课教师还可以拓展实践教学的渠道，通过问卷星、课程微信公众号等网络平台，开展网上调查、网上论坛等多种形式的网络实践教学活动。第二，构建实践教学方法体系。构建科学合理的高校思想政治理论课实践教学方法体系，主要体现在线上实践教学和线下实践教学相互促进，课内实践教学和课外（包括假期社会实践）实践教学相互结合，学生集中实践和自行实践相互结合等方面。第三，丰富实践教学的形式。例如，适合在校内开展的实践教学主要有以下几种：一是组织观看电影。红色电影可以直观地演绎革命优良传统、再现历史、讴歌民族英雄，充分发挥寓教于史的作用，例如，在"党史国史"这门课程中，教师就可根据教学内容选择一些能引发青年大学生产生震撼和共鸣的影片，如《建党伟业》《建国大业》《南京！南京！》和《开国大典》等影片。在观看影片过程中，青年大学生全神贯注地投入影片情节中，仿佛置身于战火纷飞的峥嵘岁月，感受革命烈士、英雄的崇高精神。在"思想道德修养与法律基础"课实践教学中，可以播放《黄大年》《厉害了，我的国》《邹碧华》和《人民的名义》等影片，让青年大学生观看后，谈感受、写体会或评论等。二是开展主体讨论。在新时代高校思想政治理论课实践教学中，针对一些较为浅显又容易有争议的热点问题，如在讲授幸福观时，教师可以以"奋斗幸福观"为主题，让青年大学生亲自参与和主动思考"什么是真正的幸福？""怎样才能幸福？"等问题来组织学生展开讨论。教师将学生分成若干个小组并进行分工，小组成员按照分工完成查阅资料、撰写发言提纲等准备工作，之后在课堂上留出专门的时间，组织学生在各自的小组讨论。讨论后，由每组选出代表做汇报发言，最后由教师进行点评和总结。三是情景剧表演。以"思想道德修养与法律基础"课程为例，教师可以让青年大学生将自己在生活中看到的某些现象、片段的感受，通过自编自演生活情景剧表达出来，这种形式使参加的学生融入其中，观看的学生兴趣浓浓，在"一表一演"中不知不觉地启迪了青年大学生的生活智慧，陶冶了情操。例如，讲到树立正确的恋爱婚姻观时，可以组织青年大学生将在校园中看到的或者了解的某些不文明、不理智的行为改版为情景剧，也可以编写一些反映功利性择偶观的剧本，将其搬到课堂表演，使青年大学生自觉地意识到树立正确恋爱婚姻观的重要性。

二、依据教师特性改革创新

习近平总书记指出：办好思想政治理论课关键在教师，关键在发挥教师的积极性、主动性、创造性。一堂成功的高校思想政治理论课，需要教师在了解青年大学生特点、把握教学内容基础上，正确分析自身特点，做到知己知彼，百战不殆。

进入新时代，高校思想政治理论课教师队伍建设得到高度重视，高校思想政治理论课教师教书育人的使命感和责任感不断提升。从整体上来看，高校思想政治理论课教师是一支政治素质硬、业务素质强的队伍，但同时也必须看到有些高校思想政治理论课教师的职业认同感不强，理论功底不深，教学能力有限等问题。笔者从高校思想政治理论课教师创新教学方法角度开展一些调研。在笔者与青年大学生座谈交流过程中，参与回答"您最喜欢什么样的思想政治理论课教师授课？"这一问题时，30.8%的青年大学生答案集中在"理论功底深厚，具有较高的专业能力，说理透彻"这一选项上，40.1%的青年大学生的答案是"讲课风趣幽默、鲜明的个性特点，富有较强的人格魅力"这一选项上。由此可见，青年大学生在思想政治理论课课堂上，既有渴求获得知识和真理的要求，也有通过轻松愉快的方式完成学习任务的要求，同时青年大学生期待独具特色的授课风格，希望自己能够被老师的人格魅力征服和吸引。希望高校思想政治理论课教师在"分析问题时有自己独到的见解"的青年大学生占97.3%，反映出当代青年大学生独立自主意识强，不喜欢"人云亦云"没有主见、"鹦鹉学舌"般讲课的思想政治理论课教师，20.3%的青年大学生认为"愤青型、吐槽型的教师容易引起青年大学生的共鸣，更能拉近与青年大学生的距离"，可见青年大学生喜欢表达形式接地气，具有较高情商能力的思想政治理论课教师。青年大学生关于这些问题的回答结论应该引起高校思想政治理论课教师的重视。

在参阅了一些教师的基本教学技能等方面的书籍和文章后，笔者专门设计了一个主题"高校思想政治理论课教师哪些方面的因素影响教学效果？"并开展讨论，该主题确定了六个不存在包容和排斥关系的六个选项：第一，责任心和爱心；第二，理论功底和理论修养；第三，人格魅力、教师修养；第四，教学组织能力；第五，语言组织、表达能力；第六，沟通、互动能力。通过对青年大学生讨论的情况进行分析，选择人数最多的选项是理论功底和理论修养与人格魅力、教师修养，分别占88.7%和86.2%。此外，高校思想政治理论课教师的一些先天因素和后天非内在因素对思想政治理论课教学效果也有一定的影响。在参与讨论的青年大学生中，有56.7%的人认为，教师的学历因素对思想政治理论课的教学效果有影响；其中有33.5%的青年大学生认为，高校思想政治理论课教师的学历因素对教学效果有很大的影响。由此可见，提高高校思想政治理论课教学效果，提升和增强高校思想政治理论课教师理论水平和科研能力是重要途径之一。有超过半数的青年大学生认为，高校思想政治理论课教师的性别因素对教学效果没有影响，在高校思想政治理论课授课教师性别上，大部分同学认为男教师或者女教师对于教学效果和质量影响不大。97.2%的青年大学生认为，高校思想政治理论课教师语言组织能力和语言表达能力对学习效果有影响，其中大部分同学认为有很大影响。在讨论中，一些青年大学生表示，高校思想政治理论课教师采用方言授课、吐字不清或说话逻辑不强已经严重影响了他们正常的学习，希望高校思想政治理论课老师能用标准的普通话进行授课，同时能具有很强的语言表达能力来组织教学。有95.4%的青年大学生认为，高校思想政治理论课教师的授课激情、热情对学习效果有影响，其中78.6%的青年大学生认为，有很大影响。教学是一个教与学互动的过程，教师面无表情或激情飞扬，是直接传达给学生的信号，气氛热烈的课堂也必然要求一个充满激情的授课教师。在讨论关于高校思想政治理论课教师的仪容仪表是否对思想政治理论课教学效果有影响时，20.8%的学生认为有很大影响，39.1%的学生认为有一定影响，40.1%的学生认为没什么影响。由此可见，相较于教师的内在因素，外在的穿衣打扮等因素对青年大学生学习的影响相对较小。当然，这也不是说教师完全不用在意自己走上讲台时的穿衣打扮，一个穿衣邋遢、过于随便的老师是很难让青年大学生喜欢和信服的，尤其是像高校思想政治理论课教师这样的"正"课。关于高校思想政治理论课教师使用的教学方法，62.7%的青年大学生认为，教学方法对自己的学习效果有很大影响，34%的学生认为有影响，仅有3.3%的学生认为没有什么影响。从讨论结果可以发现，教学方法对青年大学生学习思想政治理论课的实效是有重大影响的。因此，不断改革创新新时代高校思想政治理论课教学方法，应是每一位高校思想政治理论课教师不懈追求的目标。在讨论"您觉得什么样的老师，最能激发你上思想政治理论课的兴趣?"时，学生讨论的结果显示，高校思想政治理论课教师的年龄因素对青年大学生学习效果的影响不大，青年大学生更在意的是教师是否幽默风趣等因素。可见，无论是年轻教师，还是老教师，都不应该以"我太年轻了，没有经验，学生不会喜欢我"或者"我岁数太大了，跟不上学生的想法了，学生不会喜欢我"为理由来应付教学。教师应努力提升自身的幽默诙谐感，使青年大学生在轻松愉快中学习。

一堂高校思想政治理论课是否有吸引力关键在教师，教师是否有强大的人格魅力，是否具有深厚的理论修养，是否使用有效的教学方法，是否有高超的课堂掌控能力等，这些都直接关系着高校思想政治理论课教学能否达到目的。

因此，根据教师的自身特点和优势，改革创新新时代高校思想政治理论课教学方法显得尤为重要。

（一）从教师特殊性上改革创新

高校思想政治理论课的思想性、政治性和理论性决定着高校思想政治理论课教师队伍与其他公共学科、专业学科教师不同，它所具有特殊性，主要体现在以下几个方面。首先，马克思主义信仰和政治立场坚定。具有坚定的马克思主义信仰和坚定的政治立场，是成为一名新时代合格高校思想政治理论课教师的前提。习近平总书记在学校思想政治理论课教师座谈会上强调，要让有信仰的人讲信仰，高校思想政治理论课教师要善于从政治角度看问题，在大是大非面前要能保持政治清醒。习近平总书记的话语不仅深刻地揭示了高校思想政治理论课教师职业的特殊属性，同时也对高校思想政治理论课教师提出的根本要求。如果高校思想政治理论课教师心中没有对马克思主义的笃定信仰，就不可能用崇高的信仰来承载知识技能，当然就无法为中国特色社会主义事业培养合格建设者和可靠接班人。旗帜鲜明地坚定马克思主义信仰，毫不含糊、理直气壮地讲政治，是对每一名新时代高校思想政治理论课教师的基本要求。与其他专业老师相比，新时代高校思想政治理论课教师更要坚定政治信仰，树立正确的政治方向，不断加强政治眼光和用马克思主义理论、马克思主义中国化最新理论成果，尤其是习近平新时代中国特色社会主义思想武装自己的头脑，不断提升自身的政治判断力、领悟力和执行力，在学道、明道、信道的基础上向青年大学生讲道、传道。其次，新时代高校思想政治理论课教师要更加严于律己，始终坚持言传与身教的统一，做马克思主义的忠实信仰者和践行者。"师严，然后道尊，道尊，然后民知敬学"，教师的一言一行总是在潜移默化中影响青年大学生的认知和行为。同时，教师应具有高尚的人格，努力成为青年大学生为学为人的表率，才能受到青年大学生的喜爱和敬佩。再次，新时代高校思想政治理论课教师要有更深的情怀。作为一名新时代高校思想政治理论课教师，除了完成智育的教学任务外，更重要的是完成德育的教学任务，一个精神空虚、没有坚定信仰、没有思想和情怀的高校思想政治理论课老师，不可能塑造青年大学生的灵魂，引导青年大学生成为一个德智体美劳全面发展的人。新时代高校思想政治理论课教师不仅要有情怀，而且情怀要深，要有"虽不能至，心向往之"的追求，这种追求是"不忘初心、牢记使命"的家国情怀，是在凡尘俗世中对"诗与远方"的期待。基于思想政治理论课教师群体的特殊性，新时代高校思想政治理论课教师在选择使用教学方法授课时，必须认清自身教学工作的特殊任务和不同特点，清楚自己作为一名新时代高校思想政治理论课教师在教学工作中承担的当前具体任务和长远育人职责，科学地选择和灵活地运用教学方法。高校思想政治理论课不像其他一些专业学科，有很强的学科性和专门适用于本学科的特有的教学方法（物理化学的实验教学法），对于其他自然学科、社会学科的教学方法，可以借鉴，但更多的是采用高校思想政治教育特有的教学方法，其教学着眼于启迪人的心灵世界，建构人的生活方式，从而实现人的人生价值。最后，分享教学名师经验。教学名师是新时代高校思想政治理论课教师队伍中的佼佼者，在新时代高校思想政治理论课教师队伍建设中发挥着示范和引领作用。在教学实践中，教学名师的推荐选拔和宣传，有利于推进新时代高校思想政治理论课教学方法的改革创新。第一，孜孜不倦地探索高校思想政治理论课教学规律、不断改革创新高校思想政治理论课教学方法，是成为一名新时代高校思想政治理论课教学真正名师的两个重要方面。这种刻苦认真地钻研、孜孜不倦地探索精神以及积极进取、开拓的创新意识，对普通高校思想政治理论课教师具有感染和同化作用。第二，充分发挥新时代高校思想政治理论课教学名师的"传、帮、带"作用，各高校可以邀请教学名师开展名师示范课，使思想政治理论课普通教师近距离感受教学名师的风采，同时可以邀请教学名师进行教学专题讲座来进一步提高新时代高校思想政治理论课教师的教学水平。第三，充分发挥新时代高校思想政治理论课教学名师在科研学术上的引领作用。教学水平和教学质量源源不断地提升，要依靠坚实的科研成果的支撑。常言道：教而不研则浅，研而不教则空。所以新时代高校思想政治理论课教师运用要坚持以科研促教研，以教研促教改，教学科研相长是极其必要的。新时代高校思想政治理论课教学名师既可以给普通教师具体学术方面的指导，其自身散发出来的为学致精的学术精神更是可以传递给普通教师的宝贵精神财富。2013年以来，教育部每年在全国高校范围内开展高校思想政治理论课教师年度影响力人物推选活动，激励广大高校思想政治理论课教师践行立德树人的崇高使命。《思想理论教育导刊》编辑部对历年的年度人物事迹都设专题进行详细的报道，并对其中最具有影响力、教学效果极佳的部分教学名师的教学方法进行概括和举例，进一步发挥了高校思想政治理论课教学名师的引领作用，改进了高校思想政治理论课教学方法，提高了新时代高校思想政治理论课教学实效。一些新时代高校思想政治理论课教学名师运用网络技术开发的多种社交软件（微信、QQ、微博、云空间）和教学软件（超星学习通、智慧课堂、雨课堂），开展形式多样的教师与学生、学生与学生之间的互动，极大地丰富了新时代高校思想政治理论课的教学方法，使新时代高校思想政治理论课教学空间从二维的教室平面走向了三维立体的教学空间。例如，大连海事大学曲建武教授运用微信、QQ 群等交互性社交软件，长期深入细心地了解青年大学生的思想状态，把握新时代青年大学生的价值取向，针对性地开展思想政治教育工作，教育教学效果非常明显。东北师范大学孟宪生教授综合运用微信、博客、BBS 平台等创立主题为"中国之道"的信息交流平台，深入了解青年大学生的思想动向，进而有效地引导青年大学生明辨是非、爱憎分明。上海海洋大学董玉来副教授带领团队成员，通过建立虚拟教学班级、教师个人主页、特色栏目、教与学反馈系统等，形成了基于网络环境下的线上教学方法。上海大学马克思主义学院顾晓英教授首创"项链模式"教学方法，叩开了青年大学生的心灵之门。湖南大学马克思主义学院教授龙兵创设的"一景一主题"的移动课堂，合理搭建了高校思想政治理论课课程网络互动平台，大力加强教师与学生课堂外的交流互动，提升了整门课程的教学水平。从 1997 年开始，龙兵教授把高校思想政治理论课课堂放在了抗战遗址上、千年学堂里、名人雕塑前……1938 年被日军侵略者飞机炸飞的原址复建科技馆广场、岳麓书院、湖南大学自卑亭、中国巨型计算机之父慈云桂雕塑、奥运火炬传递长沙站起点爱晚亭、湖南大学图书馆遗址、新民学会旧址、第九战区司令部战时指挥部旧址……这些学校内外人文历史景点、红色教育基地都是龙兵教授思想政治理论课的讲台。将青年大学生置身于实情实景的实践教学法，再现历史场景画面，有利于在润物细无声的情境中感召青年大学生，让青年大学生明辨是非，坚定理想信念。

（二）从教学风格与教学艺术上改革创新

教师在长期教学实践中形成的自身特有的教学风采和风貌，就是教师个人的教学风格。一般而言，教学风格的形成需要经历三个阶段：从新教师初期的"老带新"模仿教学风格阶段，到根据自己性格特点、心理素质和特长等因素，选择适合自己教学风格的阶段，再到逐步形成和创新拥有自己独特教学风格的阶段。教师最终形成自己的教学风格，就意味着其教学个性化发展成为一种稳定的、一贯的态势，意味着其在教学艺术上逐步趋于成熟。教学风格反映的是高校思想政治理论课教师教学实践独有的个性化特点，主要可分为情感型教学风格、理智型教学风格、幽默型教学风格和自然型教学风格等。独树一帜的教学风格和精湛独到的教学艺术在思想政治理论课教学实践中的结合，无疑就是新时代高校思想政治理论课教师人格魅力和个体符号的一种展示。教学风格和教学艺术得以展现的桥梁就是教学方法，具体表现为教学设计、教学语言、教学工具、教学环境的创设、课堂掌控能力。每一位高校思想政治理论课教师的教学风格不同，往往在教学实践中就会偏重运用不同的教学方法，展现不同类型的教学艺术。性别、性格、仪容仪表、年龄、教学科目、教学阶段、学校等都是影响教学风格的重要因素。大体上，教学风格主要可归为四类：理智型教学风格、幽默型教学风格、平和型教学风格和情感型教学风格。偏于理智型教学风格的教师往往具有深厚的理论底蕴，主要喜欢采用讲授法开展高校思想政治理论课教学。在高校思想政治理论课教学过程中既可以旁征博引、引经据典，又可以做到逻辑清晰、深入浅出，既能够讲得有理有据，又能够用严谨治学的态度吸引青年大学生、感染青年大学生，使青年大学生在深入浅出中掌握知识、获取真理；偏于幽默型教学风格的教师往往最受青年大学生欢迎和喜爱，其在实践教学中往往会随机应变地运用生动幽默、风趣诙谐的语言，形象地描述和表达所要讲授的内容，在课堂气氛沉闷，学生学习积极性、主动性不高的时候，总会用幽默、诙谐、风趣的方法活跃课堂气氛、调动学生的学习积极性和主动性。幽默型教学风格的高校思想政治理论课教师，其教学方法和手段往往是灵活多样的，学生在轻松愉悦的课堂气氛中往往心情愉悦、乐于学习。幽默型风格的老师往往充满睿智又思维活跃，这种幽默的教学艺术不是媚俗、不是迎合、不是低俗、不是纯粹地为了娱乐而娱乐，而是一种恰如其分、如行云流水般自然得体的呈现。在这样的高校思想政治理论课课堂，青年大学生的主体意识、主体作用和学习积极性、主观能动性得到了最好地调动和发挥。偏于平和型教学风格的高校思想政治理论课教师讲课淳朴自如、亲切自然，在这样的课堂上没有激情四射、慷慨激昂的讲授，只有如涓涓细流般娓娓道来，如春雨般润物细无声地滋润着青年大学生的心田。教师不需要刻意地渲染课堂气氛，也不需要大费周折地调动学生的积极性，学生在一种平和、平等的气氛中被不由自主地带入教学情境中，在默默思考中咀嚼知识、吮吸养分、涵养理论、陶冶身心。偏于情感型的思想政治理论课教师，讲课时往往情绪饱满、激情饱满、生动具体。在教学实践过程中注重学生的情感体验，对学生充满关爱和尊重，讲到动情处，往往情绪高涨，慷慨激昂，扣人心弦，撼人心灵。记得笔者在上大学时，有一位被返聘的教授，就是这样一位情感型教学风格的教师，她在给青年大学生讲坚定"四个自信"、讲坚持中国共产党的领导、讲中国特色社会主义优越性、讲爱国主义的时候，每当讲到激动的地方，其掷地有声、激昂慷慨的语言、充满感染力和号召力的话语、对党、国家和社会主义炽热的情感都会使青年大学生产生强烈的情感共鸣，使青年大学生不由自主地被她的人格魅力所吸引，被她的满腔激情所感染，对于她讲授的内容笃信不疑。十年后，笔者和同学们谈起大学期间最难忘的老师时，我们没有任何迟疑地说出了教授的名字——冯云军。尽管冯教授当时只给我们上了一学期的

"毛泽东思想和中国特色社会主义理论体系概论"课，但是冯教授在课堂上讲到至情至真处的举止神态和话语音貌依然记忆犹新，在冯教授课堂上学到的知识和道理，足够学生受用一辈子。当然，教学风格对于教学内容的呈现也具有很大的影响作用，追求科学和理性的教师在教学中往往更加注重讲授教学内容的条理性和说服力。追求精神感染和情感陶冶的教师在教学中往往更加注重教学方法的艺术性和感染力。如何使青年大学生在教学过程中既有理性地思考，又能拥有情感地熏陶？需要新时代高校思想政治理论课教师既能根据自身的教学风格，合理高效地运用教学方法，又需要其能兼容并蓄地吸收其他教师教学风格的某些优点，进一步创新教学方法，提升教学能力，促进新时代高校思想政治理论课教学水平的提高。

（三）从教师个体特殊性上改革创新

每个教师都有自己的个体特性，个体特性背后则隐射着教师的教学理念。教学理念是教师在教学实践及教育思维活动中，对教育应然的理性认识和主观要求，是教师教育教学活动的思想指引，它影响和支配着教师的教学实践活动，尤其是教师的教学方法。可以说，有什么样的教学理念，就会有什么样的教学方法、使用什么样的教学手段，改进创新新时代高校思想政治理论课教学方法，以教学理念的发展、进步和更新为前提和基础。每一位高校思想政治理论课教师由于具有不同的教育心理特点和教学理念，因此，同一门课程选择使用的教学方法就不尽相同。例如，教师对高校思想政治理论课课程属性的不同认识、对青年大学生的不同认知、对高校思想政治理论课教学活动的不同认识等，最终会导致其运用不同的教学方法和不同的教学手段。比如，一些高校思想政治理论课老师比较认同传统的教学观念，这种传统的教学观念在其头脑中根深蒂固，影响至深，在他们的眼中学生就是纯粹的受教育的对象，学生主体意识不强，认为教学过程就是"因为教，所以学"，那么在教学实践中，这些老师往往就会更多地采用灌输式的教学方法。如果高校思想政治理论课教师具有现代的教学理念，就会肯定和认可青年大学生在高校思想政治理论课堂中的主体地位，会选择侧重于充分发挥学生学习的积极性、主动性，在教学实践中就会"基于学而设计教"，更多采用互动式、启发式、讨论式等多种教学方法。又比如对高校思想政治理论课课程属性的认识上，有的教师对高校思想政治理论课是落实立德树人根本任务的关键课程有深刻的认识，对高校思想政治理论课思想性、政治性、理论性和实践性的特征有清晰地把握。高校思想政治理论课教师树立了这样的教学观念就会力排众议、理直气壮地讲好思想政治理论课。在教学过程中就会坚持不懈地用习近平新时代中国特色社会主义思想铸魂育人，其选择的教学方法、使用的教学手段也会服从于这个课程性质。可如果高校思想政治理论课教师自身没有对高校思想政治理论课课程性质和重要作用有一个正确清晰的认识，其上课只能是"做一天和尚撞一天钟"，漫不经心、敷衍了事，其所选择的教学方法自然也是随机和随意的，不会精心设计、用心思考。教学理念除了对课程性质进行认知外，还包括高校思想政治理论课教师对教学活动的认知，如果教师认为自己的教学工作就是仅限于在课堂上讲课，那么，教师在课后就不会思考关于教学方法改进创新的问题，也不会对第二课堂和实践教学内容的教学方法进行深入的思考。然而，教师如果树立了一种全方位、全过程的育人教学观念，就会在课堂之外也重视对教学方法的思考，并对第二课堂和实践教学内容的教学方法进行不断的思考和创新。基于此，新时代高校思想政治理论课教师只有把握规律性、体现时代性、富于创造性，只有创新从传统"因为教所以学"转向"基于学而设计教"，从传统"因为教所以信"转向"基于信而实施教"的理念和模式，才能不断增强新时代高校思想政治理论课教学的针对性和实效性，才能让青年大学生真心喜爱并终身受用。

（四）从教师年龄因素上改革创新

实践证明：从幼儿园、小学，到初中、高中，再到大学，教学对象的年龄不同，教师采用的教学方法（教学设计、教学环境营造、语音语调、教学工具等等）往往也不同。正如不同年龄段的教学对象应该采用不同的教学方法一样，高校思想政治理论课教师的年龄因素在一定程度上也影响着思想政治理论课教学方法的选择与运用。联合国世界卫生组织在 2018 年提出新的年龄分段：18～44 岁为青年人；45～59 岁为中年人；60～74 岁为年轻老年人；75～89 岁为老年人。按照联合国世界卫生组织新的年龄分段标准，目前高校思想政治理论课绝大多数教师为青年教师和中年教师。基于此，探讨青年、中年教师运用创新思想政治理论课教学方法是重中之重。

青年教师教学方法的改革创新。由于各种各样的原因，当前高校思想政治理论课教师队伍建设的一个主要问题，就是一些思想政治理论课教师的专业性不强以及师生配比方面存在一定缺口。为贯彻落实《新时代高等学校思想政治理论课教师队伍建设规定》（教育部令第 46 号）中提出的高校思想政治理论课教师不低于 1∶350 的师生比要求，一大批硕士毕业和博士毕业的高学历人才加入新时代高校思想政治理论课教师队伍中，承担起了思想政治理论课教学和科研等各项工作。青年教师从担任思想政治理论课这一刻开始，就应该努力成为党的理论、路线、方针、政策的坚定支持者、拥护者和宣讲者，牢固树立"四个意识"，坚定"四个自信"，成为青年大学生健康成长的指导者和引路人。青年教师的教学观念、教学能力、教学方法、教学科研能力等因素都会直接影响青年教师教学的实际效果，而教学观念的正确与否、教学能力的高低、教学科研能力的强弱最终都会反映在青年教师的教学方法之上。客观上，高校思想政治理论课青年教师群体与中年教师、老年教师相比，具有很多优势：一是整体的学历层次（硕士、博士研究生）更高；二是思维更新、接受新知识能力更强；三是与青年大学生的年龄较为接近，师生之间的交流沟通比较容易；四是青年教师更容易接纳新兴事物，掌握现代教学手段和网络技术以及电脑操作能力强；五是积极进取、开拓创新意识强，具有极大的工作热情。这些优势都是高校青年思想政治理论课教师顺利开展教学工作，实现思想政治理论课教学目标的有利条件。但是，青年教师与中、老年思想政治理论课教师相比，也存在一些弱项，其中，最大的弱项就是绝大部分教师毕业于综合性大学，而不是师范类院校毕业，在大学学习期间没有机会进行专门的教学实践锻炼，因此他们的教学能力不强、积累的教学经验不足。此外，大多数高校思想政治理论课青年教师都是硕士、博士研究生，一毕业就进入高校从事思想政治理论课教学工作，其人生轨迹可以形象地描述为：前脚刚迈出一所大学的大门，后脚就踏入另一所大学的校门，并成为教师，这就造成新时代高校思想政治理论课青年教师人生阅历较浅、社会经验不足、立场不坚定。这些现象直接影响、制约了新时代高校思想政治理论课青年教师教学方法的改革和创新。新时代高校思想政治理论课青年教师应如何更好地选择和运用教学方法，除了教学内容、教学对象等诸多因素外，更应考虑自身的主观因素，应该充分利用自己的优势和特长、补齐自身的缺项和短板，向中、老年思想政治理论课教师虚心学习，不断提高科学、合理、正确运用思想政治理论课教学方法的能力，不断促进新时代高校思想政治理论课教学方法的改进创新。比如，青年教师在组织学生进行课堂互动或讨论时，往往会遇到一些意想不到的突发状况或者教师事先并没有"备"好的问题，这时青年教师可能会由于缺少教学实践经验和课堂把控能力而使教学陷入困境。为了避免这种情况，青年教师要在组织学生进行课堂互动或讨论前，就周密地进行教学设计，深入思考问题，不仅要"备"足、"备"够讨论内容，也要"备"好思维活跃的青年大学生，既充分了解和把握青年大学生的兴趣点、关注点和疑惑点，也结合当下国内外的时政热点、社会焦点问题，分析在互动或讨论中学生更可能提出的问题，并进行提前准备。同时，应通过与老教师沟通交流，学习应对课堂突发状况的经验。对于任何一种教学方法的选择和运用，青年教师都需要踏实地钻研、刻苦地学习、全面地积累，唯有如此，青年教师才能使自己尽快地成长，自信地站上讲台、享受讲台，收获为人师的幸福感和成就感。基于此，笔者向青年教师，推荐一个学习思想政治理论课教学经验，能迅速地提高自己教学能力的平台，即青椒论坛。"青椒"就是青年教师的谐音，"青椒论坛"是北京高校思想政治理论课高精尖创新中心举办的思想政治理论课教学系列讲座论坛之一。该论坛旨在吸收思想政治理论课青年教师中的佼佼者来参与讨论，分享其在思想政治理论课教学实践中的成功经验和心得体会。"青椒论坛"有两位固定的主持人和两位评议人，主持人是中国人民大学马克思主义学院副教授宋友文和兰州大学马克思主义学院书记蔡成文，评议人是兰州大学马克思主义学院王学俭教授和刘先春教授。论坛主题从"改革开放与思想政治理论课教育教学""不断提升高校思想政治理论课教学质量"到"思想政治理论课教学的历史视野"，每一期都有来自全国重点大学的青年学者参与讨论、分享经验，每期论坛都很精彩，对青年教师改革创新教学方法，提升教学能力具有重要价值。

中年教师教学方法的改革创新。相较于教师学历、人格魅力等其他因素的影响，教师年龄段因素对高校思想政治理论课课堂教学质量的影响尤其明显，高校思想政治理论课中年教师的课堂教学评价是在各年龄段教师中最高的，也是教学效果最好的。毋庸置疑，高校思想政治理论课中年教师是提高教学实效和开展教学理论研究的中流砥柱。追溯中年教师的成长历程可以发现，45~59岁年龄段的高校思想政治理论课中年教师，绝大部分是在 1977 年高等教育步入正轨后培养出来的师资力量，拥有稳定的教育教学思想和扎实的理论功底。经过多年教学历练和理论研修，大多数中年教师都具有了副教授以上职称，他们的教学经验丰富，科研成果也比较多；高校思想政治理论课中年教师生活阅历丰富、积累了丰富的教学经验、形成了自身独特的授课特点和教学风格；他们亲身感受了伟大祖国由贫穷到富强、由弱小到强大的历史阶段，是 40 多年改革开放取得辉煌成就的见证者和亲历者，具有坚定的马克思主义信仰，对党和国家具有深厚的情感，这些因素都是思想政治理论课中年教师相较于青年教师具有的优势。基于这些优势，大部分思想政治理论课中年教师具有更为坚实的理论基础和娴熟教学技能来选择和创新教学方法，能够从教学内容出发、从青年大学生的实际出发选择最合适的教学方法，例如，结合近现代史历史资料，尤其是改革开放以来发展史资料的史论教学方法。将自身耳闻目睹、亲身经历的事例融入思想政治理论课教学的"现身说法"教学方法。根据专业领域研究特长组建的教学团队采取的专题教学法等都能运用得恰到好处。虽然在教学方法选择和运用能力上，高校思想政治理论课中年教师普遍优于青年教师，但相较于青年教师，中年教师在教学方法改革创新等方面，在充分运用现代科学技术，尤其是网络新媒体技术等方面来改革创新教学方法上还存在一定的差距和短板。在实际教学活动中，部分中年教师习惯于自己经常使用的、教学效果较好的教学方法而怠于改革和创新，不愿尝试新的教学方法，学生换了一届又一届、教材换了一版又一版，可是那一套教学方法仍"换汤不换药""新瓶装旧药"。长此以往，中年思想政治理论课教师的教学方法就会逐渐失去光鲜亮丽的外表，只可"蔽体御寒"，毫无"舒适美观"可言。随着时间的流逝，老套的教学方法就会慢慢让青年大学生觉得上课索然无味、如同嚼蜡，激发不了青年大学生的学习兴趣，教学效果就会大打折扣。此外，在网络信息技术、多媒体的运用能力和对新兴电子技术捕捉的敏感度及学习能力方面，高校思想政治理论课中年教师明显弱于青年教师。同时，当代青年大学生作为网络"原住民"，每天在互联网世界冲浪，进行着大量的信息交换，其掌握的信息量是巨大的，而且信息更新速度相当快，中年教师如果不能将自己融入网络世界，获取源源不断的最新知识和信息，就会和当代青年大学生在思想、观念、语言上产生较为严重的脱节和隔阂，最终使教师的教与学生的学成为两条平行线。基于此，在互联网和新媒体时代，高校思想政治理论课中年教师应该清楚地认识到互联网的利与弊，进一步更新教学理念，不断提升利用互联网海量信息资源和技术服务于教学的能力，不断改革创新教学方法，进一步提高教学效果。

教师讲好思想政治理论课、用好课堂教学主渠道的关键，在于处理好教师教和学生学这对矛盾关系，教师的教居于教学过程中的主要方面，教师在教学过程居于主导地位。教师在教学活动中运用的教学方法，不是一种形式化的操作流程，也不是一种程序化的机械程式，而是集灵动与机智、理性与情感、真理与价值于一体的教学实践智慧。

三、依据教学对象改革创新

一个完整的教学过程就是以教学内容为媒介的教师和学生的双向互动活动，学生在教学过程中的参与程度，直接影响着教学成效。作为高校思想政治理论课教学活动中的教学对象——青年大学生，他们并不是思想单纯、情感简单的一无所知的孩童，也不是消极被动的教学内容接受者，学生会对高校思想政治理论课课程产生相互影响、相互作用和相互促进的积极作用。在高校思想政治理论课教学过程中，只有坚持以青年大学生为中心，密切关注当代青年大学生思想政治观念和行为出现的新变化及对学习思想政治理论课的新要求，注重从不同青年大学生的特点出发实施分类教学、因材施教，才能使新时代高校思想政治理论课教学得法、教学有效、教学有用。

（一）以学生主体地位为中心改革创新

新时代高校思想政治理论课作为落实立德树人根本任务的核心课程，教师在教学过程中应尊重青年大学生的主体地位，充分发挥青年大学生学习马克思主义、毛泽东思想和中国特色社会主义理论以及社会主义核心价值观的积极性、主动性和创造性。第一，新时代高校思想政治理论课教学要尊重青年大学生的主体地位，就要知晓青年大学生的需要。只有切实地从青年大学生的需要出发，青年大学生才会对思想政治理论课教学产生情感的共鸣和心灵的共振。意识形态性和政治导向性是高校思想政治理论课具有的鲜明特征，作为高校落实立德树人根本任务的关键课程，其必须满足党的需要，社会的需要，国家的需要，但满足党的需要，社会的需要，国家的需要的前提是满足青年大学生的需要。从某种意义上说，没有青年大学生需要的满足，就没有成功的思想政治理论课教学；没有成功的思想政治理论课教学，思想政治理论课的功能就不可能得到充分地发挥。从课程性质来看，青年大学生的需要就是新时代高校思想政治理论课教学的起点和落脚点，也是新时代高校思想政治理论课教学内容的构成，关系着新时代高校思想政治理论课的实效。青年大学生来自不同地区、不同家庭，有着不一样的经历、理想和价值追求，所以他们的需要也是多种多样、不尽相同的。例如，提升自我修养的需要，提高专业技能的需要，提高发展和创新能力的需要，交往交际沟通的需要，被尊重和认可的需要，实现自我价值的需要等。如此千差万别、多种多样的需要，在高校思想政治理论课教学中是不可能全部满足的，这就需要将青年大学生的需要进行归类和分层，从中剥离出青年大学生最真实的需要、合理的需要、健康积极向上的需要和占主导的需要。这些需要往往就是青年大学生在成长成才道路上要解决的困惑和问题，也是帮助青年大学生形成正确的世界观、人生观和价值观所必须弄清的问题。把握这些需要是新时代高校思想政治理论课教师有针对性地开展教学的坚实基点。否则，高校思想政治理论课教师教的，就不是青年大学生需要的，高校思想政治理论课教师讲的，也不是青年大学生愿意听的，这样高校思想政治理论课就成为"左耳进、右耳出"的经文。因此，高校思想政治理论课教学应充分尊重青年大学生的主体地位。第二，激发青年大学生学习马克思主义、毛泽东思想和中国特色社会主义理论以及社会主义核心价值观的兴趣。在高校思想政治理论课教学过程中，如何充分调动青年大学生的积极性、主动性，激发青年大学生学习马克思主义、毛泽东思想和中国特色社会主义理论以及社会主义核心价值观的兴趣，是新时代高校思想政治理论课教师必须认真思考和研究的重要问题。爱因斯坦认为，最好的老师就是培养学生的兴趣。19世纪伟大生物学家达尔文回忆：对他产生影响的，就是他强烈而多样的兴趣。沉溺于自己感兴趣的东西，达尔文了解到生物学领域任何复杂的问题和事物。如果青年大学生感觉到学习思想政治理论课是轻松愉悦而有收获的，就会持续地保持学习思想政治理论课的兴趣，有了学习的兴趣，就会更加持续而专心致志地钻研和学习，而在深入钻研和学习的过程中，又会有更多的收获和成就感，从而激发出更大的学习兴趣……如此发展，一个思想政治理论课教学过程的良性循环就形成了，一个教师乐教、学生乐学的良好教学环境也就营造好了，良好的教学实效也就水到渠成。但是，在高校思想政治理论课教学过程中，强调激发和调动青年大学生的学习兴趣也要注意讲究个"度"。思想政治理论课教师如果过度专注于课堂的教学效果，甚至于为了迎合、讨好学生，拿庸俗、低俗、无稽之谈当成有趣，那么在教学的过程中就很容易丢掉高校思想政治理论课的政治立场、政治观点，弱化高校思想政治理论课鲜明的意识形态性。这样的课堂尽管表面上看起来气氛热闹，师生其乐融融，但丢了高校思想政治理论课教学的核心要义，其结果只能是导致教学出现"仪式化"或"媚俗化"现象。

第三，给予青年大学生真正的话语权。给予青年大学生在高校思想政治理论课课堂上的话语权：一方面，要尊重和保障青年大学生在思想政治理论课课堂上表达自己的思想、观点和意愿，与思想政治理论课教师进行积极主动对话的权利；另一方面，要尊重和保障青年大学生对思想政治理论课课程内容的理解和质疑，对思想政治理论课教师权威的挑战和解构。在传统教学观念支配下，课堂的绝对主导权和权威都是教师，牢牢掌握着思想政治理论课课堂的话语权，学生的主体地位往往容易被忽视，因此，一堂课下来，教师讲得汗流浃背，学生听得"静悄悄"。师生话语权的这种失衡状态直接会使思想政治理论课课堂教学效果大打折扣。在这样的思想政治理论课课堂中，青年大学生被看成纯粹的理论知识的接受者，是教学中的被动客体。师生虽然同处一个课堂，相距咫尺，但是高居讲台的教师与静坐在椅子上的学生之间已经存在了一道厚厚的、无形的心灵屏障，没有了语言的交流和智慧的碰撞。客观上，在思想政治理论课教学的提问、讨论和交流的过程中，青年大学生思维敏捷、视角各异，可以拥有发声的机会。但在实际的思想政治理论课教学过程中，青年大学生的发声经常会呈现出两极的状态：一种情况是教师提出的话题，青年大学生很感兴趣或者进行了精心的准备，所以在发言过程中积极性高涨，发言的同学络绎不绝、侃侃而谈，而受到发言同学的启发或者被活跃气氛感染，一些原本没有打算发言的同学也会被调动起来，参与到热烈的发言和讨论中；另一种情况是教师提出一个问题并未得到学生们的呼应，整个教室一片沉默。此时教师如果点名式地叫同学起来回答问题，那回答问题的同学就会有一种被强迫的压抑感，很难真正地融入教师设定的问题场景中，这样的提问最终只会尴尬地草草收场。在思想政治理论课课堂教学中要真正地以青年大学生为中心，需要教师在课堂提问和讨论的过程中，通过启发、互动、交流等方式逐步唤醒青年大学生的主体意识，使青年大学生可以没有顾虑和障碍地表达自己的思想和观点，提出自己的意见和建议，流露出自己的真情实感。无论青年大学生的观点、意见是对还是错，都是青年大学生思想感情的真实流露，教师只有在课堂积极地发挥着鼓励、支持和引导的主导作用，让青年大学生感受到自身的话语力量，感觉到自己在课堂中不仅仅是被动地接受者和倾听者，更是主动的参与者和表达者，才能真正实现以青年大学生为主体课堂角色。

（二）根据当代大学生特点改革创新

俄罗斯教育家乌申斯基认为：从一切方面去了解人是一个教育家希望从一切方面去教育人的前提。高校思想政治理论课教师要成为教育艺术家，就必须热爱青年大学生，从一切方面去了解和研究青年大学生。不同时代的人有不同的发展际遇和不同的特点、需要。高校思想政治理论课教学方法要立足于不同时代的客观实际和现实问题，立足于教育对象的思想行为特点、认知特点和学习能力等方面进行改革创新，才能取得实效。

根据青年大学生思想行为特点改革创新教学方法。新时代高校思想政治理论课落实立德树人根本任务的前提是要有效地开展对教育对象——青年大学生的研究，思想政治理论课教师只有遵循大学生成长规律、认知能力和特点，才能把教学工作做到青年大学生的心坎里。只有既讲道理又解疑释惑，既有真理意蕴又有人格力量，才能确保新时代高校思想政治理论课教学的吸引力和感染力。世界经济全球化、政治格局多极化趋势日益加强，各种价值观念大碰撞、文化大交流；国内经济体制深刻变革、社会结构深刻变动、利益格局深刻调整、思想观念深刻变化；科技和网络信息技术的飞速发展，"00后"青年大学生的思想观念、性格特点、个体需求都发生了很大变化，并且其复杂性、行为选择的多变性日益增强。青年大学生的这些思想观念和行为特点，既是新时代高校思想政治理论课教学要面对地严峻挑战，又是新时代高校思想政治理论课建设难得的机遇。根据当代青年大学生的思想行为特点选择教学方法，既符合思想政治理论课教育教学发展规律，也是切实提升新时代高校思想政治理论课教学效果的必然之举。高校思想政治理论课教师只有全面、深入、持续地对青年大学生的思想动态进行准确把握；才能真正做到有的放矢，确保思想政治理论课的针对性，提高实效性，才能真正做到立言立行，实现思想政治理论课入耳、入脑、入心。分析当代大学生思想行为特点，探求与其契合的有效教学方法，是进一步提高新时代高校思想政治理论课教学效果重要途径。通过访谈交流和日常观察，笔者发现当代青年大学生思想行为具有以下几个特点：首先，思想意识多元化，既易起伏波动，又易引导纠偏。大学阶段是青年大学生形成正确的、成熟的世界观、人生观、价值观的重要阶段，是人生的"拔节孕穗"期，他们的心理还不成熟，情绪波动性比较大，可塑性非常强。青年大学生一旦经历或者听到、看到一些社会阴暗面或者遭遇失败挫折，思想上往往容易走向偏激，对问题"只见树木不见森林"，容易以偏概全，易轻视甚至否定自我，并对心目中一直奉行的正确价值判断标准产生怀疑甚至抛弃。特别是我国经济社会正处在深刻转型、社会道德观念趋于多元化时期，青年大学生在思想、价值观念上的困惑和矛盾明显增多。在价值判断与选择上，青年大学生并存着关心与冷漠，希望与困惑的心态。例如，跌倒老人要不要帮扶、爱心捐赠会不会成为他人牟利工具等。其次，自我意识增强，知行不能合一。当代青年大学生更乐于标新立异，追求与众不同的自我，思维和行动趋于"小众"化，更多注重"自我"的感受。对老师、家长传授的知识和道理更多时候持以怀疑的眼光，保持着将信将疑的态度，淡化、忽视朋辈间优秀典型的影响。喜欢依据自我的经验和感受来进行选择和抉择，自我意识增强，个人本位价值取向明显而集体观念、责任感有所下降。他们反感、抵制说教式、灌输式教育方式，更乐意于通过社会实践和自我探索来提升自我。此外，当代青年大学生由于所处的社会环境更为复杂，影响因素更为多元，因此在道德选择上容易陷入迷茫、困惑和彷徨，通常表现在将社会提倡的道德规范内化为自己的认知后，却不能外化为行为。再次，重视学习，功利取向明显。当代青年大学生更懂得学习的重要性和知识的价值，乐于学习、善于学习。但一些青年大学生学习的功利性比较强，只重视专业课而忽视公共基础课和思想政治理论课，不注重学习过程中对知识的积累，只注重与分数、就业有关的知识学习。一些青年大学生甚至在入党动机上，除了渴望向党组织靠拢、追求进步等主要动机外，还掺杂着增加就业竞争力和拓宽就业渠道，提升社会地位，工作后能赢得更多的晋升机会等功利性思想；在婚恋标准中，除个人感情因素外，对方的家境、家庭背景、个人工作单位和收入也成为重要的择偶指标。从次，竞争意识强，抗挫折能力差。当今青年大学生生活在物质资料更为丰富、精神关爱更为无微不至的家庭环境中，他们比"70后""80后"大学生具有更强的冒险精神和更为强烈的竞争意识，求胜心切，忧患意识缺失，情绪化倾向明显，很容易既"以物喜"又"以己悲"。当情绪失落的时候，当代青年大学生往往习惯于用一种伪装的积极情绪，掩盖自我的失意与失落；当情绪高涨时，他们又往往习惯于若无其事地伪装成冷淡、漠不关心的样子。这种"害怕被别人一眼看穿"的情绪，无疑也增加了当前高校思想政治理论课教学的难度。一部分青年大学生稍有不顺，即心灰意冷，甚至自暴自弃，一蹶不振。脆弱的心理素质与家庭的过高期望反差明显，出现心理问题又不善于排解和与人沟通，不愿意对朋友或者家人敞开心扉，这使得当代大学生成为心理障碍和心理问题的高发群体。

最后，信息获取有余，筛选能力不足。作为与互联网信息技术发展一起成长的一代，当代青年大学生是真正意义上的"数字原住民"，这一点在"00后"青年大学生身上更为明显。由于"00后"青年大学生出生、成长在互联网时代，自幼习惯于对互联网信息的获取、收集和消费。据有关资料显示：85%以上的"00后"青年大学生都使用过线上支付；84%以上的"00后"青年大学生对物联网、量子计算机、知识付费、人工智能、大数据、区块链等网络热词熟悉了解；"00后"青年大学生每天通过互联网在手机或电脑获取大量信息，尽情地在纷繁复杂的、令人眼花缭乱的网络世界冲浪。有研究者曾描述"00后"获取信息开始于指尖，并且认为"00后"是长在小屏幕上的一代人。越来越多的"00后"青年大学生能够利用互联网新媒体技术去补齐自己的短板和弱项，去寻找解决学习、生活中遇到的问题答案。但是，网络是把"双刃剑"，在良莠不齐的海量信息中，青年大学生筛选信息的能力还很弱，对纷繁复杂信息的理性看待和正确把握的能力亟待提高。自2018年开始，"00后"正式进入大学校园生活，由于他们是成长在移动互联网时代的新生代，未来将成为互联网行业消费的主力军，他们在总体上呈现积极向上、昂扬进取的精神风貌，但也在不同程度上存在多元思想观念和心理问题。

在科学分析和准确把握当代青年大学生思想行为特点的基础上，创造性地改革创新高校思想政治理论课教学方法，可以增强教学方法的针对性和实效性。具体而言，结合当代青年大学生的思想行为特点，可以从以下三个方面进一步改革创新新时代高校思想政治理论课教学方法：第一，"请进来"与"走出去"相结合，不断深化教学方法改革。开阔青年大学生视野、发挥道德模范引领作用和榜样示范作用，可以进一步筑牢主流意识形态阵地，加强社会主义核心价值观的思想引领作用。新时代高校思想政治理论课教学应积极把劳动模范、道德模范、行业专家、优秀校友、知名学者、教学名师等请进课堂，使青年大学生近距离接受精神的洗礼，感受到先进人物传递的正能量。同时，要开发适合当代青年大学生的教学方式，用活、用足教学资源，将思想政治理论课课程与课程思政教育教学相结合，将思想政治理论课真正讲到青年大学生的心坎上。此外，应坚持带领青年大学生走出去与送思想政治理论课教师走出去相结合：一方面，积极带领青年大学生走出校园，在社会实践中加强体验式教学，促进知与行的统一；另一方面，创建高校思想政治理论课教师进修、访学、实践考察的平台，提升高校思想政治理论课教师的理论修养和教学能力。第二，加大积极情感体验力度，加强抗挫折教育。在教学过程中，思想政治理论课教师与学生之间除了直接的师生关系外，更应该建立亲密的朋辈关系。思想政治理论课教师要针对青年大学生的思想行为特点，在教学过程中把握青年大学生情感心理变化规律，充分关注青年大学生积极情感体验和情绪的变化，要在充分了解青年大学生思想动态基础上进行顺情入理的课堂教学。在与青年大学生互动交流、沟通的过程中，从理智和情感层面升华对青年大学生的社会主义理想与信念教育，以积极、健康、稳定、高尚的情感去塑造青年大学生。同时，针对在教学中发现的青年大学生在学习、生活、物质、人际交往、就业等方面的压力，思想政治理论课教师应该用科学的方法帮助青年大学生疏导和消解，帮助青年大学生学会用思想政治理论课学到的知识去分析和解决问题，将课内知识与现实生活有机联系起来，改变错误的、片面的甚至偏激的认知结构，使青年大学生学会用更包容、轻松、睿智的方法来缓解压力、克服压力、战胜压力。第三，拓宽高校思想政治理论课的教学方式，提高教学的时效性。有效运用互联网技术、新媒体技术，以青年大学生喜闻乐见的方式，丰富和发展思想政治理论课教学方法。当代青年大学生可以通过微信、微博、微视、微课、网课、QQ、BBS、公众号等多种形式进行思想政治理论课教学内容的学习。教师可以推送微信公众号"人民网""共产党员""求是网"和"校园网"等给青年大学生，引导他们关注时政。新时代高校思想政治理论课教师应积极学习，主动提高自身驾驭网络信息技术、计算机新媒体技术的能力，充分利用手机终端构建班级或党支部的QQ群和微信群，实现对青年大学生思想动态的及时了解和掌握以及适时有效地教育引导。

根据青年大学生的道德认知特点进行改革创新。美国心理学家科尔伯格在分析、总结和吸收发生认识论和普遍道德心理研究成果的基础上，提出道德发展理论，他认为，道德在人的成长过程中可分为"三个水平六个阶段"：一是9岁之前的前习俗水平，在这一水平阶段，道德可分为惩罚与服从定向的第一阶段和相对功利取向的第二阶段；二是10岁至15岁的习俗水平，在这一水平阶段，道德又可分为寻求认可定向第三阶段（"好孩子"定向阶段）和秩序定向的第四阶段；三是 15 岁以后的后习俗水平，在这一水平阶段，道德又可分为社会契约定向第五阶段和原则或良心定向第六阶段。

20 世纪七八十年代，科尔伯格的道德认知理论被人们从道德哲学、社会学等多个视角进一步发挥、完善，形成了"新科尔伯格主义"，他们认为人的道德认知应当由道德觉察、道德价值的认知、道德观点的提取、道德推理、道德决定和道德的自知六个方面组成。根据"新科尔伯格主义"理论，当代青年大学生道德认知具有以下特点。一是从道德觉察来看，当代青年大学生拥有较为敏感的道德觉察，对社会、生活中常见的一些道德问题、道德现象、道德情境能敏锐地感知。二是从道德价值认知来看，当代青年大学生对社会公认的道德观念和道德价值能够准确地认同和把握，并能在具体生活、学习和工作情境中把握其要义，比如爱国、敬业、诚信、友善、勇敢、宽容等。三是从提取道德观点来看，当代青年大学生对他人道德的主张、道德观点在辨别和理解上存在着一定的困惑，一些青年大学生更愿意从自己的角度出发，而不善于设身处地地从他人的角度出发来思考道德问题，容易造成与他人交往的障碍和对他人道德认识的偏颇。四是在道德推理上看，当代青年大学生在对道德概念、内涵进行认知、判断和推理过程仅仅局限于逻辑判断，而缺乏价值判断与善恶判断的参与。例如，一些青年大学生认为，不管在什么情况下，能为朋友"义无反顾"的朋友，才是真正的兄弟，是真正的讲义气；又如，绝大多数青年大学生都知道应该树立正确的人生观，可是对于什么是正确的人生观、怎样树立正确人生观等问题缺乏清晰的认识和正确的行动。五是从道德决定上看，当代青年大学生在面临两难的道德情境时，往往更多的是站在自身的角度去做出最终选择和决定，在考虑他人、考虑集体方面稍微不足，而且这种决定往往是在"瞬间地冲动和想法"下做出的，较少考虑做出决定后会出现什么样的后果、有什么样的影响。六是从道德的自知方面来看，当代青年大学生对自己的言谈举止和品德品格状况，一般能有一个比较正确、客观的自觉反省和认识判断，同时对提高自己的道德素养有强烈的期待，但是往往自我约束力、行动力、执行力较弱。因此，他们对于提高自我修养往往最终停留在"想想而已"和"美好的自我期待"上。

通过以上分析，笔者认为根据青年大学生道德认知特点改革创新高校思想政治理论课教学方法可以从以下几个方面着手：首先，对于当代青年大学生在道德选择时经常出现两难抉择的一些问题，思想政治理论课教师可以选择情景教学法，在思想政治理论课课堂上分析和精选几个比较有代表性的问题，通过让青年大学生表演情景剧的形式亲身参与，帮助青年大学生在这个过程中感同身受地体会和寻找到此类问题的正确答案。比如，关于什么是勇敢、什么是诚信、什么是爱国、朋友犯法该怎么做、老人摔倒该不该扶等主题，可以让青年大学生分成若干个小组从写剧本到排练，再到班级展示或者录制视频，在整个过程中青年大学生的综合能力得到了提高，也在参与中有所思考和顿悟，提升道德认知能力和修养。其次，强化道德知识阐释，提高当代大学生对道德的理性认知。在高校思想政治理论课教学中，教师针对青年大学生在道德概念和意义的理解方面存在肤浅和模糊的状况，根据教学内容，可选择使用讲授法、互动式教学法和讨论式教学法以及启发式教学法，着重加强青年大学生对道德规范的内涵和外延的讲解，使青年大学生不仅知道什么是道德，而且要知道怎样去做，为什么要这样做。实践证明，对道德概念、内涵和理论深刻理解的过程，既是一个量的积累过程，也是一个质的提升过程。只有对较为浅显的道德知识、道德观点和道德理论有清晰地认识，才能在此基础上逐步深化对道德概念、内涵的理解和掌握，从而构建起清晰的道德概念、理论逻辑体系。最后，重视培养青年大学生道德思维方式。提升道德情操和道德修养，不仅需要青年大学生死记硬背一些道德概念和理论，更需要加强对青年大学生的道德养成教育，注重青年大学生日常行为的道德践履，不断提高青年大学生自身履行道德责任和义务的自觉性。因此，新时代高校思想政治理论课教师应多选择互动式教学法和实践教学方法，让青年大学生在实践教学中提高自己的道德思维能力和践行能力，做到"知行合一"。

根据当代青年大学生的学习特点改革创新教学方法。当代青年大学生，绝大多数是"00后"，是成长于互联网技术、新媒体技术迅猛发展的一代，与前几代大学生相比，当代青年大学生在其思想观念、行为方式、思维模式、价值取向、语言特点、个性心理都打上了鲜明的网络烙印。青年大学生在回答"如何看待新闻网站被屏蔽"这类敏感问题时，青年大学生在坚持正确舆论导向的同时，各抒己见，敢于直言，不人云亦云。这说明：当代青年大学生在认同、坚持马克思主义主流意识形态的指导地位的同时，其思想观念、道德标准和价值取向更趋多元化和个性化。由于互联网开放、自由的虚拟环境，既让当代青年大学生的自由、平等的价值观得到淋漓尽致地展现，同时也迎合了当代青年大学生的精神追求，拥有了更自由的精神和更开放的思想。网络信息化时代，互联网汇聚了全球各地的文化成果和即时性信息，成为巨大的虚拟图书馆和海量信息库。调查显示，当代青年大学生拥有更强的学习能力，更善于利用互联网技术和新媒体技术来自学，提升自己的知识水平和认知判断能力。而且当代青年大学生更加注重在学习过程中愉悦的情感体验，逻辑思维和形象思维能力更强，更喜欢通过案例、历史场景再现等直观的办法来学习和了解知识，不喜欢直接地理论灌输和刻板地说教。同时，我们也必须认识到，部分当代青年大学生尚缺乏良好的学习习惯和学习方法，喜欢碎片化、快餐式地零散地阅读学习，拥有获取丰富知识、提高学识涵养的美好向往。基于以上当代青年大学生学习行为特点，我们越来越发现，传统的教学方法、考核方法已经不能完全适应对当代青年大学生的教学，而且青年大学生把传统的教学方法和考核方法生动地描述为"鸭子模式"，即"课前赶鸭子""课堂填鸭子""期末烤（考）鸭子"及毕业后"变成金黄的板鸭子"。因此，在思想政治理论课教学过程中，思想政治理论课教师应注重用案例式、情景式、体验式、互动式等灵活多样的教学方法，并对新时代高校思想政治理论课的考试方法有所创新。结合当代青年大学生学习能力的特点，高校思想政治理论课教师要逐步把传统的"一张试卷定学习成绩"的考核方式转向形成性评价、理论考核与实践测评相结合、多主体评价相结合等方式。此外，随着经济政治全球化的进一步发展以及网络信息技术的普及，当代青年大学生越来越多地受到西方文化的影响，这种影响的深度和广度远远超越之前任何一代青年大学生，新时代高校思想政治理论课教师在教学过程中要高度重视这种西方文化对当代青年大学生的影响。

根据学生专业特色改革创新教学方法。从当前我国普通高等学校学科发展和专业布局的实际情况看，绝大多数普通高等学校的专业学科布局都已经较为成熟、布局较为合理，同时呈现向多学科、多专业方向发展的趋势。从当前普通高等学校思想政治理论课教学的实际情况看，尽管学生来自不同的学院和专业，但在实际教学过程中，大多数高校思想政治理论课教师对学生专业和学科特点的差异性并未给予较多的关注和应有的重视。然而不同专业的青年大学生由于知识背景、思维方式、专业积累等方面都存在着较大的区别，从某种意义上说，这些区别就决定了高校思想政治理论课的教学不可能一本教案、一种教法、一套模式，适用于所有学科、所有专业的全部班级学生。想要改变这一现状，高校思想政治理论课教师需要在思想政治理论课教学中充分关注学生的专业和学科差异，根据不同学科、不同专业的特点，采用不同的教学方法，以不断提升思想政治理论课教学的针对性和有效性。在实际教学过程中，教师可以针对不同学科、不同专业的学生，选择使用选择分类教学方法。选择分类教学方法在教学理念上就是坚持因材施教的原则，在教学关系上就是充分尊重青年大学生的个性化需要。根据不同学科、专业大学生的知识结构、学科专业特点和思维方式等因素，将学生分成不同的大类，并在此基础上有针对性地整合思想政治理论课教学内容、选择教学案例，灵活运用不同教学方法，以增加思想政治理论课教学的针对性和实效性。首先，分类教学法生动地体现着因材施教的教学理念。因材施教是中国古代社会形成的优秀教育理念，从孔子提出"视其所以，观其所由，察其所安"，到孟子主张对学生"教亦多术矣"；从宋代朱熹因人性"禀气有异"提出教育"必尽人之材"，再到明代王守仁的"教无定法""因人而施"，因材施教教育理念得到了历代教育家思想家的践行和发展，成为中国历代教育教学过程中遗留下来的宝贵思想财富。因此，根据不同高校、不同学院、不同学生的学科专业特点和思维方式、知识水平等要素，划分教育对象并实施分类教学，就成为新时代高校思想政治理论课教学过程中沿袭因材施教理念的可行方案。其次，分类教学法在教育关系上尊重了青年大学生的个性化需要，能满足青年大学生个性化的需求。美国教育心理学家奥苏伯尔认为学生学习和接受新知识与学生原有的知识体系和认知结构有重要关联。以不同专业学生语言认知存在差异性举例，不同学科背景学生对思想政治理论课的学习习惯、思维方式等均有所不同。访谈中发现，文科生"觉得思想政治理论课内容较熟悉"的占44%，而理科生则为14.6%；文科生"感觉思想政治理论课教学内容学起来相对轻松的"占74.3%，而理科生则为11.2%，甚至有的学生形容这"比登天还难"。因此，思想政治理论课教师在教学过程，根据文科、理工、农医科、艺术体育等不同专业背景大学生特点开展教学活动，可以使新时代高校思想政治理论课教学真正地"活起来""火起来"和"动起来"。例如，针对理工科、农医科、艺术体育类青年大学生，需要在思想政治理论课教学中适当增加传统文化、人文情怀、艺术素养的教学内容；针对文科类青年大学生，需要在思想政治理论课教学中适当增加逻辑教学、理性教育等内容。

第五节　高校思想政治理论课教学方法改革创新案例

高校思想政治理论课作为落实立德树人根本任务的主渠道和主阵地，承担着对青年大学生进行普遍马克思主义理论和社会主义核心价值观教育的任务，在为社会主义培养合格建设者和可靠接班人方面具有重要作用。"05"方案要求加强高校思想政治理论课教学方法的研究，不断改革创新教学手段，以增强高校思想政治理论课教学实效。2019年习近平总书记在学校思想政治理论课教师座谈会上提出"八个相统一"方法论，以指导新时代思想政治理论课建设，不断增强思想政治理论课的思想性、理论性和亲和力、针对性。广大高校思想政治理论课教师遵照"05"方案以及习近平总书记重要讲话指示精神，对高校思想政治理论课教学方法进行了深入的研究与实践，探索出一些行之有效的教学方法。

一、互动式教学法

互动式教学法是指教师与学生之间、学生与学生之间在多边互动教学环境中平等沟通交流、探讨碰撞不同的思想观点，进而激发教师教与学生学的积极性、主动性和创造性，达到提高教学效果的一种教学方式。互动式教学法是"以生为本"教学理念的体现，是新形势下进一步深化高校思想政治理论课教学方法改革的新趋势。高校思想政治理论课教师在教学过程中有效地运用互动式教学法，有利于充分发挥教师的主导性和学生的主体性，使新时代高校思想政治理论课课堂"活"起来，也有利于增强新时代高校思想政治理论课教学针对性、亲和力、感染力。由于"毛泽东思想和中国特色社会主义理论体系概论""思想道德修养与法律基础"等各门思想政治理论课课程的教学要求、教学目标具有差异性，因此在何时运用互动式教学法、如何有效运用互动式教学法方面存在较大差异，故不宜对互动式教学法做具体的、机械的、程序化的讨论，现侧重从综合性角度探讨在高校思想政治理论课教学中怎样运用互动式教学法的问题。当然，要将互动式教学法成功地运用于教学课堂，并非易事，它需要教师拥有先进的教育理念、丰富的知识储备、扎实的理论功底和高超的教学能力。否则，很容易走向互动幌子下的"放羊式"教学误区以及不加以区分课程内容、性质，一味追求"活跃气氛"的互动式教学等。

（一）互动式教学法的内涵及其基本特征

互动式教学法可以从广义和狭义两个层面理解。广义的互动式教学法，是指一切与学校教学相关的相互联系、相互影响和相互作用的行为方式，主要包括课堂互动和课外互动两种形式。例如，学生作业互动、师生信息反馈互动、师生测评互动、集体备课互动、讲课及评课互动等。狭义的互动式教学法，是指教师与学生之间、学生与学生之间在教学课堂上发生的各种性质、各种程度、各种形式的相互影响和相互作用的行为。在高校思想政治理论课教学过程中，互动式教学法主要是教师为教学课堂营造的一个真诚、愉悦、轻松、和谐的多元互动环境，教师与学生之间、学生与学生之间通过平等地沟通交流、协同合作，发挥教师积极教和学生主动学的两个作用，促使学生积极主动参与课堂学习，不断拓展学生的思维方式，提高学生的思维能力，从而有效地完成思想政治理论课的教学任务。互动式教学法既不同于以教师为中心的传统"填鸭式"教学法，也不同于以学生自由学习的"放羊式"教学法，它要求高校思想政治理论课教师既要关注学生学习兴趣、关切国际国内时政热点、关注社会民生焦点，也要求学生在教师的精心指导下按教学计划进行有针对性的学习。

互动式教学法的基本特征有四个。一是多元的教学形式。互动式教学法不同于传统教学课堂：教师一人在三尺讲台上滔滔不绝地唱独角戏，所关注的局限于教材课本、黑板而非讲台下的学生群体，偶尔提提问，学生若无应答，教师就自问自答。在互动式教学过程中高校思想政治理论课教师除了讲深、讲透教学内容外，应适当组织学生开展案例研讨、疑难分析、主动发问、小组讨论、抢答比赛、个人演讲、课堂辩论等活动，使高校思想政治理论课课堂呈现多样化的教学形式。二是广泛的教学内容。教材是运用互动式教学法的载体，但互动式教学法不仅局限于教材的教学内容，高校思想政治理论课教师可以紧扣教学目标，结合教学重点、难点，针对青年大学生关注的国际国内时政热点、社会民生的焦点问题开展教学活动。同时，教师还可以设计、提出与思想政治理论课教学内容相关的其他知识，让青年大学生通过收听广播、收看电视、借助电脑、手机以及多媒体在课前对相关知识进行搜索查询，然后留出一定的时间让学生在教学课堂上充分表达自己的想法和观点，并积极组织与同学交流、互动，从而丰富和拓展教学内容，弥补和充实课堂教学内容的不足。三是多向性的教学交流。观点分享，案例分析，课堂辩论，小组讨论，线上参评和社会实践等，都是互动式教学法通常采取的教学形式，这极大地推动了思想政治理论课教师与学生、学生与学生、师生与新媒体等多向教学交流互动活动，扭转了高校思想政治理论课传统的教师单向交流的教学局面，使学生学习的灵活性、多样性和自主性得到充分的体现。教师与学生之间的交流互动，一方面可以减少学生无效学习理论知识的时间，另一方面又有利于促进师生之间的教学相长。学生与学生的互动交流，既有利于学生取长补短，又有利于学生之间在团结协作的互动活动中增进相互的了解。学生与媒体的互动，既增加了学习的直观性，便于理解和记忆知识，又让学生从电脑、智能手机等高科技媒体上学到书本没有的知识，有利于完善知识结构和扩大自己的视野。四是交融性的教学情景。在运用互动式教学法过程中，情感因素发挥着积极的作用。高校思想政治理论课课堂不仅仅是马克思主义理论知识的传授过程，更多的是教师与学生、学生与学生之间的情感交融过程。高校思想政治理论课教师要通过创设一定的教学情景，把学生带入特定的情景中，以情动人、以情育人、情景交融、情景入戏，在引导学生学习基本理论、原理等知识的过程中，通过创设的特定情境，不断深化学生对理论、原理知识的理解，提高学生分析问题、解决问题的能力，提高学生自主学习的能力，积极探索开拓创新的能力，社会实践的能力和人际交流应变的能力以及明辨是非的能力，让学生在积极的情感体验中不断地面临新问题和新观点的刺激，从而使每一节课都有新收获、新感觉、新体验。

(二) 互动式教学法改革创新必要性

互动式教学法运用于新时代高校思想政治理论课课堂教学，一方面可以缓解传统教学方法下高校思想政治理论课面临亟待解决的问题；另一方面互动式教学法与高校思想政治理论课教学具有高度的契合性。

客观地说，改革开放以来，特别是党的十八大以来，高校思想政治理论课教育教学改革创新取得了很大的成就。在落实立德树人根本任务，贯彻党的教育方针、政策和路线，引导大学生坚定中国特色社会主义道路自信、理论自信、制度自信、文化自信等方面，新时代高校思想政治理论课发挥着主渠道、主阵地的作用。然而部分青年大学生对思想政治理论课并不感兴趣，觉得"无用"，对待思想政治理论课的态度比较消极，学习动力不足，甚至反感、抵触等，出现了"上好公共课难，上好思想政治理论课更难"的尴尬局面，其原因有以下几点：一是一本教材、一套教案、一种"灌输式"教学方法的传统教学模式依然存在。高校思想政治理论课"灌输式"传统教学方法的一个显著特点就是教师注重滔滔不绝地讲授，轻视或忽略学生学习的积极性主动性以及学生积极主动参与的意愿；过多地关注学生学习的结果（成绩），轻视或忽视学生的学习过程。在课堂教学过程中学生只是一个被动的认知体，不会积极主动地回应教师在课堂教学中言行，教师与学生之间仿佛存在一道障碍，既没有"渔歌互答"式的交流，也没有"遇疑解惑"般的合作，整个教学过程缺乏互动性、交流性、生动性，学生的学习兴趣不浓。二是随着科技和网络信息技术的发展，新媒体（短视频、投影仪、微信、微博）等现代化教学手段在高校思想政治理论课教学中的独特优势越来越明显，但很多高校思想政治理论课教师只能简单、机械地运用多媒体，难以有效地兼顾教师与学生之间、学生与学生之间的交流互动。绝大多数高校思想政治理论课教师认为，思想政治理论课课时较少，教学内容太多，在课堂上开展互动式教学，会影响教学任务的正常完成，这种客观因素是存在的；但更多的是主观因素，高校思想政治理论课一般是合班课，上课学生人数多，课堂教学组织能力，尤其课堂上对学生的把控能力不强，怕造成课堂教师与学生，尤其是学生与学生之间互动失控，课堂秩序紊乱，场面难以控制。当然也有少数高校思想政治理论课教师只注重教学内容的设计，不太关注教学方法的总结分析和研究以及在教学实践中的运用。三是部分高校思想政治理论课教师只注重传授和解读马克思主义理论知识，忽视培养青年大学生的情感、态度和品行，从而打击了青年大学生学习马克思主义理论的积极性、主动性，消解了青年大学生学习马克思主义理论的兴趣。部分高校思想政治理论课教师只重视对书本知识的讲授，忽略了对理论知识的运用，重理论阐释、轻实践体验，缺乏适时地将青年大学生关注的国际国内时政焦点，当今社会民生热点以及政治社会敏感问题贯穿于高校思想政治理论课的教学中，有效地组织学生开展课堂讨论，正确引导学生分析、看待这些焦点、热点和敏感话题。四是教学目标缺失。通过课堂教学，高校思想政治理论课教师想要或需要达到的教学目标，主要包括知识与技能目标，过程与方法，情感态度价值观三方面。这三个方面的教学目标不能成功实现，取决于多方面因素，但是其中一个重要因素就是大多数高校思想政治理论课教师在课前着重备教材，在课堂上只重视知识的讲授，认为只要把教学大纲要求的教学重点、难点、疑点讲清楚了，教学目标就实现了，轻视或忽视了教学过程与方法目标以及情感态度价值目标。无论是面向高职生或全日制本科生、专科生，文科生或理科生、工科生，教师都只有同样的教案，讲授同样的知识内容，完成同样的知识教学目标，因而影响了思想政治理论课教学的感染力和说服力。五是评价体系不科学。目前，很多高校思想政治理论课教得怎么样、学生学得怎么样的评价方式仍然还是一张试卷、一个分数，即学生学习思想政治理论课课程的成效等于平时成绩加期末考试成绩，这个考核公式看似公正、客观，但是并不科学。因为教师给予学生平时成绩的考核依据，主要是学生出勤情况和完成书面作业情况。因此，有的学生为了点名不缺席，人虽到了课堂，但心不在课堂上，可能是在课堂上玩手机，看其他书籍或做其他事情的现象经常发生，有的甚至为了应付教师点名，还特意请其他同学冒名顶替。学生上交作业的答案也是大同小异，不少学生直接抄袭网络上的现成答案，部分教师也主要是在乎学生上交作业的次数而非质量。因此，学生只是被动地应付学习。有的教师在期末考试前，还会划定考试范围，勾出考试重点，学生为了考试过关，要么苦战几天把考试重点背下来，要么把考试范围内容抄下来，带到考场舞弊。这样的评价体系显然与高校开设思想政治理论课的宗旨不相符，难以发挥思想政治理论课落实立德树人根本任务关键课程的作用。

互动式教学法与高校思想政治理论课教学具有高度的契合性。高校思想政治理论课是落实立德树人根本任务的关键课程，是一门实践性很强的课程。实现高校思想政治理论课教学目标，单靠灌输式地讲解理论知识是难以有效达到的。而互动式教学法要求师生关注社会热点，直击生活现实，质疑焦点问题，注重培养学生的创新精神和思辨能力，为师生创设一个互动空间，让学生真正成为学习的主角，在师生互动、学生互动中感悟真善美，对学生进行科学的世界观、人生观、价值观教育，故互动式教学法与高校思想政治理论课教学具有高度契合性。这具体体现在：第一，互动式教学法有利于调动青年大学生学习马克思主义理论的积极性主动性。互动式教学法的显著特点就是教师与学生之间、学生与学生之间在教学过程中共同组成了一个多边的互动形式，彼此通过平等地交流、讨论，实现教与学的目的。互动式教学法的优势在于以培养学生综合素质和综合能力为宗旨，以培养学生发现问题、分析问题和解决问题为核心，既要求学生在教师的精心组织下，切实按照教学计划的要求积极、主动地学习，也要求教师针对学生的课堂反映，调整教学内容和方式，培养学生的学习兴趣，提高学生的动手和动脑能力。第二，互动式教学法有助于学生更加理性地坚定正确的政治方向。"00后"青年大学生出生在互联网时代，成长于新媒体普及的网络信息时代，青年大学生的绝大部分课余时间是在智能手机、电脑等网络空间度过的。由于青年大学生身心发展尚未完全趋于理性，政治立场不坚定、价值观念不稳定，在网络上很容易受到西方多元文化思潮的影响，进而对中国选择社会主义道路、坚持马克思主义指导思想、实行社会主义制度、继承中国优秀传统文化的必然性存有疑惑。倘若在思想政治理论课课堂上，教师仍旧采用以往说教式，生硬机械地理论灌输手段，现代青年大学生是很难接受的。只有让青年大学生积极主动地参与互动教学，通过师生、生生多边的民主、自由、平等、开放的沟通对话、辩论碰撞，对古今中外社会制度进行多方位、多层面地纵向、横向思考交流、讨论辩论，对新、旧中国社会进行比较，尤其是改革开放以来社会主义现代化建设取得的巨大成就，摆事实、讲道理，才能真正让青年大学生明辨是非，从内心深处认识和领会中国共产党为什么"能"，马克思主义为什么"行"，社会主义为什么"好"。通过这样的互动式教学，青年大学生既坚定了走中国特色社会主义道路、坚持马克思主义指导思想、实行社会主义制度和继承弘扬优秀传统文化的自信，又可以起到释疑、解惑和明理的作用。在使用互动式教学法进行思想政治理论课教学的过程中，教师可以随时关注青年大学生的课堂学习态度和动机，有效地了解和掌握学生思想活动状况，对讲授的理论知识重点、难点、疑点以及与之相关联的时政热点焦点问题进行交流与诠释，让课堂有讲、有议，有争、有论，有情、有义，有血、有肉，从而激发青年大学生学习思想政治理论课的兴趣。同时，学生学习的强烈兴趣和高昂激情又会反作用于教师的教学热情和激情，实现"教"与

"学"的良性循环。实践证明，互动式教学不但能充分调动学生学习的积极性、主动性和创造性，还能促进教师自身教育教学业务水平的提升。因此，将互动式教学法运用于新时代高校思想政治理论课教学中，可以进一步增强新时代高校思想政治理论课的思想性、理论性、亲和力、针对性和实效性。

（三）互动式教学法改革创新方略

新时代高校思想政治理论课教师运用互动式教学法，要达到教与学统一、教与学沟通、教与学相长的目的，就必须在高校思想政治理论课教学实践中总结经验，进行改革创新。

1. 基本原则

改革创新互动式教学法需坚持主体性、民主性、问题性、鼓励性、全面性和创造性等原则。

主体性原则，是指高校思想政治理论课教师在教学实践过程中，要严格遵循教育教学规律以及新时代青年大学生的认知规律，改变过去单纯由教师占主导的"一言堂""满堂灌"做法，充分尊重青年大学生的主体地位，发展青年大学生的主体性，把青年大学生真正置于教学活动的主体和中心地位。从青年大学生的需要和实际出发，根据教学目标，教学内容、重点、难点，教学原则的具体要求，设计、组织、实施教学活动，以主体性教育方式培养主体性的学生。教学的主体性主要体现在以下两个方面：一是学生的主体性，即学生学习的积极性、主动性和学生参与课堂教学的态度、热情程度；二是教师的主体性，即教师引导、设计、调控和评估课堂的主体性，二者相互影响、相互作用、相互促进、必须兼顾。互动式教学要取得实效，不仅要求教师自己能够讲，讲得生动精彩、讲出风格，而且还要安排一定时间给学生讲，讲出内心世界、内心想法、内心情感，讲得真实动情；学生不仅要专心致志地听，还要在课堂上滔滔不绝地讲；不仅要求学生积极主动地参与课堂教学，而且要求教师精心引导、设计、指导学生参与教学活动；师生不仅要共同经历教学活动过程，而且要对教学活动产生顿悟，提出问题、形成观点、创设意义。因此，只有师生双方主体在课堂教学过程中充分发挥积极性和主动性，才能够在高校思想政治理论课中形成有效互动，达到观点的分享、心灵的激荡、思想的碰撞，最后产生出思想的"火花"。

民主性原则，是指教师与学生之间、学生与学生之间在高校思想政治理论课教学中，建立的相互尊重、相互信任、相互平等、相互协作的关系和氛围。坚持教学过程民主性原则，一是要坚持以学生为本，把理想价值与现实价值、学生人格尊严相结合，把强化理论认知、认同与学生现实需要、合法权利相结合，把一次性考试的教学评价与学生创造性、个性发展相结合。二是师生间要注重从知、情两个方面构建平等关系。教师与学生之间要相互学习、取长补短，相互切磋、启发促进，相互鼓励、教学相长。三是要给予学生在课堂教学过程中自由和全面发展的机会。高校思想政治理论课教师要毫不犹豫地转变传统教学中的"话语霸权者"或"一言堂"角色，构建与学生真诚交流、平等交往，共同探究真理的朋友关系，使教师与学生之间原有的"权威—服从"关系转变为"指导—参与"的关系，使教学课堂成为教师与学生平等交流、协调互动的舞台，让教师与学生在教学中充分、全面地体验到平等、自由、友好、愉悦、和谐的氛围。

问题性原则，是指高校思想政治理论课教师在教学过程中以问题、疑问为线索，依据教学大纲、教材内容，指导学生不断探究新知识、探索新实践。问题性原则是马克思主义实践观在高校思想政治理论课教学中的具体运用，是高校思想政治理论课教学实践的本质需要。高校思想政治理论课教师在教学过程中坚持问题性原则，需要转变教学理念，探索新的教学方法，坚持以学生学习生活和社会民生发现的问题为中心，坚持以提出问题、分析问题和解决问题为主线，通过教师向学生发问和学生向教师"质问"的方式，提高学生全面看待问题、分析问题和解决问题的能力，培养学生正确的世界观、人生观、价值观和政治信仰，从而达到高校思想政治理论课教学的实效性目的。

鼓励性原则，是指高校思想政治理论课教师在教学过程中，应及时捕捉、把握学生的心理感受，恰当地鼓励学生独立思考、独立分析、勇于质疑、大胆提问、积极发言，及时肯定和鼓励学生在学习过程中产生的积极情感和主动行为。互动式教学法中的鼓励性原则着眼于学生的全面健康发展，在高校思想政治理论课教学过程中要求教师不仅要理解学生、尊重学生和关心学生，而且还要教育学生、引导学生和鼓舞学生，最大限度地激发青年大学生的学习热情和激情，培养大学生乐观向上、自信担当的人生态度。为此，高校思想政治理论课教师要针对不同的青年大学生的特点和需要，采取不同的鼓励、激励方式方法，做到因人而异、因事而谋、顺势而为，让学生全面地认识自我，并学会发现自己的长处，学会创造机会，以及利用机会充分展示自己的潜能和长处，从而实现人生的价值和目标。

全面性原则，是指高校思想政治理论课教师在教学实践中要注重教育教学全面、协调、整体统一推进。坚持全面性原则，教师必须把握以下几个方面：一是要注重对青年大学生综合素养的培养，即教师在传授理论知识的过程中，要注重青年大学生认知技能、探索能力，竞争协作意识和高尚道德情操以及学生情感的均衡发展,使青年大学生的语言表达、参与合作、思维应变能力得以全面提高。二是要积极创造机会和条件让全体学生参与到思想政治理论课教学中,强化青年大学生的互动、平等、交流和合作意识,让青年大学生体验到参与其中带来的满足感和幸福感。三是教师要拥有渊博的知识。坚持互动式教学法的全面性原则,不仅要求高校思想政治理论课教师具备扎实的专业知识技能、深厚的理论功底,而且要求高校思想政治理论课教师要具有教育学、哲学、文学、心理学、艺术学、法学、史学等学科知识素养。正如习近平总书记强调:在过去,要给学生一碗水,教师要有一桶水;现在看,要给学生一碗水,教师要有一潭水。高校思想政治理论课教师不能局限于做一名"专家型"教师,还应当主动争做一名"万事通"的咨询者。同时,高校思想政治理论课要积极指导学生通过电脑、手机和互联网等方式查阅相关资料,或者研读与教学内容相关的经典著作、期刊,以扩大知识面,以便在课堂上更为主动、积极地参与互动,提高学习的自信心和表现力。

创造性原则,是指培养青年大学生创造性思维能力,造就具有科学理论知识的创新型人才,这是新时代高校思想政治理论课教学肩负的重要任务。因此,新时代高校思想政治理论课教师在教学过程中,要注重学生积极主动地获取知识,培养学生开拓创新精神和社会实践能力,要对学生提出的观点、看法给予关注、分析、引导,提高学生提出问题、分析问题、解决问题的能力,使学生通过参与思想政治理论课课堂教学互动,步步洞察思想理论的精髓,解读真理的要义,汲取真理的精华,感悟真理的力量,促进学生全面发展,使学习成为其活泼愉悦而富有个性地成长过程。

2. 主要形式

教师要成功运用互动式教学法于新时代高校思想政治理论课教学,就必须不断改革创新几种互动形式。

改革创新教师与学生之间的互动。高校思想政治理论课教师的教与学生的学,是互动式教学法的基本特征。教师是高校思想政治理论课教学互动的引擎,学生是高校思想政治理论课教学互动的主体,教师和学生在人格上是平等的,交流是开放的,发言是自由的。教师与学生之间的互动式教学包括两种类型:一种是教师与学生个体之间的互动,即教师面向一个学生提问,同时学生也可以向教师提问。教师既可以随时进行演示、展示或表演的双向互动,也可以由思想政治理论课教师在每节课或某个专题结束前,安排一定的时间进行集中互动,常见的有对话式、提问式、交流式等方式。另一种是教师与学生群体(班级全体学生、小组全体学生)之间的双向互动。由于参与双向互动的学生人数比较多，思维比较灵活，教学秩序比较难把控。因此，高校思想政治理论课教师要么在互动前进行分组，要么根据教学任务，临时指定部分学生参与互动。采用教学群体性互动，需要教师在课前进行充分的备课、广泛的收集资料、科学的设计互动环节，练就稳重的心理素质、敏捷的应变能力等。

学生与学生之间的互动，是指在高校思想政治理论课教学过程中，相对独立的学生个体之间在学习过程中相互影响、相互作用的一种合作学习方式，它既是学生人际关系在学习活动中的反映，又是学生学习实践的形式。良好的学生与学生之间的互动，不仅可以增强青年大学生的合作意识，培养青年大学生团体精神，而且有利于提高青年大学生学习思想政治理论课的积极性、主动性和创造性，提高青年大学生收集、归纳、整理信息的能力以及分析、辨析信息的能力。高校思想政治理论课教师在学生与学生之间的互动过程中，要当好发动者、组织者、领导者和裁判员，担当起一个发起、组织、维持、辅导、裁判的角色。因此，高校思想政治理论课教师要在课前认真备课，仔细筛选、设计好互动内容；深入全面了解青年大学生的个性、特长、兴趣、知识结构和交际能力以及应变能力等。在教学过程中，高校思想政治理论课教师还要做好课堂组织和协调工作，及时应对、处理课堂突发事件。与此同时，青年大学生要在教师统一安排部署下，积极主动地参与需要师生互动合作共同完成的教学任务，要积极承担个人职责，做到课前预习、课中交流互动、课后反思总结。有效的学生与学生之间的互动，能最大限度地发挥青年大学生学习思想政治理论课的积极性、主动性和创造性，达到自我教育、自我管理的目的。在教学互动过程中青年大学生之间真诚、坦荡地相互沟通交流个人的思想观点、自己的处世经验以及世界观、人生观和价值观，高校思想政治理论课则成为"心灵"的课堂，即青年大学生在课堂互动过程中产生观点，通过交流，再产生思想的碰撞。这样的高校思想政治理论课课堂，不仅有利于形成班级凝聚力和向心力，而且有利于增强青年大学生的大局意识、服务意识、责任意识。

师生与媒体之间互动，是指高校思想政治理论课教师在开展互动式教学过程中，重视对互联网教学资源的开发和利用，这是新时代高校思想政治理论课教学改革的一个基本趋势。与高校思想政治理论课传统教学仅限于教材内容相比，互联网教学资源为高校教师和青年大学生提供了更加丰富、更加全面地教学和学习资源，具体表现在以下两个方面。第一，高校教师既可以根据统编教材、教辅资料、教师参考书以及图书馆的文献资料进行备课，又可以通过广播、电视、电脑、手机、App 软件等媒体查阅、收集、整理与教学内容相关的资料。例如，提前观看名牌大学著名专家、教授的课堂教学视频，从中学习、领悟新的理论知识和处理思想政治理论课教学环节的艺术以及模仿专家教授的教学风格，同时也可以提高自身的理论素养、培养自己的讲课气质，以便能更好地胜任新时代高校思想政治理论课的教学工作。第二，高校思想政治理论课教师采用多媒体开展课堂教学，可以借助 PPT、动漫图片、直观图表、生动视频、典型案例等手段，把教学的重点、难点、疑点问题呈现出来，对抽象的马克思主义理论、原理进行深入浅出的分析，从而增强高校思想政治理论课课堂教学的直观性、形象性和生动性，增强高校思想政治理论课的亲和力、针对性和感染力。而且青年大学生在教师的引导下，可以通过观看电视、电脑上网、"两微一端"、手机查询、超星课堂、App 学习软件等途径，自主选择适合自己的个性化学习方式，了解最新前沿的理论动态，提高青年大学生自主学习的能力，提高青年大学生独立思考、独立分析、独立解决问题的能力。

3. 主要方法

结合目前学界关于互动式教学法研究成果和笔者自身的教学实践经验，笔者认为高校思想政治理论课互动式教学法的创新主要有以下几种方法途径。

辩论式互动教学方法，是指高校思想政治理论课教师，根据与思想政治理论课课程教学章节的重点、难点问题，或者青年大学生关注的国际国内时政热点问题以及社会民生焦点话题设定辩论主题，把班级学生按照个性特长、兴趣爱好和学情进行分组，对设定的主题进行辩论的一种互动方式。辩论式互动教学方法的特点在于学生参与的人数多，课堂气氛活跃，教学秩序井然，学生学习思想政治理论课的积极性主动性较高。例如，为了培养青年大学生正确世界观、人生观、价值观和爱情观，承担"思想道德修养与法律基础"教学任务的教师可以设定"富二代与奋斗者，更愿意选择哪个作为对象？"的主题，把班级学生分成正反两方，并安排正反双方在课前围绕辩论话题精心准备，认真查阅、收集文献资料。在课堂辩论互动的过程中，教师可以以嘉宾点评员的身份参加辩论活动，也可以以组织者的身份组织青年大学生进行课堂辩论。辩论式互动教学模式可以规定为解说原理—分析优劣—发展理论。辩论式互动教学法能给予班级全体学生参与辩论互动的机会，让学生在参与的过程中体会学习的快乐和获得感，做到寓理于辩、寓教于乐。通过学生之间不同思想、观点的交锋，能较好地促进学生的应变能力、表达能力、组织能力、团队凝聚力的发挥，增强学生看待问题的逻辑推理能力，正反面比较、分析问题的能力，达到拓宽知识视野，提升对高校思想政治理论课课程相关内容和教学重难点的理解度、领悟性和转化力的目的，更利于教学目标的实现。辩论式互动教学方法也有助于提高高校思想政治理论课教师的思辨能力和课堂驾驭能力。

研讨式互动教学法，是提高青年大学生独立思考、独立分析能力，激发青年大学生创新意识和热情的重要方法之一，是实现教师与学生互动、学生与学生互动的重要方式。高校思想政治理论课教师在教学过程中，根据教学大纲、教学重点、难点及青年大学生感兴趣的话题，精心筛选、认真拟定一个研讨话题。在教师精心组织安排指导下，教师与学生之间、学生与学生之间，围绕设定的理论问题、实践问题或社会热点问题等进行相互研讨、相互探究、相互学习、相互借鉴、取长补短、共同进步。例如，教师在高校思想政治理论课教学中通过学生分组、查阅相关文献资料，选取恰当的研讨话题，撰写相关论文，然后进行讨论、分析，教师最后总结讲评五个阶段进行教学。从组织方式上，研讨式互动教学可分为班级讨论、小组讨论、个体讨论，从讨论的形式上可分为专题式讨论和课堂教学中穿插式讨论两种。当前大班授课是高校思想政治理论课教学的主要形式：课堂学生多，教学任务重，教学课时少。为了争取让更多的学生参与研讨，避免课堂研讨成为一个学生唱"独角戏"或少数学生表演的天地，教师在进行分组时可以以兴趣爱好相近的标准对学生进行分组、可以以性别为标准对学生进行分组，也可以以寝室为单位对学生进行分组，然后在每一小组中推选一个组长，负责在课前、课后组织本组同学围绕教师设定的研讨话题开展资料收集、话题研讨、稿件撰写、研讨小结凝练；课堂上，各小组派代表发言交流，阐述各组总结提炼的思想观点。在研讨式互动教学过程中，教师要发挥两个作用：一是及时点拨、引导不善言辞的学生，鼓励、表扬性格内敛的学生，肯定、激励表达流畅、观点正确的学生；二是及时捕捉学生发言信息，认真分析梳理、归纳总结，积累、丰富课堂教学资料。教师这样运用研讨式互动教学法，既尽可能多地组织学生参与了研讨，又不会过多地挤占理论教学时间；既改变了单一的"一言堂"的教学模式，又提高了学生分析、解决问题的能力；既培养了学生的团队合作精神，又增强了学生语言表达能力和交际能力。

体验式互动教学法，是指高校思想政治理论课教师通过创设实际的情境或创造一个重复经历的机会，再现教学内容，使学生在亲身体验的过程中理解并建构知识、产生情感、发展能力的互动式教学形式。体验式互动教学不仅能使学生理解和建构知识，还能够使学生对所学知识产生情感、生成意义。在教学过程中高校思想政治理论课教师要想方设法创设一定的途径和方法，让学生进行情境体验，加深学生对所学知识内涵和价值的深刻理解和建构。例如，在讲授"思想道德修养与法律基础"第五章"明大德 守公德 严私德"的内容时，教师应结合"00后"青年大学生的认知特点和规律，让学生认真收集、分析和总结自己平时在校园里的所见所闻所感，如归纳总结当前校园公德的现状，分析产生的原因，并提出针对性地解决措施。这样的体验式互动教学不仅增强了"思想道德修养与法律基础"课程公德教育的感染力和吸引力，而且实现了青年大学生自我教育、自我管理、自我完善的目标。体验式互动教学按地点分类，可分为课堂体验互动和实地参观体验。教师与学生角色互换互动是课堂体验互动最简单、最易操作的互动方式。2020 年贵州省委教育工委、省教育厅开展高校大学生"请抬头，听我来讲思政课"风采展示大赛，就是体验式互动教学（教师与学生角色互换）的典范。教师宣传发动学生积极参加"请抬头，听我来讲思政课"风采展示大赛，学生针对"毛泽东思想和中国特色社会主义理论体系概论""思想道德修养与法律基础"等课程中感兴趣章节内容，组成比赛团队，进行集体备课，阅读兴趣章节教学内容，把握内容逻辑关系，查找相关资料，补充所需知识，广泛吸收成员信息和建议，创新教学设计，最后通过小组初赛推荐一名同学代表团队试讲。在"请抬头，听我来讲思政课"风采展示大赛中，教师与学生角色实现了成功互换互动：一方面，教师以学生的身份听学生精心准备的"授课"，亲身体验学生在学习思想政治理论课的接受性，深切感悟激发当代青年大学生学习思想政治理论课的特点和规律，以便在之后的教学中加强知识的构建和教学方法的创新；另一方面，通过让青年大学生亲身参与备课、上课，体验了讲好一堂思想政治理论课的不易，来引导、启发青年大学生在思想政治理论课课堂上该如何做。实地参观体验式互动教学是高校思想政治理论课教师根据教学内容，结合与教学内容相一致的参观体验条件，有目的地组织学生进行实地参观考察。比如，在进行爱国主义教育的时候，可以组织学生参观诸如遵义会址、息烽集中营、黎平会议等红色教育基地，让学生通过感官亲身体验到革命的艰难，缅怀过去、珍惜现在、展望未来。

"嘉宾访谈"式互动教学，是指高校思想政治理论课教学模仿电视台"嘉宾访谈"节目形式，以一问一答为课堂教学形式，教师与学生彼此间互动、相互辨析、相互促进的一种教学方法。例如，在"毛泽东思想和中国特色社会主义理论体系概论"课程第十章"'五位一体'总体布局"的第四节"坚持在发展中保障和改善民生"的教学过程中，可以邀请地方政府领导担任访谈嘉宾，访谈过程紧紧围绕学生平时关注的热点和焦点话题，从社会学的视角全面、深入分析中国特色社会主义进入新时代后如何坚持在发展中保障和改善民生。课堂模拟"嘉宾访谈"节目的主持人一般由教师担任，嘉宾由教师根据教学内容，视学生的能力、爱好和性格特点选定，其他学生扮演观众。成功的

"嘉宾访谈"式教学，教师和学生嘉宾分别要在课前做好以下工作：一是学生嘉宾在课前要通过互联网、图书馆等途径认真查阅、收集与教学内容相关的资料，深刻研究和深度把握访谈内容；二是教师要围绕访谈内容，精心准备、设计，厘清"嘉宾访谈"活动的整体思路，拟定"嘉宾访谈"过程的基本框架，制定人多话杂等情况下的各种预案。在筹备"嘉宾访谈"节目时，教师要多方面地与嘉宾沟通、交流和协调，确保正式访谈顺利进行。其他学生要负责"嘉宾访谈"节目会场的布置，同时也要预习、了解访谈主题的相关内容，以便积极参与"嘉宾访谈"节目的互动。"嘉宾访谈"互动教学方式具有以下优越性：一是教师、学生围绕访谈主题畅所欲言、各抒己见，学生成了课堂时间、空间的中心和主角，体现了以人为本的教学理念；二是以活动为载体，打破了思想政治理论课传统课堂单一的说教式、问答式教学模式，以活动参与方式促进学生的全面发展和进步；三是课堂设置真实情景为场景，以青年大学生喜闻乐见的"嘉宾访谈"节目形式开展教学互动，教师与学生之间，学生与学生之间，一问一答，有议有论，有说有笑，课堂气氛严肃、紧张又活泼。此外，"嘉宾访谈"式互动教学转换了教师与学生的角色，学生成了教学课堂的"主人翁"，真正展现了学生在课堂的主体地位，师生在平等、民主、和谐的环境下，共同交流、共同探讨、共同学习，提高了高校思想政治理论课的教学效果。

多媒体演示互动教学，是指高校思想政治理论课教师通过幻灯机、电脑、投影仪等现代教学工具，把教学内容以及教学重点、难点，以声音、图像、动漫等形式，向学生传递信息的一种教学方法。随着科技和网络信息技术的发展，新时代高校思想政治理论课教师可以通过图文一体、声像交融的视频短片或数据图表，把抽象、深奥的原理、理论展示给学生，更好地帮助学生理解和建构知识、产生情感、发展能力、生成意义。例如，在"中国近现代史纲要"课程的第一章第二节"抵御外国武装侵略，争取民族独立的斗争"中，展示八国联军侵略中国的残酷暴行时，教师可以从互联网查阅、下载相关历史视频，择机给学生播放，让学生感知当时列强抢掠中国财物、惨杀中国人民、焚烧圆明园的历史场景，给学生一种身临其境的感受，其教育意义是不言而喻的。通过视频播放与教学内容相结合，思想政治理论课有限的教学时间不仅能节约，而且比单一的讲授更生动形象，学生更易接受，从而提高了思想政治理论课的教学效率，也提高了学生学习思想政治理论课的兴趣。教师在思想政治理论课进行多媒体演示互动教学时，一是要精简演示内容。在实际教学中，部分高校思想政治理论课教师"统而笼之"地把教学内容一字不漏地呈现出来，把"照本宣科"变成"照屏宣科"，以读"屏"的方式进行教学，学生眼花缭乱，教学效果甚微。二是演示形式要直观。教学中大部分思想政治理论课教师上课的 PPT 背景、字体、布局、色彩一成不变，既不生动，又不形象，更没有吸引学生眼球的特点，对学生没有感染力和亲和力。PPT 应根据具体教学内容，灵活多样地选择不同 PPT 版式，整体效果简洁、美观、大方、真实。插入有利于阐释教学内容的视频，增强演示互动效果。三是演示文稿要适中。利用三两张或几十张 PPT 辅助讲授一堂课，都不是最合理的。PPT 太少，教学基本内容展示过于提纲挈领、简单粗糙、不完整；PPT 太多，教学时 PPT 切换频率过高，一茬接一茬，学生眼花缭乱，不知所云，学习收获甚微。四是要有相关的音频辅助。恰如其分的音频在多媒体演示教学中能起到画龙点睛的作用，可以增添高校思想政治理论课课堂的生动性、感染力和亲和力。总之，要充分利用多媒体来创新高校思想政治理论课课堂互动教学，努力创设多媒体互动教学环节，努力探索新时代高校思想政治理论课教学现代化的新路径。

案例式互动教学，是指教师在高校思想政治理论课教学过程中，通过列举、分析、交流和研讨各种与教学内容直接或间接相关的典型案例，组织开展教学活动的一种教学方法。案例式互动教学将以教师讲授为主的传统教学方式转变为以学生为主体的现代教学方式，实现了新时代高校思想政治理论课从课本知识向现实生活的拓展，是学生具体应用所学知识，分析问题、解决问题的有效途径。案例式互动教学旨在帮助学生更好地理解和把握基本理论、提高学生的综合能力。例如，在讲授"马克思主义基本原理概论"课程有关"规律及客观性"时，教师可以列举"断鹤续凫"的做法，帮助学生理解和建构"规律"知识，告诉学生自然规律是不以人的意志为转移，是客观存在的。做事不能违背自然规律，否则会产生事与愿违的结果；列举"铁杵成针"的案例时，让学生明白在客观规律面前，只要我们主动认识客观规律，善于利用客观规律，充分发挥改造世界的主观能动性，想成之事必定能成。在案例式互动教学过程中，研讨法、提问法、讲授法等多种教学方法均可融入其中，大大增强了高校思想政治理论课课堂教学的互动性。一是案例式互动教学能很好地增强教师与学生之间的沟通交流。在这一过程中，教师把事先准备的案例以讲述方式或以 PPT 方式呈现给学生，然后围绕案例设疑质疑，提出相关问题，让学生解疑、解答，培养学生大胆探讨问题、综合分析问题、处理实际问题的能力。二是案例式互动教学有利于提高学生之间的协作交往能力。首先，案例来源于客观实际，贴近生活、贴近实际，易使学生产生对所学原理、理论等知识的共鸣，从而在感悟案例道理的同时，发展能力、生成意义。例如，在讲授

"思想道德修养与法律基础"第四章"践行社会主义核心价值观"时,教师可以以 2020 年新冠肺炎疫情防控为例进行分析,启迪学生深化对团结互助、爱国爱民的民族精神的认识。其次,案例来源于现实生活,贴近青年大学生生活,学生容易对知识形成感性认识,通过理性思考,学生就能领悟其中道理,并上升为理性认识。比如,在讲授"毛泽东思想和中国特色社会主义理论体系概论"第九章"坚持和发展中国特色社会主义的总任务"第一节"实现中华民族伟大复兴的中国梦"时,"中国梦"是一个抽象的概念,教师可以先从学生自己的梦、父母的梦、家庭的梦讲起,再围绕具体实例来阐释"中华民族伟大复兴的中国梦"的蕴意,让学生在课堂教学中协作、互动,从而使课堂气氛变得轻松愉悦。实践证明,案例式互动教学有利于营造学生动脑、动手、动心、共同参与、活泼和谐的学习氛围,有利于提高青年大学生的智商、情商,从而有效地调动学生学习思想政治理论课积极性和主动性。

提问式互动教学,是指高校思想政治理论课教师针对教学内容的重点、难点,设置带有针对性、启发性的问题,让学生针对问题进行思考、分析。在提问式互动教学中,一方面,教师在课堂上向学生提问,启发学生找出问题的最佳答案;另一方面,学生针对原理、理论疑惑可以向老师提问,教师通过诠释原理理论,解释现象,引导学生解疑。例如,在讲授"毛泽东思想和中国特色社会主义理论体系概论"第二章"新民主主义革命"时,教师可以设置谁领导革命,依靠谁革命,革谁的命,怎样革命,革命是为了什么等问题进行提问式互动教学,让学生在解决问题的过程中,领会知识和建构知识。提问式互动教学,既有利于调动学生专注课堂、关注解疑过程的积极性和主动性,又有利于提升学生分析、解决问题的能力;既有利于培养学生的问题意识,又有利于提高学生解决问题的综合能力。在高校思想政治理论课教学过程中,提问式互动教学的运用要注意以下几点:一是要针对性地提问,即教师要紧扣课堂教学的重点、难点和学生的疑点以及由此延伸的实践问题进行提问。以中国特色社会主义理论指导中国改革开放的实践为例,青年大学生在观察、感悟和体验纷繁复杂的社会实践,试着对中国特色社会主义理论科学性进行验证时,会遇到一些疑惑和问题,这些疑惑和问题就是高校思想政治理论课教师需要提问并解决的重点问题。二是要有层次性地提问。这里所讲的层次性主要有以下几种情况:不同高校类型学生的层次性;不同专业类别学生的层次性;不同班级学生的层次性;同一班级不同学生的层次性。面对不同层次的学生,即使讲授内容相同,问题的设置、提问的方式也不应尽同。三是要有启发性地提问。教师要引导学生通过对教材知识的理解以及互联网信息的查询等方式,边提问、边启发，从而达到解惑答疑的目的。

（四）具体措施

1. 创设良好的互动教学环境

从某种意义上讲，互动教学过程就是学生在教师创设的特定情境中自觉学习、自我反省和自我完善的心理过程。良好的互动教学环境是有效运用互动式教学法的重要条件，主要包括课堂教学环境和课外教学环境，二者是互相联系、相互作用、相互促进的有机统一整体。

在良好的课堂互动教学环境中，教师必须在思想政治理论课课堂上心无旁骛、一心一意，倾注自己全部的教学情感；善用生动形象的语言表达感情，惟妙惟肖的动作神态去吸引和感染学生，让学生自觉成为思想政治理论课课堂教学互动的主体；多留一些时间和空间给学生在课堂互动，让学生在积极参与互动中理解和建构知识，产生情感，发展能力，生成意义。在思想政治理论课教学互动过程中，教师要随时随地观察学生课堂学习的神情，机智灵活地把握课堂教学互动进程，要像磁石吸引铁珠一样，把学生注意力始终吸引在教学互动的焦点上；要把控好课堂教学互动的"开放度"和"内敛度"，维护好课堂教学互动的秩序，做到活而不乱、跃而不跳。在课堂教学互动过程中教师与学生平等互敬、真诚交流，消除教师与学生之间的心理隔膜。教师要更多地使用鼓励性、导向性言语，把"要我学思想政治理论课"转变为"我要学思想政治理论课"，从而提高新时代高校思想政治理论课的实效。

课堂教学互动环境的延伸就是课外互动环境，这是历史与现实、理论与实践相结合的主要途径。课外教学互动环境主要包括校园文化建设、实地参观调研、青年志愿者"三下乡"、形势专题报告会等。高校思想政治理论课教师要根据教学目标、教学内容以及参观调研的就近原则、价值导向原则和可操作性原则，确定课外教学互动的形式，尽可能形成一种互动时空无限制的课外育人环境。

2. 拓展课外互动的信息量

高校思想政治理论课是一门集政治性、思想性、科学性和实践性于一体的课程。高校思想政治理论课教师在课外教学互动中，必须坚持理论教学和实践教学相结合原则。要改变传统单纯的理论讲授教学方式，把思政小课堂与社会大课堂结合起来，引导学生把爱国情、强国志、报国行自觉融入坚持和发展中国特色社会主义事业中，在伟大实践中关注时代、关注社会。实行开放式教学，进一步拓展大学生课外互动的知识量和信息量。一是充分利用现代科技和网络信息技术，例如无线广播、计算机、智能手机等，特别是智能手机和电脑，拓展课外互动教学方式。"00后"青年大学生出生在互联网时代，成长于多媒体迅猛发展时期，大部分学生除了上课外，时间都花在"指尖上"（手机、电脑上），他们通过这些新媒体，借助互联网、QQ、微信、App、思想政治教育网站、微博等方式，了解和知晓许多国内外时政要闻、科技理论前沿、方针政策、社会热点、焦点问题，这些是思想政治理论课教科书所难以及时更新的，而且这些信息与高校思想政治理论课教学内容密切相关，它们既是理论知识的有机补充，又是理论知识的实际运用。二是课前充分准备。思想政治理论课教师要帮助、引导学生通过网络、图书馆等途径收集、阅读一些与教学内容相关的经典文献资料，为课堂教学互动做好准备。例如，讲授"马克思主义基本原理概论"时，教师可以让学生读《共产党宣言》的原文，初步了解"两个必然"和"两个绝不会"的大概内涵等；讲授"毛泽东思想和中国特色社会主义理论体系概论"时，教师可以让学生课前有针对性地精读、研读《星星之火，可以燎原》《新民主主义论》《习近平谈治国理政》等重要著作，有利于学生理解马克思主义中国化的历史进程和重大意义，从而站在一个思想共同点上开展教学互动；在讲授"中国近代史纲要"时，可以指导学生查阅从1840年到改革开放以来的历史文献，重要会议决议，重大历史转折，以拓展知识的广度和深度；在讲授"思想道德修养与法律基础"时，可以引导学生阅读中国古代名著《道德经》《论语》和相关法律法规等。三是组织学生参加一些与教学内容相关的社会实践活动，让学生在实践锻炼中获取知识，增长见识。

3. 提高教师综合素质

互动式教学法的成功运用，充分发挥互动式教学法的育人功能，高校思想政治理论课教师必须坚持"以学生为本"的教育理念，熟悉掌握开展互动式教学的技能技巧。首先，必须坚持"以学生为本"的教育理念。高校思想政治理论课是教师对青年大学生系统传授马克思主义理论、毛泽东思想和中国特色社会主义理论以及社会主义核心价值观等理论知识的主渠道、主阵地，具有重要的价值功能、知识构建功能、能力培养功能。这一特性决定了高校思想政治理论课的学科定位和价值追求，就是通过高校思想政治理论课教学，使青年大学生牢固树立正确的世界观、人生观、价值观，学会用马克思主义的立场、观点和方法，分析问题、解决问题，促进青年大学生全面健康发展。因此，高校思想政治理论课教师坚持"以学生为本"的教育理念，就必须坚持育人为本，德育为先的理念。在教学过程中，高校思想政治理论课教师要切实尊重青年大学生在课堂教学互动中的主体地位，发挥青年大学生的主体作用，调动和激发青年大学生学习思想政治理论课的积极性和主动性。其次，必须具有渊博的知识。互动式教学法是融启发式教学法、讲授教学法等为一体的综合性教学方法，高校思想政治理论课教师要成功运用互动式教学法，不仅要具备扎实的专业理论功底，而且要具备历史学、文艺、教育心理学、社会学等多学科的综合素养，同时要有丰富的社会实践经验，了解和把握国家的方针政策，宪法及有关的法律法规、规章制度。只有这样，教师才能在课堂教学互动中做到旁征博引、援古证今、随心应手、游刃有余。为此，高校思想政治理论课教师要通过自修、进修、培训等途径，不断提高自身的理论水平和业务水平以及综合素养；通过不断地反思总结、探索和改进高校思想政治理论课课堂教学方法，提高教学质量，为培养中国特色社会主义事业合格建设者和可靠接班人贡献自己的力量。再次，必须精心备课。互动式教学法可谓"台上一分钟，台下十年功"，课前精心备课是高校思想政治理论课教师完美运用互动式教学法的前提。作为高校思想政治理论课教师，在理解和熟悉教学内容的基础上，必须注重对教学素材（教学素材有些是课本中现成的，有些是自己经过多年的教学实践积累的，有些是从其他教师授课中借鉴的）的积累，根据所需教学内容互动需要，遵循相关性、典型性、实用性原则进行精心加工整理和编排，设计出具有个性特点的课堂互动教学形式。

4. 辩证看待互动式教学法

近年来，互动式教学法在高校思想政治理论课教学中逐渐被推广和普及，是青年大学生喜闻乐见的一种教学方法。但必须清楚认识到互动式教学法不是万能的，也不能替代全部教学方法；当然也不能固化传统教学方法，抵触或排斥互动式教学法。"教学有法，教无定法"的规律，要求高校思想政治理论课教师要根据每门思想政治理论课不同的教学目标、教学内容和授课计划，将互动式教学法与其他教学方法有机结合，互为补充。目前，"马克思主义基本原理概论""毛泽东思想和中国特色社会主义理论体系概论""思想品德修养与法律基础""中国近代史纲要""形势与政策"和"习近平新时代中国特色社会主义思想"等课程，是高校思想政治理论课课程体系的几门主要课程。有的省市结合实际，还增设了地方课程，比如贵州高校增设的"贵州省省情"课程。这些课程在理论体系、知识结构和教学目标等方面各有不同、各有侧重、各具特色，因此，在实践教学过程中，教师就要根据思想政治理论课的不同课程、不同章节内容和学生的学科专业、学生学情以及教学条件，选择不同的教学方法。例如，"马克思主义基本原理概论"课程的原理、理论多，概念、定义比较抽象。高校思想政治理论课教师在教学过程中应该尽量采用案例式等教学方法，从青年大学生学习、生活等身边中寻找事例，从社会民生的热点焦点中挖掘青年大学生关注案例，将抽象、深奥的原理、理论变成生动形象又简单具体地说明；"毛泽东思想和中国特色社会主义理论体系概论"课程着重讲授中国共产党在把马克思主义基本原理与中国实际相结合的历史发展进程中，形成的马克思主义中国化理论成果（毛泽东思想、中国特色社会主义理论）。因此，高校思想政治理论课教师在教学中应多采用多媒体教学和研究式教学、提问式教学、社会实践式教学等方法，帮助青年大学生系统理解和掌握毛泽东思想和中国特色社会主义理论体系的基本知识，增强青年大学生对中国特色社会主义的道路自信、理论自信、制度自信和文化自信；"中国近现代史纲要"课程重在讲授 1840 年以来中华民族发展的历史沿革，侧重要求青年大学生了解和熟悉中国近代以来的发展历程、重大历史事件及其意义，理论性相对较易。高校思想政治理论课教师在教学中应综合运用相关影像视频短片播放、情景教学和实践教学等学方法。思想政治理论课教师在讲授"思想品德修养与法律基础"课程的过程中，可以多采用启发式教学、演讲式教学、讨论式教学等方法，因为该课程的内容直接与青年大学生的生活习惯、行为举止、思想品德、内心信念息息相关，知识内容浅显易懂，抽象理论不多。"形势与政策"课程的教学内容更多是国际国内时政热点，党和国家最新重大决策以及社会民生焦点，这些重大方针政策、热点焦点问题是广大青年大学生平时关心、关注和感兴趣的话题。高校思想政治理论课教师在教学时可灵活运用"嘉宾访谈"式教学、辩论式教学、讨论式教学、体验式教学和实践教学等方法，让青年大学生在讨论、辩论中明事理，在参观调研中获得亲近感、参与感和自豪感。此外，高校思想政治理论课教师在给不同学科专业或同一专业不同班级的青年大学生授课时，选择使用的教学方法也应有所不同。一般而言，文科生的哲学社会科学知识较扎实，思维较活跃，而且普遍善于言谈，喜欢发表自己的想法和看法，高校思想政治理论课教师在教学中可多采取讨论式教学、启发式教学、辩论式教学、演讲式教学、"嘉宾访谈"式教学等方法；理科生的逻辑思维能力较强，做事情比较专注，教师在教学中应侧重采用讲授法教学、讨论式教学、多媒体教学等方法。

二、启发式教学法

相比"灌输式""填鸭式"教学法，启发式教学法在高校思想政治理论课教学中是比较受师生欢迎的，具有较明显的优越性。启发式教学法着重强调青年大学生学习的主体地位，注重减轻青年大学生学业负担，是增强高校思想政治理论课教学效果，提高思想政治理论课教学效率的有效途径。启发式教学法能使受教育者由被动转向主动，从视学习为苦差事转变为乐于学习的状态。在教学中运用启发式教学法，需要高校思想政治理论课教师对启发式教学法有全面深入地了解和把握，才能将启发式教学法内化于心，外化于行。

（一）启发式教学法内涵

启发式教学法就是教师在教学过程中，采用诱导的方式传授知识理论，培养学生积极主动获取知识的兴趣，提高自我发展的能力，陶冶思想品德的情操。也就是说，教师在教育教学活动中，在使学生对学习产生好奇心和兴趣的同时，要遵从教育教学活动的实践规律，然后发散学生的思维，激发情感与智力，使它们处于理想状态，并鼓励学生的主动性与积极性，使其可以经过自己的思考与分析，获得知识，掌握技能，学会学习。

从启发式教学法的目的来看，高校思想政治理论课教师通过启发式教学，充分发挥学生学习思想政治理论课的主体作用，帮助学生乐于学习、善于学习，促进学生德智体美劳全面健康发展。从启发式教学法来看，启发式教学法可以通过眼神交流、语言、肢体动作等方式实施，为的就是丰富交流手段，全面实施启发。从启发式教学环境来看，启发式教学法比较注重教学活动中教师与学生之间的平等、尊重、信任、和谐，以求达到"和易以思"的境界。从启发式教学过程来看，启发式教学法要求学生的智力要素与非智力要素同时发展；教师的主导作用与学生的主体作用同时发挥；教育活动的定性目标与定量目标同时并进；教师的"教"与学生的"学"相互作用、相互促进的有机统一。从启发式教学课程观来看，启发式教学法的课程观主要是为了突出教学科目的科学性与学生的内心活动的一致性。科学性原则关注的是教学活动的实质结构，即把零散的东西进行整理、疏通，强调对基础知识的总结与运用，从而达到举一反、触类旁通的效果。

（二）启发式教学法特征

1. 基本特征——主体性

所谓"主体性"，主要包含以下几种含义：一是主体把客观进行了积极能动的改造，主体由内（自身）向外（客体）运动和作用是其思维方式。二是主体支配客观为自己所用，这是将客观经过主体的作用，可以供自己支配。三是在主体与客体的对比中显现出来的特有之处，这是从主客体关系中规定主体性的视角来理解的。四是认为主体性是人区别于动物而为人所持有的存在、活动和把握世界的方式。这种理解旨在树立人的主体地位和价值，发挥主体作用，确立一种主体性的思维方式。五是主体根据自身的特殊素质，与其他不同主体比较中凸显出来的个性。以上五个方面的主体性内涵特点基本上体现了启发式教学法主体性思想。

为了更好地让主体性施展开来，既要高校思想政治理论课教师在教学活动过程中站稳主导地位，又要尽全力地体现学生的主体性，这是教育活动规律对双主体性的现实界定。因此，高校思想政治理论课教师在教学过程中要合理安排设计、科学分配教师和学生的活动量，努力将教师的"教"和学生的"学"的关系调整到最佳状态，以充分调动教师和学生双方的积极性、主动性和创造性，体现"教师为主导，学生为主体"的原则。

启发式教学法的主体性思想就是把教师的主导作用和学生的主体作用发挥作为基本要求，教师不仅要把学生视为教学活动的承受者，而且要把学生视为探索新知的主动者，不断培育学生的主体性。在做到相信、尊重的基础上，慢慢消除对教师的依赖感，使之成为独立自主的学习个体，成为可以掌握方法、主动学习并且可以完成学习的学生，从而让认为学习是苦差事的学生变得热爱学习、乐于学习、勤奋学习，促进学生的全面健康发展。

2. 本质特征——不确定性的消除

古代教育家孔子在阐述启发式教学法时，提出"不愤不启，不悱不发"的思想，这对今天高校思想政治理论课教学有重要的启发意义。孔子所讲的"愤""悱"就是启发式教学法的根本特性。"愤"就是学生对某一问题或知识正在认真思考、学习，内心急于解决，学懂而又不知道怎么解决，怎么弄通的矛盾心理状态。"悱"是学生对某一问题或现象进行了一段时间的思考或观察，但尚未考虑成熟或看得不透彻，处于想说又难以表达清楚的另一种矛盾心理状态。当学生在课堂教学中处在"愤""悱"的时候，高校思想政治理论课教师就应对学生思考的问题或学习的方法，适时给予引导和启发，以帮助学生开启思路、找到方法，弄清事物的本质属性，然后用比较准确的语言表达出来。从感性方面来看，"愤""悱"就是想要获得知识，有需求知识的渴望；从理性方面来说，"愤""悱"就是达到了想知道又不知道的疑惑阶段，很困扰，说是知道了，但又不知道其所以然的状态。这实质上就是学生无法确定知识真正的内涵和本质，必然产生的疑惑，可是又被这种疑惑所困扰。而启发式教学法就是学生在这种状态的基础上，以疑惑为出发点，抓住学生求知的欲望，帮助学生不断消除困惑的过程。启发式教学法实质上就是将学生认知的不确定性转变为确定性的过程，所以说启发式教学法的本质特征就是消除不确定性。

3. 功能特征——教与学的相互作用

孔子强调对学生"愤则启，悱则发"的教学，实质上是在强调要以学生的学习需求而产生疑惑作为教学的逻辑起点，充分发挥教师启发、诱导的外因作用。孔子强调的"启发"与"愤悱"的关系，与其说是强调了学生"愤、悱"内部动机的重要性，不如说更突出了教师"启发"的诱因功能价值。

在高校思想政治理论课教学活动中，无论是对青年大学生学习动机的激发，还是知识学习"困境"状况的发生，都与教师教的外因有着直接的联系。在教学活动中，高校思想政治理论课教师作为提供各种各样学习目标动因的主导者，通过提供诱因（主要是明确学习目标，提供教学内容），既能满足青年大学生学习需要，又能体现青年大学生的主体感，从而促使其构建想要学习的动机，并引起学习活动。总之，通过教学内容、教学方法、教学环境等途径，教师在高校思想政治理论课教学过程中不断设置诱因，以引起青年大学生学习思想政治理论课的动机，激发和调动青年大学生的学习行为。

青年大学生正处在成长的"拔节孕穗期"期，作为潜在的、可能的主体，仍然缺乏自主性，缺乏自主认识和自主实践能力，只有求助于教师才能完成学习任务，但是青年大学生往往又具有独立思考、独立分析的特点，即青年大学生又是有主观能动性的。一方面，青年大学生对外界信息的选择性（主要受其学习动机、兴趣及价值观的推动和支配），决定了教师"教"与学生"学"之间的价值关系，而并非仅仅是被动地反映关系；另一方面，青年大学生对教学过程又具有制约性，即青年大学生在教学过程中要受到原有认知结构、情感意志、价值观念等内在机制的制约。因此，教学过程的发生还要有学生"内因"的作用。

教与学的相互作用是由"教"的外因引起，通过教的诱因促成由教向学的转化，这种转化就是教与学的矛盾运动，这种矛盾运动是教学得以产生的真正动力，从而发挥其功能作用。在教与学的关系中，学作为内因只是根据、条件，教作为外因，在教学活动的展开中却具有首要的、决定的、主导的转化功能，教与学的相互作用是启发式教学法的功能特征。

（三）启发式教学法功能

1. 引导作用

引导学生主动地去思考，使其真正达到自主学习，这是启发式教学法的核心要义。启发式教学法引导学生独立思考，发展思维能力，引导学生要学会以简驭繁、举一反三，这不仅表示教师要顾及每一个学生的举动，还要考虑到他们之间的互动，这也就要求教师要满足每一个学生的探知情感，满足每一个学生的困惑被及时解开的需要。

高校思想政治理论课教师运用启发式教学法，通过教师"启"的引导，达到青年大学生"发"的目的，从而可以主动地去探取自己想要的东西，促使智力与能力的进步，同时自身的性格与情感也会得到熏陶。高校思想政治理论课教师通过有目的性地"启"，促使青年大学生有针对性地"发"，这样就会实现启发式教学法的最优效果。为此，教师需要尽最大能力促使学生主动地释放学习潜能，根据学生的学情来制定与之相适应的探讨档次，使之感觉高高在上而又触手可及，引导学生充分运用观察、类比、分析等思维工具，主动地去获取新的知识和结论，去解决提出的问题，从而使学生独立地发现真理、获取知识，具有高尚的精神、崇高的理想和坚定的信念，成为"四有"人才，达到学校教育和思想政治理论课教学的最终目的。

2. 提升作用

教育家叶圣陶先生认为：为了达到不需要教，才实施教。启发式教学法就是这种不仅要让学生自己学会学习，而且要将这种态度一直保持的完满状态。高校思想政治理论课教师不仅发挥着传授文化知识的作用，更发挥着青年大学生自我教育、自我完善和终身教育的中转站作用。教师作为达到自我教育、自我完善和终身教育的条件和前提，肩负着转化的使命。启发式教学不仅要让教师的主导地位得到发挥，同时也要发挥青年大学生的主体作用。正因如此，启发式教学法就需要教师坚持不懈地发展青年大学生的主体性，然后慢慢地将之前形成的依赖心理和被动状态转向自我要求严格、积极主动地独立学习状态，争取变成懂得学习、热爱学习、主动学习的人，最后形成由"教"到"不需要教"的转变。青年大学生学习主体地位的确立，表明青年大学生自我教育、自我完善和独立自主能力的增强，个人的自尊心、自信心、进取心的逐步树立，自我修养、自我锻炼、自我学习的自觉性的不断提升。

高校思想政治理论课教学传授的不是一般的业务知识，培养的也不是一般的专业技能，而是马克思主义理论和思想道德方面的知识以及运用这些知识改造客观世界和主观世界的能力。启发式教学促进青年大学生主体性意识的加强与高校思想政治理论课教学促进青年大学生能力素质不断提高是完全一致的。所以，在高校思想政治理论课教学中，启发式教学不仅起着传授知识，引导青年大学生用科学的世界观和方法论武装自己的头脑的作用，而且发挥着提高青年大学生思想觉悟、提升青年大学生精神境界、提高青年大学生能力素质的作用。

3. 激发作用

为了使青年大学生对高校思想政治理论课的学习变得比较积极、主动，教师必须激发青年大学生的学习兴趣。启发式教学法，只有经过教学创新，才能激发出青年大学生学习的积极性和主动性，从而使高校思想政治理论课课堂气氛活跃起来，青年大学生的学习兴趣因此也变得浓烈。在这种状态下，青年大学生对基本知识的消化会比较快，实际运用能力也会得到加强，青年大学生的整体素质才会得到提高，真正做到坐得住、听得进、有收获。

激发青年大学生学习思想政治理论课的积极主动性，使其真正热爱探索新知，这也就是所谓的青年大学生学习的内在动力。学生学习的内在动力主要包括学习动机和学习兴趣两个方面。启发式教学法可以激发青年大学生对学习本身产生兴趣和求知欲，不会把学习当作痛苦的事，让学生开始善于学习、乐于学习。同时，启发式教学法也培养了青年大学生热爱学习和热爱思想政治理论课的内心情感，进而促进了青年大学生学习的自主性，让青年大学生体验到学习带来的满足感和喜悦感，这样就会把痛苦地学习变为快乐地学习，把被动地学习变为主动地学习。

（四）启发式教学法运用误区及原因

1. 三大误区

第一，无"启"无"发"，这是高校思想政治理论课教学中启发式功能缺位的表现。无"启"无"发"主要是指启发式教学本应具有的作用并没有发挥出来，反而出现了"空缺"的状况。在高校思想政治理论课教学中，有些教师为了完成教学任务，在有限的课堂时间内，把所要上的内容简单念一遍，让学生勾画出重要内容，这样就出现了无"启"无"发"的现象。学生并没有在教师教学过程中得到关键性的有用知识，只是用笔勾画了一些文字而已。教师在教学过程中没有"启"的引导，因而学生也就没有"发"的过程。

第二，无"启"而不"发"，这是高校思想政治理论课教学中启发式功能缺位的又一表现。无"启"而不"发"是说教师实行了"启"的教学行为，却没有达到"发"的目的要求。在启发式教学过程中，教师的引导、点拨提问和暗示就是"启"；激发学生的兴趣、激情，积极主动思考的过程就是"发"。但许多高校思想政治理论课教师在教学中也会根据教学目标、教学内容运用启发式教学法，对学生进行引导、提示、提问和点拨，但由于引导得不够到位或越位，学生感到一片迷茫；点拨过于含混晦涩，学生感到难以言表；提问时机不恰当，学生不知所措，导致学生对这门课程不感兴趣，无法思考，出现了无"启"而不"发"的现象。

第三，"启发"等同于"提问"，这是高校思想政治理论课教学中启发式功能错位的再一表现。很多教师认为多提问就是启发式教学，将"提问"视为"启发"，这是由于对启发式教学法的内在规定性不了解，不清楚启发式教学法的本质要求，而在教学实践层面产生的一个误区。

在高校思想政治理论课教学中，"提问"是根据教学目的、青年大学生的已有知识水平而设计的问题，为了让青年大学生积极转动脑筋，得到想要的知识，促进青年大学生达到预期的教学目标和评价教学效果的最基础掌控手段。但在实际的思想政治理论课教学中，很多教师将简单的"提问"视为"启发"，即让青年大学生回答书本上的现成知识，青年大学生根本不用动脑筋，这种提问是毫无意义的；有的教师的提问过于远离书本，不是教学目标要求，这样的提问，即使学生做出回答，也不能发挥学生的主体性；教师对一个问题重复提问，也无法达到启发学生的目的；教师的提问过于含糊不清，表达不明确，学生找不到"启发"的头绪，这样的提问不仅不是启发，而且毫无意义。在高校思想政治理论课教学中运用启发式教学法，教师提问是不可或缺的一种手段，但教师的提问应该是灵活出现，并运用在合适的时机，问题的设置需要根据教学内容、教学目标、学生的已有知识水平、思维能力等因素来综合考虑，以使启发式教学法更好地发挥其作用，但"提问"并不等同于"启发"。

2. 三大原因

第一，没吃透教学内容。教师在高校思想政治理论课教学中，要坚持以马克思主义、毛泽东思想和中国特色社会主义理论武装青年大学生，坚持用最先进的教学理念来改革思想政治理论课教学、坚持用恰当的方法来指导青年大学生。要指导青年大学生以正确的态度，科学的方法理解和掌握高校思想政治理论课的教学内容，并将其内化于心、外化于行，成为中国特色社会主义事业所需要的德才兼备的人才。这就要求教师的内涵素养、教学经验、课堂掌控能力以及对启发式教学法本质等方面进行深入的把握，因为这些因素在很大程度上对启发式教学法功能的发挥能产生直接影响。然而，在当前思想政治理论课教学中，部分教师无法吃透教学内容，只是肤浅地讲讲书本上的知识，出现"硬性说教"的现象，这使他们不关注大学生思想动态，也不关注学生对授课内容是否感兴趣，不寻找学生的学习兴奋临界点，更没有重点，只是按流程在消费时间，从而影响了青年大学生对马克思主义的正确理解。

第二，缺乏教学驾驭能力。在实际教学过程中，教师运用启发式教学法反映出来的种种问题，存在一个共同原因，就是教师无法游刃有余地掌控启发式教学法，在课堂教学中存在着运用上的困难，这也是缺乏教学驾驭能力的表现。一方面是因为教师没有真正理解和掌握启发式教学法的本质，造成教师无法游刃有余地驾驭启发式教学；另一方面是因为启发式教学法没有一个可以照搬照抄的公式可用，造成教师运用启发式教学法进行教学的困难。高校思想政治理论课教师对启发式教学驾驭能力不强，主要表现在：教师在课堂教学中无法准确拿捏"启发"的火候；教师无法将多种教学手段置于启发式教学中完成教学任务；教师往往片面追求对学生的吸引力，未能将好奇心的产生、思维的活跃、能力的培养作为一个整体教学目标来把握。

因此，在高校思想政治理论课教学中，教师轻松驾驭启发式教学法并非一件易事。由于教师在运用启发式教学法时面临很多难题，无法真正全面驾驭启发式教学法，使得启发式教学法在教学中无法释放自身特有的功效。

第三，欠缺教学理论。启发式教学法无论是从知识层面来讲，还是从运用层面来讲，都是一种较深层次的教学方法。教师如果只是想简单地启发，没有很强的知识底蕴，就会在教学中出现混乱的场面：学生头脑也是乱成一团，不知道自己到底该怎么做，课堂教学乌云一片，教学效果自然不好。教师教育教学理论修养的欠缺，造成了在思想政治理论课教学中启发式教学法功能的缺位、错位。

很多教师认为自己在课前做了充足的准备，上课时感觉自己也运用了启发式教学法，却收不到理想的效果，这往往是由于教师没有掌握学生的心理动态，不知何时激发学生的学习动机，或者是在学生产生了求知欲的时候，老师并没有及时地启发学生。究其根源，还是教师对教育心理学理论知识的欠缺造成的。教育心理学是每一个教育者的必修课，不同学科的教学可以说是在实现教育心理学的不同目标。在教学中，无论是教学方法的运用不当，还是教学内容的讲解不吸引人，都是因为教师对教育心理学的研究不深造成的。启发式教学法的关键是激发和调动学生学习的积极性、主动性和创造性，开启学生的智慧，打开学生思考的心扉，使学生思维处于不停运转的状态，达到学生独立自主学习的理想状况。但是，只掌握启发式教学法的要旨，没有教育学、心理学等教育教学理论做支撑，是无法达到启发式教学效果的。

（五）启发式教学法改革创新方略

1. 创新阶段

启情设疑，即启发的动机阶段。新时代高校思想政治理论课教师要根据授课内容对教材进行加工，然后从设"疑"入手。"疑"是启发式教学法的切入点，"疑"不仅可以引发学生学习的渴望，也可以触动学生思维的"神经"。"疑"不仅可以在教学内容中直接引起，也可以在学生的思想矛盾中产生。创设问题、设置情境、启发解惑，都需要教师根据自己所要授课的内容来选择相应的方法。高校思想政治理论课教师可以选择故事、案例、实景、图表、微视频等形式导入，以达到激思导学的目的。

释疑解难，即启发联系阶段。在这一阶段，高校思想政治理论课教师需要课前认真充分地备课，根据对学生的了解和调研，设计启发的情境、启发的契合点，对学生感觉难的地方进行解析，同时也可让学生在已有知识体系的基础上思考新的概念。在这一过程中，高校思想政治理论课教师的关键作用在于促进新旧知识地最佳联系和相互转化。

新旧知识联系启发，即顺利渡过了联系阶段。高校思想政治理论课教师要通过改造旧知识，实现新旧知识点的完全联系，需要做好充分激活学生原有知识结构的观念，对学生即将学习的知识内容要生动形象地体现其特征，使新的知识内容对学生产生吸引力，使学生心向往之，最后，教师要帮助学生选择原有知识的运用路径，使联系渠道准确。

释疑类化，即作用启发阶段。这一阶段是新旧知识取得联系以后在各个联系点上相互渗透和相互作用的过程，而相互渗透和相互作用的过程就是一个释疑类化的过程。释疑类化，就是要将很笼统的东西与它所反映的确切的事物创立一定的关系，从而充实空洞的东西，最后将笼统的东西具体化。这一具体化过程，既是检验抽象化过程中学生对知识领会、理解和把握的尺度，又是培养学生运用知识解决实际问题的能力。

2. 创新原则

第一，切问近思原则。切问近思本意是指恳切的提问，多思虑当前的事情。在思想政治理论课教学过程中，学生能够切问而近思就说明学生感觉到这个教学内容对自己有触动，产生了疑惑，促进了思索探求，慢慢地钻研进去了。这就要求思想政治理论课教师在教学过程中运用启发式教学法时，要从学生的生活、学习等实际情况入手，要和学生自身有关，让学生联想到自己的生活，想象自己遇到这件事、这个问题该怎么解决。同时教师要关注学生的思想动态，激发学生的兴趣和激情，然后再一步一步地讲解这个问题，帮助学生理解这个问题。慢慢地，学生就可以学会理解第二个问题。第二个问题比第一个问题难一点，又比下一个问题容易一点，就这样一点一点地启发学生钻研到教学内容的要义上。

思想政治理论课与业务学习培训不同，与专业知识的学习也不完全一样，它是对学生进行系统马克思主义理论和思想道德教育，并引导学生将其融入坚持和发展中国特色社会主义事业之中，是一门意识形态鲜明的课程。学生如果感觉到它与自己生活不是那么紧密相关，也就会抱着无所谓的态度学习，因此会出现学生对思想政治理论课不感兴趣、低头率高等现象。这种现象客观上就对思想政治理论课教师上课准备的内容与启发式教学法的运用有了深层次的要求，但兴趣是最关键的切入点，只有与学生自己切身相关的事情和人物，以及学生真切关注热点焦点问题，才能真正引起学生的学习动机、学习需求和学习的渴望，所以教师在教学过程中就需要坚持切问近思原则，使学生意识到所学的内容与自己的生活息息相关。学生原本抱有一种无所谓的态度，但发现老师讲的东西自己见到过、经历过、关注过，学生就会想到很多问题，这样就会激发学生学习热情与欲望，使其参与到课堂教学中来，从而提高教学效率。

第二，待其从容原则。待其从容就是说高校思想政治理论课教师要营造一种宽松和谐的教学环境，使学生能在其中自由、从容地思考问题，辨析问题，回答问题，学习知识，接受教育。由于思想政治理论课是每个青年大学生必须学习的课程，也是对青年大学生进行思想政治教育，帮助青年大学生客观地认识世界、规划人生、建构应有价值观的重要途径。所以高校思想政治理论课教师在教学过程中，不能很着急地为了得到一个正确的回答而设置问题。与语文课、数学课、法学课不同，高校思想政治理论课是一门意识形态鲜明的课程。高校思想政治理论课教学是对青年大学生进行潜移默化的思想影响、思想作用的过程，不像数学课，讲课是为了教会学生一个数学公式，解答题目的一个步骤，得出一个准确答案；也不像语文课是为了学会欣赏一首抒情诗词，理解一个词语的含义。其实，教育过程的本质就是一个持久的过程，在这一过程中，学生需要理解和把握已有的人类文化知识，进而逐渐促进自己各方面的全面发展。教育过程本质也是一个日积月累的创新过程，在这个过程中，教师需要给予学生时间，让学生吸收、理解、创新，从而在知识吸收的同时将其内化为自己的信念。教育过程的重点不是给予学生现成的知识去记忆，而是学生与老师共同参与教学，帮助学生发现问题、解决问题、掌握学习方法，使学生思维能力得到提升。因此，高校思想政治理论课教师要对自己的教学内容比较通透，以便更好地设计启发的切入点，创造教学情境氛围，在合适的时机介入问题的讨论。但是也要留出时间让学生思考、辨析、发问和认同，并将抽象的知识联系到青年大学生的实际生活中，提高学生的能动性，从而达到教育的目的，这就需要思想政治理论课教师在运用启发式教学法时要坚持待其从容的原则。

第三，和易以思原则。"故君子之教喻也，道而弗牵，强而弗抑，开而弗达。道而弗牵则和，强而弗抑则易，开而弗达则思。和易以思，可谓善喻矣。"君子的教化是善于晓喻，让人知其然，然后知其所以然。教师要给予学生适当的暗示或提示，但是不能强行地灌输，应该有严格的要求，又不会限制学生的发展。给予启发，而不将结论和盘托出。只引导而不强迫，使学生容易亲近。教师应该有严格的态度，但是上课氛围又很亲和，让学生的思维、身心在轻松的环境中得以释放，从而真正得到全面健康的发展。只加以启发而不必全部说出，使学生能够自己思考。使人亲近又能自动思考，即"和易以思"，这也是启发式教学的根本要求。教学活动中的学习气氛是教师培养起来的，保持学生对学习的热情、主动、关注的关键，是教师与学生之间有着敬爱、尊重、信任、爱护的感情。教师爱护、尊重、信任自己的学生，就会在不经意间加强教师与学生之间的沟通与互动，这也就需要教师更加注意对情感的投入与培养。在思想政治理论课教学中，思想政治理论课教师对思想政治理论课的热爱和态度可以引发青年大学生在情感上的共鸣，进而成为获得教学成功的动力。思想政治理论课教师在运用启发式教学法的过程中，对青年大学生充满殷切的期望和充分的信任，可以鼓励青年大学生积极思考和思维的发散。所以在思想政治理论课教学中运用启发式教学法，坚持和易以思的原则，不仅可以发挥启发式教学的作用，也可以帮助教师实现教学目标。

3. 创新举措

注重科学研究，深入理解教学内容。高校思想政治理论课教师一定要有坚定的政治信仰和高度的社会责任感，不仅要弄懂、弄通马克思主义理论体系和教育活动体系，而且要能较好地紧密结合我国改革开放和现代化建设的实际，紧密结合青年大学生思想状况的实际。只有这样，教师才能在教学过程中做到眼界开阔、引经据典，将学生的生活与知识相联系，通过解决现实生活中常见的、关注的问题，培养学生运用马克思主义立场、观点和方法分析问题、解决问题的能力。注重科学研究，深入理解教学内容，要注重以下四个方面：第一，要注重基础研究，即对马克思主义基本原理、基本理论的研究。这就要求高校思想政治理论课教师首先要对马克思主义经典著作进行深层次的阅读与钻研，对马克思主义基本原理之间完整的、内在的逻辑关系进行探究，对马克思主义基本原理的历史发展进行深入研究。第二，要注重整体研究，即对马克思主义理论进行全方位、多层次的研究。这就要求高校思想政治理论课教师既要对马克思主义原理、理论进行研究，又要对马克思主义原理、理论相关的学科知识进行研究；既要研读马克思主义经典著作，又要学习马克思主义与中国实际相结合产生的毛泽东思想和中国特色社会主义理论；既要重点研究自己所带课程的内容，也要关注、学习、研究其他思想政治理论课的相关内容。第三，要注重现代研究，即对马克思主义在当代的发展进行研究。这就要求高校思想政治理论课教师要把马克思主义基本原理与我国社会主义现代化建设相联系，并对其如何指导中华民族伟大复兴的实践进行深入探究，对马克思主义基本原理和中国特色社会主义理论体系的一脉相承进行深入探究，对习近平新时代中国特色社会主义思想的本质进行深入探究。第四，要注重教育研究，即要深入探究马克思主义教育理论。这就要求教师把对马克思主义基本原理的研究与马克思主义教育理论的研究、对马克思主义教育理论的研究与思想政治教育的研究紧密联系和统一起来。在此基础上，深刻理解和探索马克思主义教育理论的一般规律，以及如何运用马克思主义教育理论来指导教学。高校思想政治理论课教师对马克思主义理论要有深入研究，才能真正吃透教学内容，精心处理教材，设计教学环节。同时，教师应根据学生的心理特点，把握启发的深度和理顺教学思路，才能将理论与实际相结合，发挥育人功能。

强化教学研究，切实提高教学技能。教师对高校思想政治理论课的教学内容有了深入研究后，还需要提高自身的教学技能技巧。教学技能是思想政治理论课教师必备的教学基本功。教师教学技能的形成，建立在一定的教学理念基础之上，对实现教学效果、创新教学方法具有重要的推动作用，这是衡量思想政治理论课教师教学水平和能力的重要标尺。提高教师启发式教学技能要做到以下两个方面：一方面，要抓住启发式教学的实质。启发式教学的首要任务就是激发学生的求知欲、求知兴趣，提高学生探索新知的主动性，实现学生由被动地学习状态转化为主动地学习状态，把认为学习是苦差事的负担转化为乐于学习的态度。在教学中，高校思想政治理论课教师如果可以随时激发学生的学习兴趣，那么对于实现教学目标而言，就已经成功了一半。激发学生的学习兴趣，需要教师对思想政治理论课的教学内容有深入地研究，并将其内化为教师自身的知识。在此基础上，教师要结合学生的兴趣，对学生进行启发，唤起学生想要学习的心理状态，形成教师"教"与学生"学"相互作用、和谐互动的教学氛围，这样就可以破解思想政治理论课课堂上"三率"低下的难题。把握启发式教学法的实质内涵，是提高运用启发式教学法效果的基础。另一方面，要创新启发式教学法，即高校思想政治理论课教师要不断反思、改革和创新启发式教学法，提高教育教学技能技巧。首先，教师要把握学生的身心状态，了解学生的知识需求；其次，从多个方面体现启发式教学法的特点，从各个方面和各个层次激发青年大学生的好奇心、自觉性，引导学生进行发散性思维，促使学生自觉地进行知识探索，提高自己的能力。最后，对启发式教学法进行积极思考、研究，将座谈、辩论、演讲等方式引入启发式教学中，尊重学生在课堂教学中的主体地位，激发学生的学习动力，从而创新启发式教学法。在思想政治理论课教学中，教师要以认真、专业的态度学习和研究启发式教学法，切实提高运用启发式教学法的技能，把启发式教学法优势发挥得淋漓尽致。在思想政治理论课教学中，提高教师启发式教学技能，就是希望每一个学生在知识方面得到积累，能力方面得到提升，信念方面得到坚定，综合素质得到全面发展。

钻研教育理论，增强教学底蕴。启发式教学法在教学实践中经常被教师提及，也备受认可，可是并未收到教师期望的效果。因为，启发式教学法不仅要求教师掌握启发式教学法，而且要求教师有深厚的教育教学理论功底。实现启发式教学法在高校思想政治理论课教学中的价值，教师需认真钻研教育理论。第一，加强启发式教学法的理论研究。加强对启发式教学法的理论研究，是提高教师运用启发式教学法能力的基础。研究布鲁纳（美国教育心理学家和教育家，当代认知心理学派和结构主义教育思想的代表人物之一）的发现学习理论，高校思想政治理论课教师可以更好地发挥启发式教学法激活、指向作用。因为学习动机，无论是对学生的学习行为，还是对教师的教学效果都会产生很大的推动作用。研究人本主义理论，是为了让个体的各个方面得到发展。人本主义要求教师在尊重和信任学生的基础上，从内心深处真正喜爱学生，把学生放在核心位置，尽全力帮助学生潜能的发挥，保证学生可以开心地创新探知和实践。教学行为的主旨在于推动学习个体的创新，造就出乐观向上、顺应时代变化的心理健康的人才。这三个理论是启发式教学法的基础理论，当然还有很多关于启发式教学法的基础理论，增强对启发式教学法基础理论的研究，可以使启发式教学法在教学中更好地发挥作用，增强启发式教学法的实效性。第二，掌握一定的教育理论知识。启发式教学对教师有着高标准的要求，教师要以专业的态度与远见的卓识对待每一位学生的学习过程，要准确掌握学生的认知发展规律，从而在掌握学生内心动态的基础上进行诱导、启发，使其进行自觉地学习。因此，掌握一定的教育理论知识，特别是有关学习的基本原理和学生认知发展方面的知识，是对高校思想政治理论课教师的基本要求。高校思想政治理论课是一门意识形态鲜明的课程，其抽象理论多。这就要求高校思想政治理论课教师不仅要具备深厚的思想政治教育方面的理论知识，而且还要具备一定的教育理论知识，才能抓住学生心理动态，根据学生认知发展规律，运用启发式教学法，帮助学生树立正确的世界观、人生观、价值观，从而正确地认识世界，能动地改造世界，乐观地面对自己的人生。

三、案例教学法

案例教学法是一种从"理"到"例"或是从"例"到"理"的教学方

法，案例教学法不仅呼应了立德树人的要求，而且符合国家中长期教育改革规划纲要的教育理念。在高校思想政治理论课教学中采用案例教学法，不仅对提升青年大学生综合素质，提高青年大学生的思维能力、分析能力，养成独立思考的习惯具有积极作用，而且对新时代思想政治理论课教师养成博览群书、广泛收集资料的习惯也大有裨益。

（一）案例教学法的内涵及其特征

1. 案例教学法的基本内涵

案例教学法的核心是案例，离开了案例，案例教学法只能是纸上谈兵，形同"皮之不存，毛将焉附"。对于什么是案例，仁者见仁、智者见智，不同的专家学者从不同的研究领域出发，对案例的界定就有所不同，但对案例有一个共同地描述就是真实情境，即案例是关于某个实际情景的描述，而不是杜撰或演绎的事实，杜撰或演绎的事实更像是一种小说或科幻的叙述方式。因此，案例就是以教学目标为导向，以教学内容和单个或多个问题为基础，以事实为依据编写而成地对客观事实的描述。

案例教学法，顾名思义，就是教师运用现实案例阐释教学知识的一种教学方法。在《教育大辞典》中案例教学法是指教师依据某一具体案例，提出案例问题，并组织学生阅读案例、分析案例，进而解决案例所涉及的问题的一种教学方法。通过相关文献查阅、收集、整理和分析，案例教学法也可以界定为在教师的指导下，依据一定的教学目标、教学内容和教学要求，依据现有的物质手段和条件，对案例所呈现的、所隐含的显性或隐性的问题进行探讨、调查、分析，在教学过程中学生积极主动地学习和掌握分析、解决问题的方法，从而提高乐学生的综合素质和能力，加深对概念、原理的理解和掌握的一种特定的教学方法。

高校思想政治理论课案例教学法，简言之，就是教师将案例教学法运用到高校思想政治理论课教学过程中的教学方式。具体来说，高校思想政治理论课案例教学法就是指在教师的精心安排和指导下，遵循青年大学生身心发展的规律，按照青年大学生的认知规律和特点，根据"两课"（马克思主义理论课和思想政治教育课）的学科特征、课程标准、教学目标和教学内容，在教学过程中以实际发生的事例为题材，将青年大学生置身于某一个事件的真实情境之中，引导青年大学生运用所学知识进行分析和讨论问题，通过教师与学生、学生与学生之间的交流互动，促进青年大学生积极、主动地学习，享受学习的乐趣，促进青年大学生发现问题、提出问题、分析问题、解决问题的综合能力发展，培养青年大学生创新能力、沟通能力、交流能力和团队协作精神的一种教学方法。

2. 案例教学法的特点

综合性。案例教学法的综合性特点主要体现在两个方面：一是与教学过程中一般举例时的例子相比，案例教学法中的案例的内涵更加丰富，要求更加严格，说服力更强。二是案例教学法所选择的案例，具有典型性。因此，学生在对该案例进行剖析和理解时会更加复杂，案例教学法不仅要求学生具备本学科的基本理论知识，而且还要求学生具备随机应变的权衡决策能力。可见，案例教学法的成功实施，需要学生掌握一定的理论、把握灵活的技能、运用综合知识处理不同类型的案例。

主体性。在运用案例教学法开展教学过程中，学生是学习的主体，调动和发挥学生的积极性、主动性是成功运用案例教学法的关键。教师的主要职责是收集、选择或编写符合教学目标所需的生动案例，引导学生开展课堂讨论、交流和辩论；防止课堂讨论、辩论得过于激烈，打乱正常的教学秩序或是过于冷漠、冷清不利于学生的交流探讨；在教师的引导下，学生积极主动地参与到案例教学中，以案例所描述的情境为前提，充分理解案例角色、情感和境遇，对案例蕴含的道理、哲理和思想政治意蕴进行分析、讨论，辨析，并在此过程中相互交流学习、促进成长。

实践性。案例教学法不是简单明了地告诉学生一个社会组织或一个历史事件是如何运转或发生或真相是什么，而是让学生充当或假设已经发生过的社会生活事件中的某一角色，运用其掌握的理论、所学知识，分析、思考案例，并得出一定的结论来指导自己的行为，推动自己的学习、工作。从而实现从实践中来，到实践中去的华丽转身。案例教学法的实践性使学生在校园这座象牙塔中就能够接触复杂具体的社会实际问题，掌握社会生存的思维方式和技能，弥补由实践经验不足和实际能力欠缺所引起的问题。

互动性。教学过程是一个教师与学生之间、学生与学生之间多边互动的过程。在教学过程中，学生个体与教师个体之间不仅存在着交流、交往，而且在老师个体与学生群体之间，学生群体与学生群体之间都存在着多种关系主体的交流和交往。在案例教学法中，师生之间的交流、小组内成员交流与组外交流，使整个课堂一直处于相互交往的动态过程中。在这个动态的教学过程中，教师呈现或展示案例时，需要学生专心聆听，获取教师呈现或展示案例中的有效信息；教师分析案例时，学生也要参与分析并且要积极讨论案例；教师总结案例时，学生要快速思考、辨析、总结相关知识。案例教学法中，师生的共同参与主要表现在教师对学生的提问、打开学生的思路、启发学生主动思考。学生在教师的引导下充分交流、积极求索，最后师生共同分析、梳理、归纳和总结得出相关结论，深化对基本概念、基本原理、基本理论的理解。师生之间在你来我往的交流中，从而拉近了师生之间的距离，活跃了课堂氛围。这种民主、自由和平等的课堂教学也会对学生后期的学习、生活和工作产生重要影响。

探究性。案例教学法的主要目的在于通过在课堂上呈现或展示案例中的真实情境，引导学生自主地探索，促进学生思维拓展，培养学生独立探索、独立探究的能力。在高校思想政治理论课教学中，教师借助案例的实情实景，结合教学内容设计具有探究价值的问题，让学生在独立思索和相互交流中探究问题的答案，培养学生的探究精神。

（二）案例教学法的功能

首先，有利于提高学生的学习兴趣，提升其综合素质。在思想政治理论课传统教学中，教师主要是采用单向向学生传输知识的"灌输式"教学方式，这大大抑制了学生学习的积极性和主动性。案例教学法要求思想政治理论课教师在教学过程中精心准备一两个生动具体的教学案例，在呈现和分析、讨论和交流案例过程中，发挥教师在教学过程中的主导作用，同时发挥学生在案例分析、研讨和辨析中的主体作用。学生在阅读分析案例、认真思考问题时，积极踊跃表达自己的想法和观点，热情主动地参与案例教学的全过程，既带动了课堂气氛，又提高了学习效果。教师则不失时机地引导学生理解知识，增加知识储备，提高教学实效。

其次，有利于提高教师教学水平，促进学科发展。新时代思想政治理论课教师不能再做一个课本知识传授的古板教书匠，要善于运用现代教学手段，创新体现"以学生为中心"的各种教学方法，充分调动和发挥学生课堂学习的积极性、主动性和创造性。案例教学法不仅有利于帮助教师向学生传授知识、把握理论，更有利于尽其所能地激发学生参与课堂学习的兴趣和活力，让学生享受思想政治理论课课堂乐趣，成为课堂的主人公。在思想政治理论课案例教学中，教师不再是简单、纯粹的知识搬运工，将"两课"教材既定的知识、理论通过教师讲解传授给学生，而是学生学习路上的点灯人和指路人，让学生学会学习、喜爱学习，在教学的过程中顺其自然地让学生获得知识，掌握理论，树立正确的世界观、人生观和价值观。此外，案例教学法的使用还可以提高教师的综合素质，例如，在实施案例教学前，教师要收集相关案例信息，在整理归纳案例资源中，其归纳分析能力在潜移默化中就得到了提升。总而言之，案例教学法在高校思想政治理论课教学中的使用、改革和创新，对提高新时代高校思想政治理论课教师的教学技能和教学水平有重要作用，对促进学科长远发展具有积极影响。

最后，有利于促进教学目标实现，提高教学效率。高校思想政治理论课教学内容多，而且理论性较强，思想政治理论课教师如果简单、纯粹地用"灌输式"讲授，用理论知识解释理论知识，用例子证明例子，容易导致学生对"两课"的学习只浮在表面，似懂非懂。久而久之，学生对思想政治理论课的学习就没有获得感，也没有成功的体验，就会逐渐对思想政治理论课丧失兴趣，产生厌烦情绪甚至排斥抗拒思想政治理论课。思想政治理论课教师在教学中运用案例教学法进行授课，可以通过鲜活、生动而具体的案例分析、探讨深奥、枯燥的马克思主义理论，以灵活多样的表现方式、抑扬顿挫的语言表达、循循善诱的引导分析，激发学生学习思想政治理论课的积极性和主动性。通过案例教学法，最大限度地帮助学生理解思想政治理论课知识和理论，并将其内化为自己的知识涵养、理论素养，从而真正地帮助学生学会运用马克思主义的立场观点方法，实事求是地发现问题、思考问题、分析问题、解决问题，培养和提高作为一名青年大学生在社会生活中应有的独立、自主、自强品质和能力，形成正确的世界观、人生观、价值观，成为具有爱国主义情怀、集体主义思想和共产主义理想的合格建设者和可靠接班人，实现"两课"所设定的教学目标。

（三）改革创新的措施

1. 建立案例资源库

重视案例的选编工作，不断创新更新案例教学资源库。客观地说，案例教学法在一些学科或专业课堂取得了良好效果，其教学案例资源库也是相对完备健全的。目前，在高校思想政治理论课教学中案例资源库尚未完全建成，不但优秀的教学案例资源缺乏，而且符合教学要求的案例资源也比较零散。这就需要高校思想政治理论课教师与时俱进地收集、整理、归纳、编写教学案例，建设一个高质量的经典教学案例资源库。教师是思想政治理论课课程资源的开发者和建设者，重视思想政治理论课教学案例的选编工作，可以采取一定的激励措施，激发教师的积极性和主动性，鼓励全体教师参与到思想政治理论课教学案例资源的选编工作中，实现从合格案例到优秀案例，再到经典案例的升华，以利于教师的教学。此外，教育部门还可以通过完善激励制度，鼓励思想政治理论课教师编写内容精炼、篇幅简短的典型"小案例"以促进思想政治理论课教学工作的开展。但是思想政治理论课，尤其是"形势与政策"课程的时效性很强，因此思想政治理论课教学案例必须与时俱进地更新，才能保证高校思想政治理论课教学因势利导。保持思想政治理论课教学案例的时效性、新颖性和针对性，可以通过多渠道、多方面来收集、整理和归纳，它可以是时政热点焦点、国内外重大新闻事件，可以是发生在学生身边的事件，也可以是学生经常关注的热点话题。这要求教师既耳听八方、眼观四路，终身学习，具有灵敏的观察力；又要求教师的教学从生活中来，再引导学生回到生活中去，善于发现典型案例、感悟身边人和事，并将社会和生活中的典型事例运用到教学中。

利用互联网技术，建立完善的案例资源共享平台。随着网络信息技术的发展，新媒体平台使用的范围和覆盖领域越来越大，网络共享平台已成为大学生日常学习、生活和工作不可或缺的重要渠道。因此，建立和完善思想政治理论课教学案例资源平台要依赖网络跨时空的强大桥梁作用。首先，要搭建高校思想政治理论课教学案例资源的相关网站，最主要的是要建设一个统筹全局、覆盖全国的完备的新时代高校思想政治理论课教学案例专门网站；其次，要建立与高校思想政治理论课教学案例间接相关的网站，即高校思想政治理论课网站。目前在全国范围内已经有多种综合性的资源库，但还没有专门针对高校思想政治理论课教学而开发的网站。因此，建设高校思想政治理论课教学案例资源的相关网站是十分必要的。最后，由于各省（市）地理位置、人文环境、经济社会发展程度的不同，各省（市）的教育厅、教育局也应当参与到高校思想政治理论课网站的建设中，为本省（市）的高校思想政治理论课案例教学资源的开发与共享添砖加瓦。各高校可根据师资力量实际情况开发和建设与本校大学生学情相应的思想政治理论课教学网站，为思想政治理论课教师教学和学生学习提供便利。除此之外，每一位高校思想政治理论课教师在通过网络选择案例资源为自己的教学工作服务的同时，也应承担相应的责任，积极参与思想政治理论课网络案例资源库的建设，将自己在教研过程中的经验和成功案例共享到案例资源库中，与同行进行交流和分享，共同促进新时代高校思想政治理论课教学案例资源库的建设与完善。

2. 发挥教师主导作用

端正教师运用案例教学法的理念。思想是行动的先导，高校思想政治理论课教师的教学理念会直接影响到教师的教学活动，这也会直接反映在高校思想政治理论课教学方法的运用上。新时代思想政治理论课课程改革要求教师要树立正确的教育观念：一方面，教师要传授知识，答疑解惑；另一方面，教师还要引导、帮助学生树立正确的世界观、人生观和价值观。因此，高校思想政治理论课教师应不断转变自身的教育观，把促进学生的全面健康发展放在首要位置。高校思想政治理论课教师对案例教学法的认知，直接影响到案例教学法在高校思想政治理论课中的发挥，思想政治理论课教师应该科学、正确地看待并使用案例教学法，正确区分案例教学法与其他教学方法之间的区别和联系，通过各种方式和途径学习案例教学法，如查阅前沿学术成果、请教名师或是与其他教师交流等，正确理解、科学运用案例教学法，不断发挥其在调动学生学习积极性、主动性方面的积极作用，使其为教所用、为学所用，避免出现为案例教学而使用案例的现象。

提升教师运用案例教学法的素质与技能。案例教学法是以案例作为教学的关键素材，在新时代高校思想政治理论课案例教学中，提高教师运用案例教学法的素质与技能势在必行。一名优秀的思想政治理论课案例教学教师不仅要具备深厚的专业理论功底，还要具有广博的人文社科知识，同时还应具有开拓创新、平等民主的精神，鼓励青年大学生大胆创新、勇于实践。思想政治理论课教师的言谈举止具有很强的示范性，作为学生的导师和朋友，教师自身应具备高尚的道德操守和法律法规意识，在日常生活和课堂教学中的言谈举止都应该严格要求、谨小慎微，给学生以良好的示范。在案例教学中也不例外，这需要教师在案例提炼中，选取正能量的、通过学生辨析能够警醒学生的教学案例。高校思想政治理论课教学案例的选择应该是多方面、多层次、多领域的，而不仅仅局限于社会时政热点事件，这就要求思想政治课教师要不断丰富自己的知识领域，上至天文、下至地理都有所涉猎、略知一二，对古今中外的人文社会科学知识都应有所知晓。作为一名新时代高校思想政治理论课教师，不仅需要及时地关注时政要闻，还要善于发现其中的教育意义，将社会热点焦点、时政要闻与高校思想政治理论课教学目标相结合，更好地将案例运用到教学中，帮助学生掌握知识、把握理论，并将所学知识、理论运用到实际生活中。此外，教师是教学的主导者，思想政治理论课教师要成功地运用好案例教学法，还需要具备驾驭案例教学法的能力和技巧。因此思想政治理论课教师要在不断总结案例教学法经验基础上，谦虚地向其他优秀教师学习，积极参加教学技能培训。

3. 提高学生有效参与课堂教学的能力

转变学生的学习方式和思维习惯。受应试教育影响，大学新生在思想政治理论课课堂上往往不愿意动脑思考问题，习惯听老师讲，等老师告诉答案，不会对老师给出的结论产生怀疑，全盘接受教师所授的知识和理论。这种传统的被动式学习方式只会使学生对教师依赖性越来越大，阻碍学生的思考、分析能力，导致学生丧失对学习思想政治理论课的兴趣。在思想政治理论课教学过程中，教师运用案例教学法要求学生认真思考、分析，参与课堂讨论、辨析，充分发挥学生的积极性和主动性。为此，思想政治理论课教师，首先要改变以课本为主的观念，在学生理解、掌握课本知识的基础上，培养学生运用知识指导实践的基本技能、技巧。要培养学生的问题意识、创新意识和创新能力。在网络信息技术迅猛发展的时代，知识更新速度加快，学生只有具有问题意识和严谨的逻辑思维能力，才能不断思考、辨析问题，适应时代和社会发展的需要。其次，在学习方式上，学生要转变以往被动接受学习的方式，积极主动地学习，永不停息地探索，学会自主分析、研究和协作的学习方式，通过课前预读教学案例，思考所得与所感，增强参与案例教学的信心。

提高参与案例教学的学习能力。在网络信息技术迅猛发展的今天，学生获取知识的途径和方式是多种多样的，而且每名学生都会利用网络信息技术的优势去丰富、完善自己的知识体系，从而实现自己的全面和长远发展。但毕竟青年大学生的知识有限、辨别能力不高，难以面面俱到、去伪存真。在知识快速更迭、信息浩瀚的网络世界里，青年大学生仍需要团队之间的协作。青年大学生在不断学习、成长过程中，不仅需要教师孜孜不倦地指导，同时也需要与同学之间进行交流协作、分享成果。高校思想政治理论课的知识、理论更加系统，也更加复杂，但由于青年大学生的身心各方面发展尚未完全成熟，各方面的能力有限，对一个具体案例的分析难以做到透彻、全面。在运用案例教学法过程中，教师要让青年大学生在讨论环节敢于、善于表达自己的观点和学习心得，共同分析和探讨问题。

调动学生积极性。教学活动是教师与学生之间的双向交互活动，在高校思想政治理论课案例教学法中也需要教师和学生通力合作、共同参与、共同研讨，在师生双方的互动交流中完成，这也说明了学生才是学习的主体。成功的高校思想政治理论课离不开青年大学生的参与和合作，虽然教师深入浅出、生动形象地讲解能让课堂教学锦上添花，但终究不是高校思想政治理论课最终要义。因此，高校思想政治理论课教师在教学过程中成功运用案例教学法，需要尽其所能地通过各种方式方法激发青年大学生的积极性和主动性，让青年大学生参与到课堂中来，只有这样才能使案例教学法取得最优效果。最成功的老师就是培养学生的兴趣。高校思想政治理论课教师运用案例教学法进行教学，必须充分调动青年大学生参与思想政治理论课案例教学积极性和主动性，并逐渐探索青年大学生对高校思想政治理论课案例教学产生兴趣的有效途径。只有这样，青年大学生才会对高校思想政治理论课案例教学产生持久的学习兴趣和动力。在实际的案例教学中，思想政治理论课教师还可以从多个途径培养学生的学习兴趣，例如，通过扮演不同角色再现真实生活情境，促进学生参与到案例教学中，提高案例教学法的实效。

四、新媒体教学法

（一）新媒体含义及其特征

从广义上说，新媒体就是依靠网络信息技术等技术，以互联网等为支撑，以电脑和手机等为主要载体，能提供音像等集成信息数据服务的所有新传播形式的总称。广义的新媒体，既包括新兴媒体组织（机构），又包括全媒体（融合了传统媒体和新媒体的新型媒体）。同样的内容，不同的传播手段，具有不同的传播效果。从狭义上来讲，新媒体主要是指以互联网技术为依托，可移动地嵌入人们的日常生活、学习和工作，尤其是当代大学生生活、学习并产生深刻影响的新型传播媒介形态，如 QQ、微信、微博、App 软件以及客户端等。

新媒体依托网络信息技术呈现出以下主要特点。一是信息价值。信息价值是新媒体传播的题中之义。作为一种传播速度最快，受众覆盖面最广的新媒体之一，以其丰富信息量和信息源正在改变着学生的生活、学习和工作，影响着学生的思想观念和价值判断甚至成为意识形态竞争的前沿阵地。新媒体面对"00 后"青年大学生这一受众群体，需要准确把握信息传递的价值，选择因势而变、顺势而为的传递方式，适应"00 后"青年大学生的信息需求和心理反应，在充分发挥新媒体为思想政治理论课带来有效信息作用的同时，要更好、更高地为社会、经济效应和商业效益等方面发挥作用。二是原创性。新媒体不是一个绝对概念，而是一个相对概念，例如广播，相对于报刊来说，就是新媒体。以互联网为基础出现的新媒体，更多体现在一个"新"字，即突出其具备的原创性。新媒体的原创性不仅指技术上的原创性，更是指信息内容和表现形态上的原创性。新媒体不是对传统媒体内容的机械模仿和表达方式上的某种变更，它更加体现出自身的特征和优势：第一，传播内容更具普适性、贴近生活、贴近现实和贴近事实；第二，传播渠道具有多样性和发散性，QQ、微信、微博、抖音等都是青年大学生喜闻乐见传播途径；第三，"00 后"青年大学生的地位愈发提升，大学生的自由度更高、意见反馈更具及时性和有效性。三是生命力。随着新媒体的迅猛发展，各种创意层出不穷，多元的信息五花八门，但真正具有生命力的新媒体并不多见，有的受众量少，昙花一现；有的信息价值不高，娱乐笑料而已。因此，准确把握住新时代高校思想政治理论课对新媒体的核心价值要求，切忌盲目追崇时尚或生搬硬套，才能保证新媒体在新时代高校思想政治理论课中的生命力，体现它的实效性和价值性。

（二）运用新媒体教学的可行性

新媒体作为"00后"青年大学生喜闻乐见的一种信息传播方式，是新时代高校思想政治理论课教学的重要辅助工具，是提高新时代高校思想政治理论课教学效果的重要途径。

充分利用新媒体便捷性特点，拓展新时代高校思想政治理论课教学空间。一般情况下，高校思想政治理论课传统教学模式就是对学生定时定点（教室）开展教学活动。对于生性比较活泼开朗、自由独立意识强的"00后"青年大学生来说，时空受限的学习环境的弊端不言而喻。新媒体可随身携带的便捷性特点，极大地打破了高校思想政治理论课传统教学的局限，拓展了新时代高校思想政治理论课教学的时空界限，成为"00后"青年大学生喜闻乐见的教学新平台。2020年一场突如其来的新冠肺炎疫情打乱了青年大学生的正常复学。广大教师正是通过新媒体开展线上教学，达到了"停课不停学"的效果。在高校思想政治理论课传统的教学中，其局限是显而易见的：一是只能在指定的时间、指定地点进行教学，教师和学生需遵循"没有规矩不成方圆"的训诫；二是教师和学生在一般情况下很难做到及时地互动、交流，更谈不上讨论、辨析。因为高校思想政治理论课课时数少，教学任务繁重，而且教学基本上采用合班形式授课。在时间少和上课人数多的情况下，高校思想政治理论课教师不易及时了解和掌握青年大学生的思想动态。进入新时代，高校思想政治理论课教师在网络信息覆盖条件下，利用新媒体的便携性，可以随时随地进行教学资源的投放，创设属于教师和学生之间的专属互动交流、学习空间，解决高校思想政治理论课教学在不同教学时空下，马克思主义在一些学科中"失语"、教材中"失踪"、论坛上"失声"的状况，将凝固的教学时空转化为在即时、便捷的网络时空中再现，克服了高校思想政治理论课课堂教学的时间和空间限制。

发挥新媒体信息内容海量特征，丰富新时代高校思想政治理论课教学资源。在高校思想政治理论课传统的教学中，教材和教学辅导资料是教学资源的主要来源。新时代高校思想政治理论课教师恰当地运用新媒体进入教学过程以后，可以整合、应用和开发新媒体所承载的丰富多样、及时高效、价值导向鲜明的信息内容，并将其选择性地应用到教学中，为青年大学生提供丰富的课堂、课外学习资料。实践证明，高校思想政治理论课教学不应该且不能仅限于课堂教学，日常言谈举止、起居生活是影响青年大学生思想、价值观念的更为重要的场域。新时代高校思想政治理论课教师可以整合一些与思想政治理论课学习紧密相关的知识、信息和视频，推送给青年大学生，也可以寻找一些社会典型事例，青年大学生日常生活中发生的事情等，如将就业信息、时政新闻、社会热点等融入思想政治理论课教学中，可增强与青年大学生的沟通交流、讨论辨析，同时对提高新时代高校思想政治理论课的教学质量也具有重要意义。青年大学生是新媒体的忠实"粉丝"，也是使用新媒体最大的群体之一。青年大学生完全可以根据学习高校思想政治理论课的需求，通过"两微一端"、超星学习平台和 App 软件平台等新媒体途径，自主地搜索相关学习资料，弥补自己知识的不足，达到自主学习、自我提升的目的。总之，新媒体所承载的经济、政治、社会、文化、教育、卫生、生态等各个方面的海量信息内容以及即时性地传播速度，成为高校思想政治理论课教学运用新媒体的必要。高校思想政治理论课教师和青年大学生应充分利用新媒体这一优势，以正能量的信息为王，将其运用于高校思想政治理论课教学中，增强高校思想政治理论课教学内容的即时性、针对性和感染力。

利用新媒体的交互性特征，增强新时代高校思想政治理论课教学过程中的主动性。新媒体的交互性主要体现在教师与学生、学生与学生之间相互关注、评论和点赞以及具有价值意义的信息内容的订阅、收藏和发送等。教师将新媒体交互性功能巧妙地运用到高校思想政治理论课教学过程中，一方面，可以通过营造自由、民主、平等的教学环境，增强教师的亲和力，拉近师生之间的距离，使新媒体成为新时代高校思想政治理论课教师进一步接触学生、了解学生、发现学生的窗口；另一方面，在虚拟的自由、民主、平等的教学环境下，新媒体"去中心化"的优势将进一步显现，青年大学生在获取知识、信息等方面和教师具有平等地位。在高校思想政治理论课传统教学中，教师占有对教学知识、各种信息的绝对权威，学生基本上习惯于"教师讲，学生听"的模式，始终处于被动地位。教师强制性地讲授权威知识，学生没有机会，也不可能真正民主、平等地参与其中，学生的积极性、主动性和创造性难以充分发挥。伴随着网络信息技术和数字技术的发展，新媒体在新时代高校思想政治理论课教学中地有效运用，实现了教师和学生之间、学生与学生之间自由、民主和平等地交流沟通、相互讨论辨析。通过微博、微信、短视频等新媒体工具，教师可以及时了解青年大学生对高校思想政治理论课的态度和期盼，在此基础上，反思和改进新时代高校思想政治理论课教学方法。在这种虚拟与真实间相互切换的教学环境中，相较于被动地在固定教学时间地点学习，新媒体不仅可以使学习更符合青年大学生个性化、平等化的学习特点（主动选择学习内容、形式、时间和顺序），而且可以通过点赞、回复等形式，实现学生与教师的实时互动，激发青年大学生学习思想政治理论课的兴趣和热情。

（三）运用新媒体的基本原则

显性教育与隐性教育有机结合。从传统意义上讲，高校思想政治理论课是经由课堂教学进行显性教育。伴随着科技和网络信息技术的快速发展，教师更迫切地需要将新媒体运用于高校思想政治理论课教学中，以满足青年大学生课外（线下）学习的需求，实现高校思想政治理论课从定时定点的显性教学方式向随时随地的全方位、立体化隐性教学方式转变。相比较而言，高校思想政治理论课传统教学方法是显性的，要求结合明确的思想政治理论课教学大纲、教学目标、教学内容，局限于思想政治理论课课堂以及其他类似专题教育活动。新媒体的发展，让课堂和教学形式从传统的教师、礼堂、操场和展览参观场所，转移至浩渺无边的虚拟网络空间；高校思想政治理论课的教学方法、形式和手段也从单一的讲授、参观转变为图片、音像视频、网络动画、音像交互等多媒体形式。在新媒体环境下，对高校思想政治理论课教学方法的改革创新，需要的是适合青年大学生，让他们喜闻乐见的能够灵活动态的适应网络技术发展的新方式方法。新媒体网络技术和网络舆情动向不断调整，决定了新时代高校思想政治理论课大多数情况下是不设固定的教学目标、没有固定教学方法、形式，随时随地可以进行的隐性教育方式。从某种程度上说，在新媒体环境下，以适应新媒体信息传播规律的方式，从事隐性的思想政治理论课教学方法改革创新，让青年大学生群体在潜移默化中自觉接受马克思主义和马克思主义中国化最新理论成果的教育、自觉改变思想观念，更有助于提升思想政治理论课的针对性和实效性。

总之，显性教育就好像新时代高校思想政治理论课的硬件，隐性教育就好比新时代高校思想政治理论课的软件，二者各具特色、各有所长，但都有其局限性。为了强化新媒体在新时代高校思想政治理论课教学方法中的运用，必须整合协调、合理创新新媒体在高校思想政治理论课教学方法中的显性教育与隐性教育功能，构建显性教育与隐性教育全方面协同配合的高校思想政治理论课教学新模式。显性教育与隐性教育二者各有各自的不足，也各有各自的育人功能。用隐性方法之长弥补显性方法之短，用显性方法之优，弥补隐性方法之劣，推动显、隐两种方法相互依存、相互促进，是改革创新新时代高校思想政治理论课教学方法必须思考的问题。

传统教育与媒体监管互为补充。拓展新媒体运用于新时代高校思想政治理论课教学方法的影响和作用，并不意味着要否定高校思想政治理论课传统教学方法。首先，新时代高校思想政治理论课教师要在继承高校思想政治理论课优秀传统教学方法精髓的基础上，积极主动地研究、探索适应网络信息技术条件下的新媒体教学法，使自己的教学水平和方法与日俱增、与时俱进，要主动地适应时代发展的客观实际情况，积极地使用青年大学生喜闻乐见的教学形式和方法，抛弃空洞的大道理和洪亮口号的灌输式教学方法。在新媒体时代，青年大学生最终要成为中国特色社会主义事业合格建设者和可靠接班人，一定是要经过社会和网络的双重检验，只有因势而变、顺势而为，与时俱进地改变思想政治理论课教学方法，才能真正把马克思主义、中国特色社会主义思想和社会主义核心价值观融入当代大学生的理想信念和价值观中，才能在充满各种诱惑、陷阱的虚拟网络世界和复杂的社会环境中生存，才能在为社会、国家和人类社会做贡献中真正实现自身价值。当然，仅仅依靠思想政治理论课教师使用新媒体的自觉和新媒体自身的监督功能，就要取得思想政治理论课教学方法的实效，还是远远不够的。相关法律法规、规章制度的配套不健全和新媒体与生俱来的匿名性、虚拟性等特征，使得构建良好的思想政治理论课教学生态环境困难重重。这种情况下，对于一个独慎思辨和去伪存真能力还相对较弱的青年大学生而言，做到自省自律、"一日三省吾身"尤为可贵。创造真正属于思想政治理论课教学方法改革的新时代，让青年大学生时刻警惕在新媒体平台上掉入陷阱或迷失自我，使大学生在喜闻乐见的教学生态环境中自我教育、自我管理、自我服务、自我成长、自我发展，为社会进步和人类文明发展带来更大的福祉，是新媒体运用在思想政治理论课教学方法改革创新中的目标价值。

在高校思想政治理论课教学过程中，新媒体教学法的运用必须坚持新媒体舆情监管治理和思想政治理论课课堂教育两者统筹兼顾。在传统方法到监管不到的地方，要发挥新媒体的作用，建立重大网络舆情研判制度，提升舆情应对工作的联动机制，及时准确地了解青年大学生的思想动态。面对影响青年大学生群体政治思想动态的事件，要在线上和线下深度介入舆情发展的全过程，多渠道地了解学生心理变化的新动向，共同营造包容并蓄的多元教学方法，化解学生的不良思想倾向，真正达到高校思想政治理论课落实立德树人根本任务的目的。教育部陈宝生部长要求，新时代高校思想政治教育要坚持走"线上与线下"相结合的道路，即新时代高校思想政治理论课，一方面要运用好信息化手段，运用好网络阵地等进行线上教学，另一方面要通过各种制度安排和健康的活动载体进行线下教学，使青年大学生充分发挥自身的积极性、创造性。

统筹兼顾正面宣传与向错误思潮亮剑两方面。随着科技和网络信息技术的迅猛发展以及新媒体的不断涌现，互联网逐渐成为意识形态领域斗争的主战场，要想掌握意识形态领域斗争的主动权，就必须牢牢掌握网络信息技术背景下的新媒体，因为新媒体具有强大的舆论放大功能和舆论发酵功能。在运用新媒体改革创新教学方法时，新时代高校思想政治理论课教师必须不断提高网络舆情的引导水平和能力，加强正面宣传、引导与"向错误思潮亮剑"统筹兼顾，已成为新时代思想政治理论课教师的迫切需要。随着青年大学生公共参与意识的提升以及网络校园所带来的诉求表达渠道的拓宽，高校思想政治理论课教学方法要注重吸收青年大学生的智慧资源、注重从国家长远利益和社会发展趋势，着眼高校思想政治理论课的育人实际效果。通过运用新媒体改革创新新时代高校思想政治理论课教学方式，实现由过去单一理论说教向读图娱乐、视觉享受性学习转变。相对于传统集中学习，单向讲授或者开会宣讲等教学形式，教师充分利用论坛聊天、微信、微博等新媒体方式，更易增强高校思想政治理论课对马克思主义意识形态传播的针对性和亲和力。"正面宣传"不仅要有理论教育，更应该改革创新教学方法，运用新媒体宣传社会主义价值观念和中国化的马克思主义理论成果；"向错误思潮亮剑"是指在社会竞争日趋激烈、网络舆论纷繁芜杂的背景下，恰当地运用新媒体手段创新教学方法，向青年大学生传授如何保持良好心态、坚持人生信念和秉承正确价值观念的方法，能够理性看待个人在国家发展和社会进步中的地位，避免冲动和非理性行为。

运用新媒体改革创新教学方法，要求教师密切关注社会舆论和学生思想动态，及时发现非主流的声音和苗头，科学深入分析问题背后的原因和解决措施。恰当的教学方法直接关系着高校思想政治理论课教学的成效，也间接影响着中华民族伟大复兴的进程。习近平总书记指出，我国正处在百年未有之变局的关键时期，在具有许多新的历史特定环境下进行伟大斗争、伟大工程、伟大事业、伟大梦想，面临着前所未有的挑战和困难。因此，新时代高校思想政治理论课教师必须坚持社会主义主流意识形态阵地，弘扬主旋律，传播正能量。同时，也绝不放弃舆论斗争的新方略，旗帜鲜明地对错误观点思潮和意识形态阴谋论给予回击。将新媒体运用于高校思想政治理论课教学方法改革创新中，正是传统舆论斗争渠道逐渐转向新媒体舆论阵地的现实需要，把网络意识形态工作当成思想政治理论课育人工作的重中之重来抓，竭力遏制敌对势力不断调整策略、想方设法对我国进行意识形态渗透和围堵的意图，敢于同敌对势力与我国夺阵地、争人心的阴谋做斗争。

（四）运用新媒体的方略

恰当地将新媒体运用到思想政治理论课教学方法中，是新时代高校思想政治理论课建设的关键一环。现以"修身立德"微信公众号的设计以及具体运用为例，阐述将新媒体运用于思想政治理论课教学方法的操作方法。

设计微信公众号。2016年学校"思想道德修养与法律基础"教研室教师集体设计注册了"修身立德"微信公众号，账号主体是思修教研室主任。该平台上推送的信息资源主要包括课件、短视频、热点时政、身边事等，这些信息资源都与"思想道德修养与法律基础"课的教学内容相关。该公众号的运营和维护主要是"思想道德修养与法律基础"任课教师。起初，关注"修身立德"微信公众号的仅仅是教师要求的各班学习委员、班长等学生干部以及自愿报名参加的学生六七十人，但随着师生采取深入"思想道德修养与法律基础"课堂和学生宿舍等形式，扩大对"修身立德"微信公众号的宣传，加之新生入校时扎实开展了宣传工作，"修身立德"微信公众号影响力越来越大，约63%的新生都成功关注了"修身立德"微信公众号。该微信公众号平台从设计理念和应用原则来看，是试图将青年大学生喜闻乐见的新媒体运用到"思想道德修养与法律基础"教学中，根据青年大学生的"学"来设计"教"，激发青年大学生学习思想政治理论课的兴趣，改变青年大学生对高校思想政治理论课的学习态度，进而改变高校思想政治理论课"三率"不高的现状。将青年大学生喜闻乐见的新媒体运用于新时代高校思想政治理论课教学，与时俱进地改革创新教学方法，使高校思想政治理论课更贴近学生、贴近生活，贴近实际，增强了新时代高校思想政治理论课的亲和力、针对性和实效性。

　　"思想道德修养与法律基础"教研室设计的"修身立德"微信公众号以实现内化于心、外化于行的教学目标来编排，内容设置分为三个版块：一是围绕帮助青年大学生树立科学的世界观、人生观和价值观，增强思想道德修养设置内容，在"悦读经典"子菜单页面设有"学习语、品马恩、读大咖"；二是围绕青年大学生言行、社会现象等设置内容，在"学生评议"子菜单页面设有"你来评、我来议，到底该不该"等栏目，旨在帮助青年大学生树立社会主义法治观念；三是围绕"思想道德修养与法律基础"教学来设置相关内容，在"教学资源"子菜单页面设有"微视频、你问我答"以及教学资料等栏目。微信公众号以校训"明德至善　业精技高"作为主页，每个子菜单中的内容各有侧重。

　　微信公众号的应用。"修身立德"微信公众号主要运用于思想政治理论课课堂教学的课前、课中、课后三个环节。课前使用"修身立德"微信公众号，主要是开展自主学习思考，对"教学资源"栏目中的"微视频、你问我答"等教学资料进行品读。思想政治理论课的教学对象是生活在现实社会中具有自学能力的青年大学生。青年大学生正确世界观、人生观和价值观的培养，必须从客观存在的事实出发，从分析社会现象和现实问题中甄别真伪、分清是非，才能逐步地树立适应时代要求，符合社会发展规律的人生观、价值观。因此，在课前，教师可通过发布一些社会热点焦点问题。为了实现"修身立德"微信公众号教学平台传递教学资源的交互性，使青年大学生的主体地位得到保障，青年大学生可以在"立德修身"微信公众号主页面中的自定义回复栏，发布自己对热点焦点问题或微视频内容谈谈的个人看法或疑问，教师和全体同学都可以参与讨论、评论或回答。教师要密切关注、了解青年大学生的思想困惑、价值倾向，并根据教学内容有针对性地准备教学素材。此外，思想政治理论课教师还会在课前借助"立德修身"微信公众号，推送一些经典阅读书目或将学生自己的精彩评论、积极向上的微视频有选择地推送给其他学生品读和欣赏。学生阅读经典或观看了其他同学评议、微视频后，均需要进行评析和探讨，写出自己品读或观看后的理性认知和心得体会，教师择优推送同学的心得体会或认识到"立德修身"微信公众号，形成大家参与、大家评议、共同分享的课前互动模式。

课中使用"立德修身"微信公众号开展交流讨论，对"学生评议"教学资源栏中"你来评、我来议，到底该不该"进行交流。在课中，教师主要结合教学内容，负责使用"立德修身"微信公众号，积极引导与组织学生就与教学内容相关的某种社会现象或某个热点焦点问题展开讨论、评议。在相互讨论的过程中，青年大学生在教师的引导和阐释下，加深对课本理论知识的理解，在解惑答疑过程中实现知识的内化，在与教师或学生相互讨论、评议过程中，提高发现问题、分析问题和解决问题的能力。比如在"思想道德修养与法律基础"课第五章中讲述道德时，教师可推送辩论命题："老人摔倒时，我们到底该扶不该扶？"并针对辩论命题进行分组辩论，并截图辩论发言记录，在课中教师应用"立德修身"微信公众号抽签功能，从每一个小组成员中任意抽选一名成员，对本小组发言观点进行总结发言。在这一环节的教学过程中，一方面，青年大学生通过"立德修身"微信公众号讨论互动，大胆地说出自己的看法和观点，体验着认知的升华和思想的碰撞，并将未知转化为自己的新知，实现自己知识体系的解构和重构，同时在一定程度上解决了平时不敢在课堂上"发声"的问题。另一方面，通过微信公众号互动讨论的方式，极大地创新了互动式教学法，将传统的"单向度"灌输教学变为教师与学生之间，学生与学生之间主动且双向或多向的探讨，为青年大学生营造一个轻松、紧张、愉快、严肃的学习氛围。在课中教师和学生围绕讨论主题进行交流、分享观点，做到了因势利导、有的放矢、对症下药，精准化教学。

课后应用"立德修身"微信公众号"悦读经典"子菜单栏"学习语、品马恩、读大咖"等活动延伸知识。教师通过微信公众号课前、课中的有效实施，青年大学生对教学内容已经有了比较深入地了解，并将部分深奥的原理、理论知识内化为自己的看法、观点和思想。由于高校思想政治理论课教学过程的一条中心线索，就是持续改进和生成青年大学生的思想观念，所以"立德修身"微信公众号设置的子菜单栏"学习语、品马恩、读大咖"对青年大学生思想道德观念的改进和生成具有重要意义。在课堂教学任务结束后，教师的工作并没有结束，教师可以根据课堂教学情况就某一热点焦点问题或学生感兴趣的话题展开深入讨论，推进学生进一步学习和思考，提升学生对某一热点焦点问题或学生感兴趣话题认识的广度和深度，同时在"立德修身"微信公众号的帮助下，可以实现处处可学、时时可学的理想状态。值得提醒的是，课后应用"立德修身"微信公众号展开学习，应该是对课前、课中讨论话题和教学内容的巩固和延伸，教师不能将课后学习的步伐禁锢在课本和课堂上进行简单地原地踏步、重复循环。要增加学习内容的深度、广度和厚度。如应用"立德修身"微信公众号向学生推荐好人好事、先锋模范或名著经典，如给学生推荐"院士袁隆平""历届感到中国十大人物事迹""抗疫英雄钟南山"等，与青年大学生一起品经典、话大家，让学生在经典的熏陶下，使自己思想、道德、情感得到升华，拓宽学生的视野。通过应用"立德修身"微信公众号的投票功能，搜集、筛选青年大学生对思想政治理论课感兴趣的共同知识点，并就青年大学生感兴趣的话题或知识点开展线上微讲座，针对特别话题讨论进行微直播。如"立德修身"微信公众号在"微视频"菜单中，推送《习近平的七年知青岁月》。通过借助"立德修身"微信公众号平台推送微视频，开展"交流分享会"，使学生对经典话语的解读有了更深层次的认识和体验。

微信公众号应用效果。为全面、真实地了解在"思想道德修养与法律基础"课中应用"立德修身"微信公众号的效果，教师对随机抽取的100名学生进行了深度访谈，访谈结果显示，绝大部分青年大学生都表示真心喜欢这种教学方式，觉得这种教学方法既"抓眼球"又"触灵魂"，消除了思想政治理论课单调、乏味的刻板印象。思想政治理论课教师成为他们心中的朋友和导师。具体而言，"立德修身"微信公众号的应用效果主要表现在以下几方面：一是改变了青年大学生学习"思想道德修养与法律基础"的态度。实现了从以前"思想道德修养与法律基础"课"不想听"到现在的"还可以"，从"没意思"到"有兴趣"的改变。在访谈中，当问到"你是否喜欢教师将'立德修身'微信公众号应用到教学中?"时，只有个别同学"嫣然一笑"表示可有可无，参与访谈的绝大多数青年大学生表示非常喜欢，究其原因主要在于"立德修身"微信公众号运用于"思想道德修养与法律基础"教学，改变了思想政治理论课传统教学方式，即教师主要侧重于简单机械地讲授、宣讲国家的方针政策、社会主义核心价值观等内容，惯用一些高、大、上的教材话语体系，使青年大学生觉得晦涩难懂、乏味枯燥，不愿学。而"立德修身"微信公众号在教学中的应用，将互联网、新媒体与个人情感、家常理论、社会生活有机相结合，让青年大学生感受到教学案例、话语表达都较"接地气"，课堂教学变得开放、平等、自由，没有了"一言堂"，死记硬背条条框框的感觉。二是学习方式的转变。在问到"以前你一般是怎么学习'思想道德修养与法律基础'的?"绝大部分青年大学生都表示拿一本书、一支笔，趴在桌子上似听非听、似懂非懂地"熬"过课堂45分钟即可，基本上都是出于教室课前点名需要而被动地走进教室学习。当再问及"微信公众号'立德修身'使你学习更主动了吗?"有一半的青年大学生表示平台上推送的教学资源较为丰富，讨论的话题很接地气，只需要动动手指就可以学习知识、发表自己的意见观点，很方便、很有趣，而且不受严格的时空限制，可以利用碎片化的时间进行学习，可以在"立德修身"微信公众号上随时随地与同学或老师进行交流。三是学习效果的转化。在传统的"思想道德修养与法律基础"教学过程中，教师基本上都是以教材为主进行"讲读"，受诸多因素影响，部分教师习惯于使用课本的教材语言进行教学，对与青年大学生现实生活的疑惑和关注的热点焦点问题置之不理，导致青年大学生对教师授课内容、授课方法上难以在情感、情理上产生同向同行、同频共振，导致"思想道德修养与法律基础"教学效果欠佳。在回答"'立德修身'微信公众号对你有帮助吗?"的问题时，有约71%的青年大学生认为，"立德修身"微信公众号扩大了他们的知识面，提高了他们内化理论知识、分析和解决问题的能力。由于"立德修身"微信公众号中蕴含的教学资源丰富多彩、选择学习的方式多种多样，而且可以与教师和其他同学交流讨论，迎合了当代青年大学生的学习特点，吸引了青年大学生学习"思想道德修养与法律基础"课的眼球，触及了青年大学生的灵魂，学习效果自然而然就会有所改善。通常情况下，青年大学生在作业和考试考核环节中都会全体通过，而且整体成绩显著提高。四是教学理念的改变。长期以来，部分"思想道德修养与法律基础"教师习惯于传统教学方法，突出教师在课堂教学的主体地位，轻视或忽略青年大学生的个体需求，仍停留于"一言堂"的"填鸭式"教学方法上，远离了当代青年大学生的特性和成长规律，导致教学实效性不理想。"立德修身"微信公众号运用于"思想道德修养与法律基础"课教学以后，教师根据青年大学生学情和自身教学经验，将教学内容、学生关注的热点焦点、社会民生的难点痛点以及各种社会思潮等等进行梳理归纳，解构后重组重构，灵活应用于"立德修身"微信公众号，使"思想道德修养与法律基础"课教学变得更加精彩。受访教师一致认为，传统的教学理念使"思想道德修养与法律基础"教学课堂缺乏必要的开放性和不间断的更新性，使"思想道德修养与法律基础""活"不起来，"火"不起来，"动"不起来。"立德修身"微信公众号在"思想道德修养与法律基础"教学过程中，利用"新媒体+"的教学模式，建立"线上线下"的师生互动，其极强的时代感和交互性使教师必须因势而变、顺势而为，重新定义了"思想道德修养与法律基础"的"打开方式"，讲出了"思想道德修养与法律基础"的"味道"来。五是教学质量的提升。教学质量是衡量教学效果的重要标尺，教学质量的高低主要体现在学生对课程的参与度、获得感以及学习成绩的高低。在传统的"思想道德修养与法律基础"教学中，青年大学生学习"思想道德修养与法律基础"的目的只是考试获得60分、完成学分或者评奖评优等，对"思想道德修养与法律基础"的认知也处于模糊状态，因而"三率"较低也在情理之中。将微信公众号"立德修身"应用到"思想道德修养与法律基础"课教学中，青年大学生喜闻乐见的教学方式和接地气地沟通交流教学话语体系，贴近了学生、贴近了生活、贴近了实际，适应了青年大学生自我表达的特性，成为教师进一步接触学生、了解学生的窗口，提升了"思想道德修养与法律基础"教师的亲和力和影响力。与此同时，通过"立德修身"微信公众号"师生互动"环节的设置，更加及时地、有针对性地解答了青年大学生的疑难题、困惑点，增强了"思想道德修养与法律基础"教学的针对性和实效性。

第四章　启示与展望

中华人民共和国成立以来，随着高校思想政治理论课在学科、教材、课程设置、师资队伍等方面建设的深入开展，高校思想政治理论课教学方法的改革创新也取得了显著成效，但也不可小觑存在的问题，需要对其未来的改革创新进行理性思考。

第一节　树立科学教学观念

高校思想政治理论课教师的教学观决定了其教学方法观，而且教师的教学观和教学方法观内在地蕴含着教师对于教学活动和教学方法的认识和理解。因此，新时代高校思想政治理论课教师教学方法改革创新的前提和基础，就是教学方法观的革新，有什么样的教学方法观，就会有什么样的教学方法改革态度和价值取向。

一、新时代高校思想政治理论课教学观

教学观是指教师对教学及教学与其他事物关系的认知，其内涵和外延都是十分丰富的，不仅包括对教学内容、教学对象、教学方法的认知，对上述诸要素间相互关系的认知，还包括由此派生出的教师对教学功能、教学目标、教学价值等方面的看法。教师的教学观主要包括教师的知识观，教师的学生观，教师的师生观和教师评价观四个方面。教学观是教学方法观的前提和基础，教师只有树立了正确的教学观，才有可能树立科学的教学方法观。科学、正确的教学观必须是坚持以学生为本，符合学生成长特点和教育教学客观规律的思想观念，教师也只有树立了科学正确的教学观，才能真正实现新时代高校思想政治理论课教学质量的提升。从访谈结果看，当前大多数高校思想政治理论课教师

并没有意识到或者思考、研究过教学观这个问题本身，科学正确的教学观自然更无从谈起。在高校思想政治理论课实际教学过程中，大部分教师很自然地将主要精力放在了对教学方法的改革、创新上，只注重怎样"教"得好，而忽视了学生怎么"学"得好，这种现象实际上反映了教师对学生怎么学的疏忽和漠视，甚至有的高校思想政治理论课教师认为怎么学是学生自己的事，而这种片面地忽视或错误认识学生"学"而过分地只注重"教"的情况，不仅不会提高高校思想政治理论课的教学质量，反而会大大降低教学方法的有效性。剖析其根本的症结，就是大多数高校思想政治理论课教师的教学观依然停留在教师中心观，而不是学生中心观上。教师中心观源自对高校思想政治理论课传统教学观念的固守传承，这种观念是造成一部分高校思想政治理论课教师教学手段和教学方式比较单一，教学方法重视"教"法而忽视"学"法的根本原因。时至今日，虽然在高校思想政治理论课教学改革创新中取得了一定的成绩，但是，传统教学观念依然根深蒂固。造成这一现象的原因是多方面的：其一，高校思想政治理论课教师的自我肯定意识较差、自我认同感偏低，与新时代高校思想政治理论课的现实重要地位存在一定的差距。很多高校思想政治理论课教师认为自己就是一名公共课教师，自己是无法与专业课教师相比的，上课只是敷衍了事，完成任务而已。其二，一些高校思想政治理论课教师，没有将自己的专业学科摆到正确的位置之上。日常生活中，我们会发现一些高校思想政治理论教师当被别人问道："从事什么工作？"时，总会自豪地说："高校教师。"可是当别人感兴趣地继续追问："教什么？"时，一些高校思想政治理论教师就含糊其词或避重就轻地回答说教"法律"或者教"哲学"等，竟羞于说自己是高校思想政治理论课教师。这种现象可以反映出新时代高校思想政治理论课教师的主观心态，其对于自己从事思想政治理论课教学缺乏自我肯定意识。这种自我肯定意识的缺乏和自我认同感的偏低，与新时代高校思想政治理论课的重要地位和重要性严重失衡，是与习近平总书记"理直气壮地讲好思政课"的要求大相径庭的。其三，教师中心观是对青年大学生在课堂学习主体性地位地轻视，是对青年大学生综合素质和创新能力培养地忽视，把青年大学生看成接受知识的对象或机器。这种观念容易导致教师在讲授理论知识时就一味地强塞硬灌，不管学生的感受。这种灌输式、填鸭式的高校思想政治理论课教学方法，不仅使青年大学生不能积极主动地理解消化学习内容，而且极大地阻碍了青年大学生个性的发展和学习能力的提升，使得高校思想政治理论课课堂严肃有余而活泼不足，教师威严有余而亲和不足，极大阻碍了高校思想政治理论课教学质量的提升。作为一名新时代高校思想政治理论课教师，可以有、应该有、必须有高度的自豪感和自信心，理直气壮地讲好新时代高校思想政治理论课。同时，必须认识到，如果高校思想政治理论课教师本身不能自我肯定和认同，其在教学工作中的心态一定是消极的、被动的、按部就班的，其职业表现一定是松散的、懈怠的、忙忙碌碌的。

二、新时代高校思想政治理论课教学方法观

教学方法观是教师对教学方法在教学过程中地位和作用的总的看法和根本观点，通过教师教学思想、观念渗透到不同课程的具体教学设计和具体课程教学实施中，它反映了教师特定的教学理念，也会受教师教学观的制约。对于高校思想政治理论课教学来说，教师的教学方法观决定着教学方法的改革创新，没有高校思想政治理论课教师教学方法观的变革，就不会有真正的高校思想政治理论课教学方法的改革创新。科学、正确的高校思想政治理论课教学方法观是教师科学选择和运用教学方法，创新和发展教学方法"看不见的风筝线"，始终牵引着教师根据什么样的标准来看待教与学的关系、选择和运用教学方法、如何改革教学方法、如何评价教学方法的效果。新时代高校思想政治理论课教师树立科学正确的高校思想政治理论课教学方法观，具体应包含以下三方面的内容：第一，教学方法改革创新应致力于实现新时代高校思想政治理论课价值引领的目标。高校思想政治理论课教学方法改革创新的终极追求，不能离开价值的引领，不能围绕价值引领而展开的教学方法改革不仅是无用的，甚至有可能是倒退的、落后的。第二，教法、学法要并重发展、齐头并进。高校思想政治理论课教法的发展，其目的之一就是提升青年大学生学习思想政治理论课的兴趣和热情，离开了青年大学生有效地学，再好的教学方法也不可能起到提升高校思想政治理论课教学实效的作用。高校思想政治理论课教师在有限的课堂教学中，不仅要对课程教学内容进行深度讲解，梳理、归纳和总结，挖掘其内在联系，拓展课堂教学内容，而且要教会青年大学生用马克思主义的理论、观点、立场和方法，发现问题、分析问题和解决问题，授人以鱼，不如授人以渔。成功的高校思想政治理论课教学也应该追求"教是为了不教"的最终目标。第三，显性教学方法与隐性教学方法相统一。在长期的高校思想政治理论课教学实践中，显性教学方法不断完善，发挥着重要作用，但其弊端也在日益显现。对于显现教学方法存在的问题，可以通过隐性教学方法加以补充和纠正。隐性教学方法主要是指将教学目的、方式隐藏起来，以间接、潜移默化的方式来开展高校思想政治理论课教学的方法。隐性教学方法可以极大地减轻青年大学生在学习思想政治理论课教学中的反暗示心理，于"润物细无声"

中教育和感染青年大学生。在高校思想政治理论课教学中坚持将显性教学方法与隐性教学方法相统一，不仅可以弥补两种教学方法各自的不足，而且可以实现新时代高校思想政治理论课教学效果的最创新。

三、新时代高校思想政治理论课教学效果观

检验和衡量高校思想政治理论课教学方法究竟好不好的标准之一，就是根据其实际取得的教学效果来衡量。关注高校思想政治理论课教学方法的实际效果，自觉走出为方法而方法和方法工具主义倾向的误区，牢固树立高校思想政治理论课教学方法有效性意识，才能不断提高新时代高校思想政治理论课教学方法改革创新的水平。

（一）避免为方法而方法

随着网络信息技术的发展和新媒体的大量涌现，新时代高校思想政治理论课教学方法也如雨后春笋般大量涌现，如翻转课堂、雨课堂、微课等，呈现出多样、多元、多维的繁荣发展态势。需要注意的是，教学方法的多样化和多元化并不等于教学方法改革创新都取得了实效。如果教学方法改革创新只停留在注重方式、方法上，而不关注教学方法运用到高校思想政治理论课教学中的实际效果，就像服装设计师设计了众多款式新颖的服装，却没有模特试穿，没有进行客户接受程度的测试。教师如果单纯地仅仅因为某一种教学方法符合时代发展的潮流，包装新颖、形式时尚就去使用它，或者只见树木不见森林地只热衷于改革创新教学方法本身，那么教学方法的改革创新就会本末倒置，陷入为方法而方法的误区，导致方法至上的错误倾向。这种倾向会极大阻碍教学方法的科学化，造成一些比较严重的问题，主要表现在以下三个方面：第一，教学方法的表面化与浅层化。从当前高校思想政治教学方法改革创新的现实看，我们依然处于比较浅层的就事论事探索阶段，更多地专注于对教学方法实践操作层面的研究，而缺乏对教学方法论的探索与升华。只有将对各种具体教学方法的积极探索上升为方法论的高度，从理论的高度进行深入的研究，才能使高校思想政治理论课教学方法研究更为系统和科学，从而推进高校思想政治理论课教学方法改革创新不断深化。第二，教学方法的符号化、碎片化。从当前高校思想政治理论课教学的实际情况看，一些教师不顾特定的教学目标和教学内容，只单纯地考虑教学方法形式的新颖和课堂一时的气氛；一些教师在思想政治理论课教学过程中不关注青年大学生的需要和感受，只是根据自己的喜好和专长选择教学方法；还有一些思想政治理论课教师采取"单打一"的做法，不重视对教学方法的创新组合与综合运用，这些做法不符合教学方法的价值构

成和真正目的，在实际的教学活动中是不可取的。第三，教学方法娱乐化与媚俗化。新时代高校思想政治理论课鲜明的政治导向性，决定了教学方法的改革创新也应围绕着价值引领来开展、是具有鲜明政治导向性的教学方法。不能围绕着价值引领而展开，忽略了其特有政治导向性的教学方法改革与研究，就失去了存在的基础，不仅是无用的，在某种情况下甚至会起反作用，产生负面的效果。一堂高校思想政治理论课如果仅仅以生动活泼、气氛热闹为价值取向，忽视对政治导向的坚持和政治理论深度的追求，就不可避免地会陷入媚俗化、浅显化、娱乐化，而这样的教学只会让学生在课上觉得热闹有趣，下了课就会觉得毫无收获、学过就忘。

（二）避免方法工具主义倾向

随着互联网技术、数字信息技术以及移动通信技术的快速发展，不少现代化的网络信息技术融入高校思想政治理论课教学方法改革创新中，为新时代高校思想政治理论课教学带来了新的生机与活力。当前一股基于网络、数字技术、信息技术的新型教学模式研究热潮，正在高校思想政治理论课教学方法改革创新中方兴未艾。这股热潮既给当前高校思想政治理论课教学方法改革创新带来了发展机遇，也给教学方法的改革创新提供了新的生长空间。但需要注意的是，在当前高校思想政治理论课教学改革实践中，出现了技术主义至上的方法工具主义倾向，这种倾向会使高校思想政治理论课教学方法改革创新陷入形式主义的误区。在当前高校思想政治理论课教学改革创新过程中，存在着盲目的"技术热"现象。一些高校思想政治理论课教师不顾教学实际和自身信息化素养水平，盲目追求时尚，生搬硬套地将慕课、微课和翻转课堂等教学形式照搬照抄到高校思想政治理论课课堂；一些教师对于慕课和翻转课堂教学根本思想和运用方法的认识仅仅停留于技术层面，甚至一些辅助教学的 App 软件只被当作点名、课堂测验、发布信息和监测学生学习情况的课堂遥控"神器"，而青年大学生在经历了一段时间地新鲜接触之后，往往会厌烦这种简单的教学形式。还有一些高校思想政治理论课教师就简单机械地用微课、慕课中现成的教学视频完全取代了一部分重点、难点理论知识的课堂讲授，而这其中不乏一些极为抽象的、需要教师反复讲解、学生反复琢磨咀嚼、"反刍"的知识要点。同时，还应注意的一个问题是，这些录制好的视频是有时效性的，而新时代高校思想政治理论课教学应坚持因事而化，因时而进，因势而新。教师如果一直用老旧的视频代替更新了的新知识讲授，就会造成高校思想政治理论课教学与现实严重脱节。更有甚者，一些高校思想政治理论课教师为了追求形式上的教学手段创新，不惜牵强附会、削足适履地应用新型网络信息和新媒体技术进行教学方法改革。还有些教师为了使高校思想政治理论课教学与新技术接轨，一味地追求采用形式多样的具有先进技术的教学手段，致使教学内容服从于教学手段，教学手段为重，教学内容为轻，能用上先进教学手段的内容多讲一讲，用不上的章节内容就少讲一讲或者干脆一言带过，甚至不讲。这样无疑会造成教学技术对教学内容地肢解和破坏，导致技术理性控制教学方法改革创新，忽视和弱化高校思想政治理论课本身的系统性和科学性，阻碍高校思想政治理论课教学水平的提高。

（三）始终关注教学方法的有效性

教学方法有效性是指在特定教学实践活动中使用的方法手段所达到预期目的的程度，是相对于教学方法无效性或教学方法无价值导向而言的。因为特定的价值关系是有效性确立的必要前提，所以有效性所体现的也就是特定主体的需要，在相应的教学实践活动中得到满足的程度。高校思想政治理论课教学方法的有效性是指高校思想政治理论课教师在教学过程中采用的教学方式、手段能否为实现教学目标服务，能否保证教学质量地稳步提高，能否使教师的教与学生的学有机衔接和完美吻合。教无定法，贵在得法，"得法"就是高校思想政治理论课教师将各种教学的手段、技巧等恰如其分、灵活巧妙地应用于高校思想政治理论课具体的教学过程中，实现高校思想政治理论课教学方法的有效性，不断提升高校思想政治理论课教学方法的科学化。

第二节　坚持问题导向

发现问题是解决问题的前提和基础。当前，高校思想政治理论课教学方法改革创新处于向纵深发展阶段，为了发现问题、沉淀经验、积蓄力量，教师更加需要对当前高校思想政治理论课教学方法改革创新中出现的问题进行梳理、归纳、总结和思考，对高校思想政治理论课教学方法改革创新的困境进行深入的反思和研究。只有善于发现和总结当前高校思想政治理论课教学方法改革创新中存在的实际问题，才能不断促进新时代高校思想政治理论课教师寻求多种方法来解决问题，有效地提升教学水平和质量。

一、高校思想政治理论课与专业课的差异问题

在各类课程教学改革研究与实践中，关于教学方法的研究一直是学者们普遍关注的焦点之一，投入的精力往往最多，取得的成果也最丰富。同样，在高

校思想政治理论课教学研究中，广大学者也更侧重于对高校思想政治理论课教学方法地探索和研究。似乎只有在教学方法研究上取得的成果越多、研究的程度越深，教师在教学中运用的方法才越有效，高校思想政治理论课才能越受到学生欢迎，教学质量才能越高。深入思考两个问题，即为什么特别重视高校思想政治理论课教学方法的改革创新？为什么高校思想政治理论课比专业课程更难教，也更难教好？我们可以跳出教学方法研究本身之外，科学地审视教学方法改革创新背后的理论，更好地为全面深入改革创新新时代高校思想政治理论课教学方法奠定理论基础。

正视高校思想政治理论课课程与公共基础课课程、专业课程的差异，有助于我们进一步明确高校思想政治理论课教学方法研究和探索为什么要着力，该从什么地方着力以及如何着力。对于这一问题，需要分别从我们对高校思想政治理论课存在的认识误区和高校思想政治理论课本身的重要性两方面加以把握。首先，当前人们对高校思想政治理论课存在认识误区。长期以来，国内教育领域普遍存在着一种错误的思想认识，就是与专业课程相比，高校思想政治理论课是极其不重要的，是可以应付了事的，甚至是可有可无的课程。在不少青年大学生的心目中，高校思想政治理论课与一般的就业课程、创新创业课程、心理健康课程等课程并没有多大的区别。高校思想政治理论课教学也并没有什么学问，"空而大"的说教，脱离实际的高谈阔论。简言之，高校思想政治理论课无非就是马克思主义的那一套过时的理论，无非就是对国家大政方针的政策宣讲、解读，没有什么理论深度和科学研究的价值，也没有什么教学和学习的价值。在一些青年大学生心目中，高校思想政治理论课就是无用的理论说教课，看似"高大上"，实则"假大空"，更有甚者将高校思想政治理论课当成自习课、休息课和闭目养神课。这些根深蒂固的错误认识无疑使教师上好高校思想政治理论课的难度更大、面对的困境更多。高校思想政治理论课是党和国家组织实施的要求全体在校大学生都必须学习的课程，其公共课的性质是说明高校思想政治理论课教学的受众更广泛，是相对于其他学科和领域学生学习的专业课而言的，但这并不意味着高校思想政治理论课没有专业性，是可有可无的附属课程。实际上，"马克思主义基本原理概论""毛泽东思想和中国特色社会主义理论体系概论"等高校思想政治理论课课程都包含着很深的理论性、学理性和专业性，只不过这种专业性被其跨学科的属性和涵盖教学内容的广泛性和综合性给遮蔽了。2005年马克思主义一级学科的设立，为高校思想政治理论课建设和教学方法的研究奠定了更为坚实的理论基础。十余年来，随着马克思主义学科建设和学科理论的不断发展，高校思想政治理论课的专业属性愈加鲜明，并将更大尺度地彰显。学好思想政治理论课，不仅有助于青年大学生提高马克思主义的理论水平和思想道德水平，而且有助于青年大学生掌握和运用马克思主义的科学方法论，提高其专业课程学习能力。扭转、矫治青年大学生对思想政治理论课的认识误区和偏见，正视思想政治理论课的地位和作用，这对提升新时代高校思想政治理论课教学实效，改变教学困境，具有重要的意义。

二、教师教与学生学的关系问题

思想政治理论课难上好、上好难的另一个重要原因，就是在思想政治理论课教学过程中，教师教与学生学之间的关系不同于其他专业课程和基础课程。在一般的专业课程和基础课程中，学生一般没有先前的经验或者只有较少的经验积累，教师与学生之间教与学角色划分比较鲜明，即教师负责认真地讲授，学生负责主动地学习。这种教师教与学生学的关系结构明确而稳定。在专业课程和基础课程的教学过程中，因为教师具有绝对的理论知识积累优势和熟练的技法优势，在教与学的关系中，教师始终处于绝对主导和权威的地位，教师的作用被看成不可取代的，甚至是毋庸置疑的。同时，在专业课程和公共基础课程中，教师讲授的绝大部分内容都是学生知识的弱点和盲点，而恰恰学生对这些知识的理解、掌握和吸收是学生日后能够安身立命的根本，这些知识对于学生成长发展来说是极其必要的，是"刚需"。因此，无须教师多言，亦无须多管，学生一般在学习中就有一种自我的紧张感和压迫感，自己就能够积极、主动、认真、全力地学习。在学习过程出现学不会、听不懂的问题，一般也只会反思自身的问题而较少会归咎于老师教得不好。在高校思想政治理论课教学组织结构中，教师与学生尽管在分工和教学地位上有明确地区分，即教师在思想政治理论课教学中处于课堂教学的主导地位，学生处于主体地位，但囿于高校思想政治理论课课程性质的规定性、学习内容的泛在性、价值指向的统合性以及知识体系的模糊性，教师在课程内容和讲授过程比较难创造"学习挑战"的机会，导致青年大学生对课程知识和教学内容不易产生兴奋点和向心力，这在一定程度上影响了青年大学生在教学活动中主体地位的发挥。高校思想政治理论课属于德育课程，教师除了关注青年大学生相关理论知识的学习情况，还要更多地关注对青年大学生思想、价值观念和德行的引领。在高校思想政治理论课的教学过程中，教师授课指向的是青年大学生自身内在的心理品德结构，其目的是对青年大学生持续地施加正确价值观念的引领，其教学效果是不能立竿见影的，甚至有时已经产生了一定的效果，使青年大学生有所触动和感悟，也可能会因为一些很小的原因又发生改变。因此，提高高校思想政治理论课教学实效的过程是极其隐蔽和曲折的。而且，一般情况下青年大学生对于自身的思想道德状态，会更容易自我肯定和满足，除非是因为失德滥行受到了严重的否定性评价或者惩罚，否则不会主动意识到提升道德修养、坚定理想信念、坚持马克思主义信仰对一个人成长成才的重要意义。相较于专业知识的"刚需"，提升自我修养只是弹性需求，青年大学生学习的主动性和积极性及其学习的动力当然不足。与一般的课程相比，高校思想政治理论课的知识可以通过教师的讲授传达，但有一些知识也有可能由青年大学生自我感悟习得或者在青年大学生互相交流、互相讨论中获得，在高校思想政治理论课教学过程中"师—生"与"教—学"的天平上，往往也更容易于出现师生互教互补、教学平衡的状况。这也无疑使得教与学的活动，教与学的关系更加复杂和难以把握。同时，高校思想政治理论课教学过程本身就是一个包含着知、情、意、信、行等复杂心理过程的动态过程，高校思想政治理论课教师既要将理论知识教给学生，又不能仅仅停留于对知识内容的传授，还要使之具有育人价值。因此，高校思想政治理论课比高校其他课程更难教。

三、教学方法在教学中的地位问题

越是困难，越要迎难而上，克服高校思想政治理论课在教学中存在的困难，不断加大力度推进高校思想政治理论课教学方法改革创新与创新，是每一名高校思想政治理论课教师的使命与责任。在大力推进高校思想政治理论课教学改革过程中，许多教师尤为关注也最致力于对高校思想政治理论课教学方法的改革创新与创新，似乎只要研究、探索和掌握了好的教学方法，高校思想政治理论课教学改革就可以大功告成、尘埃落定了。然而，有几个问题值得深思：第一，走出高校思想政治理论课教学的现实困境，仅仅依靠高校思想政治理论课教学方法改革创新与创新就行了吗？第二，除了高校思想政治理论课教师教学观念的更新外，教学改革是不是可以直接等于教学方法的改革创新与创新？第三，以什么标准来衡量、评价高校思想政治理论课教学改革是否成功？第四，区分、界定传统教学与现代教学的标准就是唯一的教学方法吗？第五，实现传统教学向现代教学的转型，仅仅就是增添或删减教学方法本身吗？正视教学方法改革创新与创新在高校思想政治理论课教学改革中的地位，是科学正确回答上述五个问题的前提和基础。对上述五个问题的追问、反思与回答，是实现高校思想政治理论课从对教学方法改革发展经验总结到高校思想政治理论课学科自觉的必经之路。在高校思想政治理论课教学过程中，教学方法始终发挥着中介和桥梁的重要作用。在一个完整的教学过程中，各要素之间通过教学方法发生着相互影响、相互作用的有机联系，好的教学方法能够使各教学要素之间的联系达到一种相互促进、共生共长的和谐状态，最终达到教学目标。正是因为教学方法这一外显性和物化性的特征，使我们往往更为关注高校思想政治理论课教学方法改革本身。但是，应认识到不能仅仅以教学方法改革创新与创新的得失，论高校思想政治理论课教学改革的成败。实现高校思想政治理论课教学实效性的真正提高，不仅需要加大力度推进高校思想政治理论课教学方法的改革创新与创新，而且还需要不断完善高校思想政治理论课教学内容，教学组织形式，创新课前和课中的教学设计，不断提升高校思想政治理论课教师队伍素质，注重以学生为本的教学理念，注重培养学生乐学好学的学习观念，等等，这些都是高校思想政治理论课教学改革过程中要不断改进的重要方面。此外，高校思想政治理论课教学改革离不开国家和教育主管部门的顶层设计和逐级推进，从而为高校思想政治理论课教学改革提供政策保障、人力保障、经费保障和物质保障。

第三节　教学方法评价标准体系的构建

一、构建教学方法评价标准的意义

高校思想政治理论课教学方法评价本身不是目的，而是通过高校思想政治理论课教学方法评价手段来认识问题、分析问题、解决问题，最后达到逐步实现高校思想政治理论课教学目标的目的，是一种手段。因此，坚持以评促改、以评促建的原则，将构建教学方法评价标准体系，作为促进开放性教学方法改革创新与创新的动力，仍是题中之义。

（一）提高教学方法改革创新实效的重要保证

提升新时代高校思想政治理论课教学质量的一个重要途径，就是高校要推进教学方法成效评价的导向工作。通过教学方法评价，推动教师转变教学方法观念，明确教学方法科学、正确的指向，增强改革创新与创新意识，保障和提高人才培养质量。构建教学方法评价标准是实现新时代高校思想政治理论课教学目标、保证教学质量的需要。高校思想政治理论课是落实立德树人根本任务的关键课程，因此，教学方法评价标准要根据新时代高校思想政治理论课教学目标、教学内容与教育教学规律以及青年大学生成长规律和特点，进行系统的、整体的评价体制机制设计，考量其教学方法与教学目标的实现程度，并做出相应的价值判断。从宏观上讲，运用科学的教学方法评价标准对新时代高校思想政治理论课教学方法效果进行评价，可以及时了解教师使用的教学方法对落实立德树人根本任务的实现程度，客观评价教师的教学水平、教学效果，进一步为新时代高校思想政治理论课教学方法的改革创新与创新，使之与教育教学规律、学生成长规律以及认知特点相适应提供更正确的信息；从微观上说，科学评价高校思想政治理论课教师选择使用的教学方法，一方面可以了解教师业务素质，另一方面可以调动教师改革创新与创新教学方法的积极性、主动性和创造性，不断推动新时代高校思想政治理论课教师提高自身理论素质和业务水平，从而提高新时代高校思想政治理论课教学质量。

（二）增强教学活力的重要环节

新时代高校思想政治理论课对提高青年大学生的世界观、人生观和价值观认识水平，创新青年大学生知识结构和增强青年大学生适应社会的能力具有重要作用。高校思想政治理论课教学效果往往直接影响到青年大学生政治素养、道德素养以及法律素养水平，进而影响到高校发展的声誉。因此，高校思想政治理论课教学方法评价标准受到学校、教师的高度重视。科学、合理的教学方法评价指标，能充分调动高校思想政治理论课教师的积极性、主动性和创造性，能强化高校对思想政治理论课教学的有效管理；教学方法评价标准，可以激发新时代高校思想政治理论课教师的教学活力，促使教师积极投入、主动创新，有意识地改革、创新新时代高校思想政治理论课教学方法，不断提高新时代高校思想政治理论课教师自身素质和教学水平；教学方法评价标准对青年大学生同样也可以起到激励其全面发展个人素质的作用。在高校思想政治理论课教学方法评价标准中，对青年大学生参与度的过程设计，本身就包含着激励青年大学生，促使青年大学生积极参与教学的一面。毋庸置疑，科学合理的教学方法评价标准，是推动新时代高校思想政治理论课教学活动良性发展的重要内容。

（三）促进教学改革的动力之一

新时代高校思想政治理论课教学管理规范化、科学化的基本要求之一，就是构建教学方法评价标准。构建科学、合理的教学方法评价标准，有利于促进新时代高校思想政治理论课的建设与发展，有利于深化新时代高校思想政治理论课教学方法改革创新与创新。第一，科学、合理的高校思想政治理论课教学方法评价标准，有利于促进教材体系向教学体系的转化，即从"教什么"向"怎么教"转化。在这一转化过程中，除了高校思想政治理论课教师具有扎实理论功底和宽阔视野外，教学方法评价标准与时俱进、应势而变、因事而谋，是实现从"教什么"向"怎么教"转化的关键。第二，教学方法评价标准有利于深化新时代高校思想政治理论课教学方法的改革创新与创新。一是高校思想政治理论课教师根据课程教学内容差异，采取讨论式教学、启发式教学、互动式教学法以及各种实践教学形式，丰富和发展了教学方法的多元性和灵活性；二是青年大学生的学法是高校思想政治理论课教师改革创新与创新教学方法要考虑的关键要素，要激发学生积极认真思考、积极主动参与，提升学生的分析辨别能力、选择判断能力，激发主体创新能力，以不断提高学以致用的能力和思想道德水平。第三，教学方法评价标准化有利于促进新时代高校思想政治理论课教学手段的改进。通过教学方法评价标准侧重点和价值取向的调整，教师会逐渐地改变高校思想政治理论课传统教学模式（一本教材、一块黑板、一支粉笔），改进教学手段，充分利用网络信息技术，制作声情并茂的教学课件，实施多媒体教学，提高教学方法效果。

二、构建教学方法评价标准的理论依据

习近平总书记关于思想政治理论课建设"八个相统一"要求，既是世界观，又是方法论，为新时代高校思想政治理论课教学实践活动提供了科学指南和根本遵循。新时代高校思想政治理论课教师只有立足教学实践，与时俱进，开拓创新，不断研究新情况和新问题，才能把握教育教学规律，丰富教学内容、改进教学方法方式，增强新时代高校思想政治理论课教学的针对性和实效性。

（一）马克思主义认识论是理论基础

新时代高校思想政治理论课不仅是青年大学生的必修课，而且是青年大学生所修课程的灵魂课程，即青年大学生在接受马克思主义理论教育同时，还要以马克思主义理论武装头脑，指导实践、推动发展，提高青年大学生运用马克思主义立场、观点和方法，分析和解决实际问题的能力，并形成正确的世界观、人生观、价值观和道德观。

马克思主义认识论第一次科学地指出了人类认识产生和发展的客观规律，是认识和改造世界的科学理论。马克思主义认识论产生以前的所有旧哲学，都认为人的认识是先于实践经验的先天意念的东西，马克思主义在批判地继承旧哲学合理因素的前提下，从物质是第一性，意识是第二性出发，指出：人的认识是人在实践基础上对实践对象的能动反映。马克思主义认识论指出了主客体统一的纽带是人类实践活动，主客体之间是一种改造被改造的关系，是一种反映与被反映的关系。在从实践到认识的过程，认识往往表现为初期的感性认

识，随着实践的深入，才逐步上升为理性认识。感性认识缺乏对认识对象的全面考量，一般只停留在认识对象的表面现象及外部联系上，具有纷繁复杂、生动形象的特点，是人认识的初级阶段。理性认识是人们对于认识客体全面、本质和规律性以及诸认识客体内在联系的认识，具有间接性、抽象性的特点，是人认识的高级阶段。感性认识与理性认识之间不是静止、孤立的，而是辩证统一的关系。感性认识是理性认识的基础，理性认识是感性认识的升华。感性认识只有上升为理性认识，才能全面把握事物的本质和规律。从认识到实践，实现了认识过程的华丽转身——理性认识回到了实践中，并在实践中得到检验与发展。由于认识对象（本质不可能一次性外露）和认识主体（认知水平、条件等）客观存在诸多变数，实践、认识是在一次次前进的，因此认识也不可能停留在一个同等的水平线上。

思想政治理论课教学活动是一项复杂的社会实践活动。马克思主义认识论要求高校思想政治理论课教师要从教学实践中积累教学经验，加强教学研究，改进教学方法，把握教育教学规律，使高校思想政治理论课教学实践活动更加贴近实际，更加符合教学规律，更加趋近教学科学化。

马克思主义认识论是高校思想政治理论课教学方法评价标准的理论基础。新时代高校思想政治理论课教学方法的改革创新与创新是高校思想政治理论课教师在教学实践推动下，不断探索尝试、归纳总结的过程。新时代高校思想政治理论课教师在教学实践中使用传统教学方法遇到挑战，甚至传统教学手段方法失灵了，则会运用马克思主义世界观、方法论分析原因，尝试改进创新教学方法，结合教学实践积累的方方面面经验，进一步改进或创造出一种有别于传统的新教学方法。以马克思主义理论为指导，探索新时代高校思想政治理论课教学方法需要处理好以下关系：第一，古为今用的关系。教学方法不是凭空产生的，要把历史遗留下来的教学方法与新时代高校思想政治理论课教学实践相结合，取其精华，弃其糟粕，促进新时代高校思想政治理论课教学方法多样化。第二，洋为中用的关系。西方国家的高校也开设了类似我国的思想政治教育课程，并在教学实践中形成了比较有效的机制体制和教学方法（如实践教学），这对推进我国新时代高校思想政治理论课教学方法改革创新具有一定的借鉴意义。第三，认识与教学实践关系。高校思想政治理论课教学旨在帮助青年大学生通过课堂学习，掌握马克思主义理论和思想道德法律知识，并正确引导青年大学生认识、理解和解决实践中思想与行动的矛盾问题，改造客观世界和改造青年大学生主观世界并举，逐渐培养青年大学生正确的世界观、价值观、人生观、道德观和法律观。高校思想政治理论课教学的具体实践是一个不断变化发展的过程，教师要与时俱进地关注教学环境的变化和新时代高校思想政治理论课建设的发展，来改革创新教学方法，借鉴吸收其他学科优秀教学方法，在新时代高校思想政治理论课教学实践中不断分析、归纳和总结教学经验，使之上升为方法论，从而为更多教师的教学实践提供方法论指导。

马克思主义认识论是探索教学方法评价标准的理论源泉。马克思主义认识论是高校思想政治理论课教学方法评价标准的理论基础，也为探索高校思想政治理论课教学方法评价标准指明了方向。高校思想政治理论课不仅承担着传授马克思主义的科学理论知识的责任，而且承担着使青年大学生确立马克思主义信仰并指导自己的行动责任，是理论科学性与意识形态性的高度统一。新时代高校思想政治理论课开设了"毛泽东思想和中国特色社会主义理论体系概论""思想道德修养与法律基础"等多门课程，课程内容各异，教学目标不同，要解决的问题也不一样。因而，各门课程选择、使用的教学方法也应该有所不同。因此，作为新时代高校思想政治理论课教师应当重视对教学方法的研究和探讨，将意识形态性与理论的科学性有机结合起来，加强对新时代高校思想政治理论课教学实践经验的梳理、归纳和总结，不断提炼上升为方法论，用以指导教学实践。实践是理论之源，同样，高校思想政治理论课科学的教学方法不可能来自纯粹的逻辑推导或纸上谈兵，只能来自高校思想政治理论课教师的教学实践。毋庸置疑，教学方法的娴熟运用，乃至改革创新，都需要经过实践、认识、再实践、再认识的循环往复，以至无穷的马克思主义认识论辩证过程。新时代高校思想政治理论课教师要在马克思主义认识论指导下，科学认识现代教学环境的变化，把握当代青年大学生成长规律和认知特点，持之以恒、孜孜不倦，积土而为山，积水而为海，久久为功，才能见实效。

（二）教学实践是评价教学方法的唯一标准

高校思想政治理论课教学方法改革创新与创新是教学实践驱动的必然选择。正如"老革命遇到新问题"，社会经济、科学技术等方面出现了新的情况，高校思想政治理论课教师必然要改革创新教学方法，绝不能以新瓶装老酒，而是要旧瓶装新酒。一方面，四十多年来我国改革开放逐步深化，从单一公有制向以公有制为主体、多种经济成分并存的生产资料改革，再到单一按劳分配向以按劳分配为主、多种分配方式并存的分配方式新变化，经济社会结构进行了深刻调整，人们的生产生活方式、就业方式等方方面面发生了深刻变化，社会利益群体差异化更加突出。这些新情况必然会通过一定的形式反映到青年大学生的头脑中，导致青年大学生的思想、文化、价值观念出现新的变化。另一方面，当今世界处于"百年未有之大变局"时期，世界多极化，经济全球化深入发展，科技日新月异，各种思想、文化和价值观念在交流中频频交锋，冲击着青年大学生的思想，改变着青年大学生的观念，使青年大学生的思想道德和行为方式呈现出一些过去不曾有的新变化和新特点。在这种环境背景下，高校思想政治理论课教师要通过教学，使青年大学生在纷繁复杂的意识形态中认同马克思主义，认同中国特色社会主义道路、制度、理论和中国传统优秀文化，势必增加教师的教学压力，给新时代高校思想政治理论课教学带来挑战。教师如果不重视对教学方法的研究、改革创新，显然会影响实现思想政治理论课落实立德树人根本任务关键课程的实效。因此，坚持马克思主义认识论，立足新时代高校思想政治理论课教学实践，积极探索教育教学规律和青年大学生成长规律以及成长特点，结合学校实际，不断改革创新新时代高校思想政治理论课教学方法，在增强教学方法针对性和实效性上下功夫，才是新时代高校思想政治理论课教学方法评价标准的应有价值取向。从表层上看，对高校思想政治理论课教学方法的效果评价，似乎表现为在高校思想政治理论课教学中教师教得怎么样，学生学得怎么样。但实质上，高校思想政治理论课为党育人、为国育才所起的作用，不可能是吹糠见米、立竿见影的，其效果往往要经过一段较长时间才能显现。不能以急于求成的心态、马到成功的期望，对待高校思想政治理论课教学方法的改革创新。探索新时代高校思想政治理论课教学方法要在不断学习马克思主义理论，把握教育教学规律，提高教师综合素质和教书育人能力基础上，立足新时代高校思想政治理论课教学实践，以铁杵成针的毅力才能取得进步，要不断分析、归纳和总结高校思想政治理论课教学方法的经验教训，探索新时代高校思想政治理论课教学途径、方法，使新时代高校思想政治理论课教学方法贴近学生、贴近实际、贴近生活。"鞋子合不合脚，自己穿着才知道。"实践证明，教学方法有没有成效，也只有回到教学实践中，才能得到检验，并发现不足，再进行改革创新。

三、构建教学方法评价标准的方略

（一）评价标准的建立

1. 政治标准

毋庸置疑，政治标准是新时代高校思想政治理论课教学方法评价标准的第一标准，这是由新时代高校思想政治理论课的属性决定的，即思想政治理论课是以马克思主义和马克思主义中国化最新理论成果，尤其是习近平新时代中国特色社会主义思想以及社会主义核心观对青年大学生头脑进行武装，使其具有符合中国特色社会主义所要求的理想信念和思想道德素养。第一，坚定"四个自信"；第二，增强"四个意识"；第三，以有理想信念、家国情怀、职业道德、宪法法律意识，有本领担当为根本要求，以立鸿鹄志，做奋斗者，努力成为中国特色社会主义事业合格建设者和可靠接班人为宗旨。因此，在构建新时代高校思想政治理论课教学方法评价标准过程中，必须结合政治性来衡量新时代高校思想政治理论课教学方法的实效性。

2. 知识标准

价值性和知识性是高校思想政治理论课的两重基本属性，价值性通过知识性来塑造青年大学生的思想灵魂；知识性蕴含价值性实现其目的，两者相辅相成、互为促进，充分体现高校思想政治理论课的本质要求。高校思想政治理论课教学就是通过青年大学生对马克思主义理论、社会主义核心价值观以及法律知识的渴求，来塑造青年大学生的思想灵魂。因此，构建新时代高校思想政治理论课教学方法评价标准是必须明确知识标准。在教学实践中，要讲清楚、讲透彻马克思主义理论以及马克思主义中国化的理论知识，让青年大学生真学、真懂、真信马克思主义，并使之将所学所知转化为中国特色社会主义现代化的实际行动，不能让青年大学生仅仅停留在对知识的机械认知和肤浅的理解上。

3. 道德标准

将道德标准设为新时代高校思想政治理论课教学方法评价标准的指标极其重要。道德标准是一个国家维护社会秩序的基础，具有一定的稳定性和内在性。因此，青年大学生具备高尚的道德情操和优秀的思想品质，是成为中国特色社会主义事业合格建设者和可靠接班人的重要条件，是落实立德树人根本任务的要义所在。将道德标准作为新时代高校思想政治理论课教学方法评价标准的重要指标之一，是提升青年大学生整体道德水平重要方略。

（二）评价内容的设定

对高校思想政治理论课教学效果的评价存在两个突出的问题，一是重视理论考试，轻视或忽略学生实践，二是考试内容教材化和考试形式单一化。因此，构建新时代高校思想政治理论课教学方法评价标准应兼顾理论与实践，实施全面性的考查，将教学过程性（融入教学方法）的考查纳入青年大学生的考核中，通过教学方法的改革创新，推动教材体系向教学体系进行转化。一方面，要构建评学内容。顾名思义，评学就是评价青年大学生学习思想政治理论课的状况。评学应以促进青年大学生全面健康发展为宗旨，以促进教师与学生、学生与学生之间良好互动交流为指向，结合不同学科专业学生和学生个体的学情，不断完善新时代高校思想政治理论课教学方法评价内容的设置。另一方面，要构建评教内容。评教就是对教师教学准备、知识储备、教学风格、教学方法以及教学效果等方面的评价。其中评价教师教学方法的效果，不能仅限于学校、同行教师和学生，还应延伸至家庭、社会等多元主体。

（三）评价方式的拓展

1. 增强教学方法评价的目的性

对理想信念、情感态度、价值观念和行为表现等方面的考核，是新时代高校思想政治理论课教学方法评价的重要内容，是逐渐摒弃传统单一考试到综合考核的过渡。选择科学的教学方法开展教学实践活动，将教师选择使用的教学方法效果考核置于教育教学之中，实现教学目的、教学方法和考核同向同行、同频共振，是新时代高校思想政治理论课教学方法评价的重要指向。积极解决高校思想政治理论课考试与青年大学生学习目的错位的问题，尊重青年大学生的主体性，注重开放性、提高积极性、激发自觉性，培养青年大学生的创新思维，摒弃考试和自觉学习的脱节问题，以评价目标定位激励教学方法评价的机制体制改革创新，是提高新时代高校思想政治理论课落实立德树人根本任务实效的重要举措。

2. 细化对教学过程的评价

改革高校思想政治理论课传统的单凭"几张纸、几道试题"的考试评价方式，要对青年大学生在教学过程中学习行为态度、课堂参与的积极性等方面进行细致评价。随着科技和网络信息技术的发展，要积极构建线上线下教学方法、课内课外教学方法等多层次的网络、实践、课堂等考核评价方式。与此同时，对教学方法中所折射的青年大学生精神风貌、遵纪守法、团队精神、创新能力等方面也要进行细致评价。教学过程的细化评价，难以简单通过一张试卷考试的形式进行，因此，要进行教学过程的细化评价，教师自身对学生的观察分析是主要途径，可以辅之以学生互相反馈和家庭、社会反馈等方式做出评价，将过程评价和结果评价有机统一，保证教学过程中教学方法评价的客观、公平和公正。

3. 拓展评价要素的多元性

在教育信息化背景下，教学方法评价方式的多元性和过程性成为可能，例如小规模限制性在线课程（SPOC）教学模式就为评价学生提供了完整的学习记录和评分记录，这些记录都为青年大学生学习思想政治理论课的形成性评价提供了可参考的基础数据。另外，线上教学（如超星软件平台）可以详细记录学生的学习过程，反映出学生在教师教学过程中的参与度和分享度，在讨论区的积极性和参与质量以及学生在课前的准备情况，这些记录有助于教师对学生进行过程性的、多元的全面性评价。

第四节 开放性教学方法的探索

2019 年 3 月习近平总书记在学校思想政治理论课教师座谈会上提出思想政治理论课建设"八个相统一"方法论原则，以进一步推动新时代思想政治理论课改革创新，不断增强新时代思想政治理论课的思想性、理论性、针对性与亲和力。从教学方法角度分析，"八个相统一"方法论客观上要求新时代高校思想政治理论课必须构建一种开放性教学方法。

一、开放性教学方法的内涵及其特点

（一）开放的含义

"开放"是相对于"封闭"而言的。通常情况下，"开放"的内涵包含以下三个方面：一是人的开放，即指一个人的思想比较容易认同、接纳新事物、新观念或者一个人不排斥、抵触与他人之间的互动、交流和交往等。二是指信息的开放，事物之间、事物内部诸要素之间不是孤立的，而是相互影响、相互联系的。因此，连接事物之间、事物内部诸要素的信息必然是开放的。三是方式的开放。人的开放、信息的开放只是开放的基础和前提，是一种对开放状态的描述，要真正实现开放，还需借助一定的手段和方式，形成一定的机制体制和模式进行双向或多向互动、交流。开放性是具有开放性质的人、事物、方法和措施。教学方法的开放性就是指这种教学方法对教师和学生来说，是允许介入的，并留有余地去思考、去延伸，以达到对教学内容更深入地理解，并在一定条件下成为一种向外辐射信息的手段。

（二）开放性教学方法的内涵

开放性教学方法是指在高校思想政治理论课教学过程中教师教学理念、学生求学意识以及教学方式的开放性，即教师在教学实践中采取不囿于传统课堂，不局限于书本教材，不拘泥于教学方式，达到教师与学生之间、学生与学生之间的双向、多向主体交流、互动和启发，促进教学相长，共同进步，共同发展的目的。高校思想政治理论课开放性教学方法主要有以下三个方面含义：第一，教师需要学习、借鉴国内外不同教育学的教学方法理论、经验，去其糟粕，取其精华，同时认真思考我国传统高校思想政治理论课教学方法，打通束缚学生个性特长发挥，阻碍教师与学生、学生与学生之间互动交流的"最后一公里"，构建青年大学生喜闻乐见、灵活多样、高效管用的高校思想政治理论课教学方法体系。重新界定高校思想政治理论课教学的空间，跳出传统学校、课堂的空间范畴，引进"大教学""大课堂"空间概念。另外，随着高校思想政治理论课教学目标、教学内容、教学评价等方面的改革和创新，开放性教学方法还要求解除高校思想政治理论课传统教学有形或无形的时空限制。第二，开放性教学方法是相对于高校思想政治理论课传统教学方法的封闭性特点而言的，传统教学方法封闭性的根源主要是教学与社会实际、学生生活的脱节，教学与学生主体差异、个性脱节。而开放性教学方法试图实现高校思想政治理论课教学与现代核心价值观念、现代社会生活环境、学生个体特点以及学生实际生活相联系、相贯通，力求把高校思想政治理论课教学建立在教与学相互联系、相互作用和相互促进的基础上，促进学生全面健康成长。从这个意义上说，高校思想政治理论课开放性教学方法是相对于传统机械、封闭的教学方法而言的，是一个相对概念，是一个动态的开放发展的概念，不是天马行空、无拘无束的教学方法。第三，开放性教学方法注重对学生基本素质和综合能力的培养，着眼于学生未来的发展，符合学生成长特点和教育教学规律。因此，开放性教学方法是科学合理且行之有效的。

（三）开放性教学方法的特点

1. 耦合性

耦合性就是指教学活动过程中教师帮助、指导学生学习这一双边主体活动的方式方法，由教师的教和学生的学耦合而成的一种操作策略。实际上，任何一种教学方法都是直接或间接地互相联系着教师与学生的一定教学活动方式的构成体。实践证明，过于生硬地控制学生学习的活动过程，会导致学生丧失积极性、主动性和独立性，也影响教师主导作用的发挥，从而使得学生学习缺乏激励、组织和引导，增加学生发现问题、分析问题和解决问题的难度。新时代高校思想政治理论课开放性教学方法，既充分肯定教师在教学过程中对学生的主导地位，又高度重视学生学习的积极性、主动性和创造性。一方面，学生智能发展是新时代高校思想政治理论课开放性教学方法的出发点，它强调新时代高校思想政治理论课教学要调动学生学习的积极性、主动性和创造性；另一方面，教师在教学过程中对学生的主导作用也得到充分的肯定，甚至延伸。教师的主导作用具体体现在引起、维持和提高学生发现问题、分析问题和解决问题的兴趣和能力以及教学目的的最终实现，也就是说在开放性教学方法实施过程中，教师的价值表现在两个方面：一是理论知识的"灌输者"，二是学生学习、成长的"指南针"。

2. 多样性

由于高校思想政治理论课教学内容不尽相同，教学对象大同小异，教学条件千差万别以及具体的教学目的、任务也不尽一样，因此新时代高校思想政治理论课开放性教学方法就不可能是程序化的、格式化的教学"套路"或者机械的、固定的"条框"，而是千差万别、多种多样的。首先，教学方法是为了达到教育和培养学生的目的而进行的教师与学生之间相互联系、相互影响、相互促进的一种活动方式，处于该活动核心的主体——教师和学生，是多性质、多思维、多层次的复杂个体，并且，外部条件也是千差万别。因而，企图创造、发明一种适用于所有课堂的万能的、一劳永逸的教学方法是不可能的，教学方法只能是，也应该是千差万别、多种多样的。其次，任何事物都有其优劣，教学方法也不例外，每种教学方法都有其各自的利和弊，都有自身的优势和不足。正因为如此，选择使用一种主要教学方法，辅之以其他不同的教学方法，使之相互取长补短、相辅相成，更好地发挥整体综合育人效果，是新时代高校思想政治理论课开放性教学方法追求的价值目标。

3. 创新性

教学方法作为完成一定教学任务的手段和策略，毋庸置疑，必将要随着时代以及课程教学目标、教学内容、教学环境等各种因素的变化而发生变化。开放性教学方法也不是一劳永逸、一成不变的"格式化"方法。首先，开放性教学方法并不是一种独立于其他教学方法之上的崭新教学方法，它是对传统教学方法中一切有价值的成分从多方面、从层次进行挖掘、改造和创新后，再进行吸收、借鉴和建构，包含着古今中外教育家在长期教学实践中所积累的丰富而宝贵的经验。其次，随着当今科技和网络信息技术的迅猛发展和知识的快速更新，高校思想政治理论课的教学目标和教学内容也在不断丰富和完善，开放性教学方法就应顺应新的历史时期、新的教学环境下的教学要求。最后，根据不同的时代要求，随着科技发展和教学内容等的变化，教师在教学实践中，必然要对教学方法进行改革创新，推陈出新、开拓进取，使其更能适应新时代高校思想政治理论课教学的实际要求。因此，开放性教学方法具有创新性。

二、开放性教学方法的原则及其要求

（一）开放性教学方法的原则

新时代高校思想政治理论课开放性教学方法的原则，主要是指在教学过程中运用教学方法的开放性原则，即开放性教学方法在运用过程中要正确处理的各种矛盾和关系必须遵循的法则或标准。

1. 实事求是的原则

新时代高校思想政治理论课开放性教学方法作为教学实践一种手段，其改革创新也必须遵循实事求是的原则，即高校思想政治理论课教师在教学方法改革创新中，必须坚持一切从教学实际出发，理论联系实际，因事而化、因势而变、因势利导，而不能一味追求教学方法的标新立异，全盘否定高校思想政治理论课传统教学方法，而是应该弃其糟粕，取其精华。因此，新时代高校思想政治理论课教师在采用开放性教学方法过程中，一方面，不能只追求变概念、玩理论，停留在教学方法命名和形式上的变化，着意于对概念的标新立异；另一方面，要辩证全面地看待思想政治理论课传统的教学方法，辩证地分析其合理因素和消极因素，合理吸收、借鉴和利用其精华，及时去掉其糟粕。在吸取、借鉴高校思想政治理论课传统教学方法合理成分的基础上，结合新时代青年大学生认知特点和成长规律，巧妙地融入现代教学手段，逐步摸索出适合新时代高校思想政治理论课的开放性教学方法。

2. 教与学并重的原则

教师和学生是教学过程中始终存在的两个主体。教学方法是衔接教师与学生的纽带之一。因此，新时代高校思想政治理论课教师在改革创新教学方法时要防止两种不同的倾向：一种是漠视教师在教学过程中主导作用，忽视了教与学的界限；另一种是教师忽视学生的主体地位。站在三尺讲台上，只管教，不问学生兴趣。前一种倾向必然导致无目的、无计划的"放羊式"课堂教学；后一种倾向必然把学生灌输成呆若木鸡的泥塑木雕。成功的教学必然是教师的"教"和学生的"学"无缝衔接。因此，新时代高校思想政治理论课教学方法的改革创新必然是对教师的教法和学生的学法这两方面的改革创新。在高校思想政治理论课传统教学活动过程中，教师往往只注重教法而忽视了学生的学法。本质上，高校思想政治理论课的教学的目的在于引导青年大学生全面健康地成长，给青年大学生的心灵埋下真善美的种子，引导青年大学生扣好人生的第一粒扣子。实现这一教学目的的决定性因素还是在于学生的学，没有学生的学，老师教得再好，也是竹篮子打水一场空。因此，新时代高校思想政治理论课教学必须以教材为载体，使教师与学生、学生与学生能共同参与的活动。它应该是既重视教师传授知识和控制职能的教，又是重视学生接受知识和拓展能力的学。正因如此，新时代高校思想政治理论课开放性教学方法必须遵循教与学并重的原则，注重教学相长、学学相长。

3. 兼收并蓄的原则

坚持兼收并蓄原则，关键就是教师要有开放的心态，如果故步自封，就不能集思广益、博采众长。教学方法既具有前后的继承性，又具有相互借鉴的融合性，在现代教学方法与传统教学方法之间，在国内教学方法与国外教学方法之间，在哲学社会科学课程教学方法与自然科学课程教学方法之间，都存在着取长补短的要素。因此，新时代高校思想政治理论课教师为了提高青年大学生的政治素质和思想道德水平，促进青年大学生的全面健康发展，必须深入学习，吸收、借鉴和利用各种教学方法优点，并结合新时代高校思想政治理论课教学实际，挖掘出各种教学方法的合理要素，推陈出新。

（二）开放性教学方法的要求

一个完整的教学过程包含了教师、学生和教学资源三个基本因素，因此，新时代高校思想政治理论课教师运用开放性教学方法必须做到：教师要有开放的理念，学生要有开放的意识，学校要有开放的资源。

1. 理念开放的教师

在课堂教学过程中教师始终处于主导的地位，因此，新时代高校思想政治理论课开放性教学方法运用的前提和基础，就是教师的理念必须是开放的。教师理念的开放主要体现在教师知识的开放、角色的开放等方面。首先，教师知识的开放。马克思主义认为一切事物都是运动变化发展的，事物内部、外部诸要素之间是相互联系，相互影响和相互作用的，绝对静止、绝对孤立封闭的事物是不存在的，教师的知识体系也不例外，它必须是一个开放的、诸要素之间相互联系、相互影响的系统。一方面，随着科学技术和社会发展的日新月异和当代青年大学生需求的不断变化，教师拥有的知识应加速更新，才能随时满足当代青年大学生的需求。另一方面，新时代高校思想政治理论课教师还要不断地学习心理学、教育心理学以及其他学科的基本知识，从而进一步提高新时代高校思想政治理论课的教学效果。其次，教师角色的开放。在传统教学过程中高校思想政治理论课教师始终是处于中心地位，是一切知识的拥有者和权威者。但是，在开放性教学方法运用中，教师和学生之间、学生和学生之间的应然关系是教学相长，学学相长，双主体之间、多边主体之间平等互动、民主交流的关系。

2. 意识开放的学生

一代伟人邓小平曾经指出：教育要面向现代化，面向世界，面向未来，这不仅是对现代教育提出的要求，教师要有意识地培养学生的开放意识；同时也是对青年大学生提出的要求，青年大学生要有国际的视野，开放发展的意识，学会阅读历史、思考现在、展望未来。新时代高校思想政治理论课教师可以从以下方面着手培养青年大学生的开放意识。第一，拓宽视野，面向未来。世界是由不同民族、不同历史文化背景的人们组成的，人们不同的文明相互碰撞、交流和融合，才使得人类文明的长河奔流不息。因而，当代高校青年大学生应结合所学的地理、历史、政治等课程知识，了解世界，认识世界。第二，关注国际态势，面向世界。青年大学生应关心国际国内时政要闻，了解国际关系和斗争焦点。全球化是当今世界经济文化发展不可逆转的趋势。当代青年大学生将要直接或间接地参与国内外市场经济文化的激烈竞争，为使青年大学生适应未来经济社会发展趋势，高校思想政治理论课教师应加强世界经济政治文化教育。第三，学习先进科技，面向现代化。21世纪是高科技迅猛发展的时代，以科技做后盾的知识经济将成为新时代经济社会发展的主流，国家与国家之间科技、经济和文化竞争越来越激烈。高校思想政治理论课教师要让青年大学生在走出校门前就具有国际竞争意识，增强青年大学生的危机感、紧迫感、使命感。第四，学会国际比较。在中外比较中，明辨是非，从而激发学生的民族自尊心、自豪感、自信力和使命感。2020年新冠肺炎疫情在中国只需短短两三个月就得到有效防控，得益于中国举国制度优势和一方有难八方支援的传统，而西方一些国家则乱于民主、自由的普世价值观，疫情不但没有消退的迹象，甚至出现了传播更快、致病性更强的变种病毒。在中外新冠肺炎疫情防控成效的比较中，探究社会主义制度和资本主义制度的优劣，牢固树立"四个意识"，增强"四个自信"。第五，关注全球性问题。青年大学生应关心人类命运，把学习与人类面临的共同课题联系起来，着眼全球整体，坚持以人类命运共同体理念，思考人类未来发展。

3. 资源开放的学校

思想政治教育是以一定的理论和实践作为支撑，以特定的思政资源作为载体进行的，不是凭空的玄说。高校思想政治理论课作为立德树人的主渠道、主阵地，必须以马克思主义、毛泽东思想、邓小平理论、"三个代表"重要思想，科学发展观和习近平新时代中国特色社会主义思想为指导，充分利用一定的教材、教学辅助资料以及网络资源等作为载体而进行。一方面，高校思想政治理论课教材知识是绝对真理和相对真理的统一。从绝对真理角度来看，高校思想政治理论课教材知识是确定的、规范的和唯一的；从相对真理角度来看，高校思想政治理论课教材知识又是变动的、发展的和多元的。高校思想政治理论课传统教学过分强调绝对性，即强调教材唯一性、绝对性的一面，认为完完全全地把教材知识传授给学生是高校思想政治理论课教学的唯一目的，显然这样的思想政治理论课教学是不符合青年大学生的认知特点、不可能适应时代变化发展的。因而，新时代高校思想政治理论课教学方法的开放性必须从教材相对性出发，与时俱进地更新、完善高校思想政治理论课教材，使教材真正成为高校思想政治理论课教学活动的"桥梁"，成为青年大学生学习活动和提高能力的有效载体；另一方面，高校思想政治理论课教师在传统教学中，教科书是教师教学和学生学习的唯一资料，考核内容都源自教科书。而科技和网络信息技术的迅猛发展，为新时代高校思想政治理论课教学提供了无限可能的资源。新时代高校思想政治理论课教师自身应积极、主动地适应这种新变化，充分利用互联网和新媒体平台教学资源库开展教学。同时，教师要支持、鼓励和指导青年大学生阅读大量的课外知识。在访谈中，91%以上的被访谈者非常乐于利用互联网延伸、拓展教材内容，并认为这比单纯听教师授课收获大。现代新媒体迅猛发展，青年大学生习惯于大信息量的接触。对知识的多方面了解和把握有助于提高青年大学生对学科知识的全新认知，学习不再是死记硬背、枯燥乏味，而是一种生动的沟通交流，继而形成把自己知晓的知识与同学交流的资源共享的良好心态。

三、开放性教学方法的必然性

（一）理论与实践关系的必然要求

理论联系实际是马克思主义认识论的基本原则，高校思想政治理论课教学也不例外，但在传统教学中，高校思想政治理论课教师往往比较注重传授单纯的理论知识，漠视甚至忽视了教学的实践环节，使高校思想政治理论课教学成了理论与实践脱节的"纸上谈兵"和"两张皮"。

1. 理论和实践教学开放性特点

网络信息技术的广泛应用，深刻影响着青年大学生的生活方式、思想观念。进入新时代，各种变化发展因素更具有多样性、复杂性和开放性，这必然要求高校思想政治理论课的理论和实践是一个开放的系统。因为，当今全球化的发展趋势不可阻挡，社会改革开放成为必然，由此产生的许多社会问题、不同的价值观念都不可能是孤立、封闭地存在，都会与周围的许多领域息息相关。高校思想政治理论课教学实质上是人与人之间的互动交流，而且互动交流的主体是民主、平等的。因此高校思想政治理论课教学方法要适应整个系统特性，朝着开放性方向发展。

2. 教育学理论开放性品质

教育学理论的核心品质就是开放性。从教育学研究对象——教育问题来看，由于教育问题随时随地都在不断出现、不断变化，因此教育学不可能是封闭的，开放性品质自然成为教育学理论的题中之义，并随着教育学实践的发展而不断发展。实践证明，马克思主义理论开放性本质，决定了马克思主义中国化的中国特色社会主义理论体系也必然具有开放性。承担着系统讲授马克思主义理论和中国特色社会主义理论体系以及社会主义核心价值观等任务的高校思想政治理论课，其开放性是不言而喻的，也是通过教师的教与学生的学，教师与学生之间双主体作用、学生与学生之间多主体作用的实践性得以彰显的，其中教学过程的人文精神，主要体现以人为本，以学生为主体。高校开设思想政治理论课的重要意义，就在于能给青年大学生提供马克思主义的科学世界观和方法论，并培养青年大学生发现问题、分析问题和解决问题的能力。那种"象牙塔式"的封闭学习形式已被开放的历史潮流所淘汰，高校正迈向一个从封闭的"小社会"到开放的"大社会"转变中，今天的高校已不再是远离世俗的"世外桃源"，而是直接面对着四方辐辏、八面来风的多元开放的信息社会。"大社会"环境的变化发展，直接或间接影响着高校思想政治理论课教学效果。因此，开放性的教育学理论必然要求教学方法走向开放。

3. 高校思想政治理论课的时代性

高校要运用开放性思维，开拓高校思想政治理论课的教学信息之源，使青年大学生在更广阔的领域，与家庭和社会、教师和同学等之间进行多角度、多层次、全新领域的大量的多向交流与实践，追求高校思想政治理论课的实效性。随着科学技术的迅猛发展，全球化趋势不可阻挡、改革开放深入进行，社会变化"苟日新，日日新，又日新"。经济全球化、政治多元化以及我国社会结构的深刻调整，必然推动人们价值观念、文化生活和社会道德等多方面的交流、碰撞、融合和发展，并不断提出新的伦理道德观念，社会制度观以及价值观念等问题。毋庸置疑，新时代高校思想政治理论课教学必须坚持马克思主义指导地位不动摇，用中国化的马克思主义统领教学工作，根据社会需要、学生成长实际需求，增添一些社会主义市场经济条件下所必须遵循的道德准则教育，以适应经济全球化和社会主义市场经济发展的需要。因此，高校思想政治理论课教学方法绝对不能因循守旧、一成不变，应直面回答时代和现实面临的问题，选择使用贴近实际、贴近生活、贴近学生自身实际的科学合理教学方法。因此，新时代高校思想政治理论课开放的信息之源必然要求教学方法开放。

（二）网络信息时代的必然要求

21 世纪是一个信息化时代。"00 后"青年大学生出生在互联网时代，成长于信息科技的新媒体时期，网络新媒体已成为高校青年大学生重要的学习工具、交流手段，成为青年大学生学习生活与交流中不可缺少的重要方式之一。

当代青年大学生乐于通过互联网以及新媒体，了解外面的世界，扩大自己的视野；利用网络和新媒体学习各种知识，接受新鲜事物；利用网络和新媒体交流思想感情，畅谈人生理想信念。由此可见，互联网技术和新媒体对当代青年大学生产生了广泛而深远的影响，而这种影响又必然会对新时代高校思想政治理论课教学带来机遇和挑战。善于抓住新机遇，应对网络信息化挑战是每位新时代高校思想政治理论课教师的职责和必然要求。

1. 网络传播的即时性

改革开放四十多年来，我国高校思想政治理论课进行了多方面改革，并取得了一定成效。但随着科学技术和网络信息技术的发展，新时代高校思想政治理论课改革创新面临着前所未有机遇和巨大挑战。互联网和新媒体的使用，使青年大学生获取信息的渠道更宽，视野的接触面更广，思考问题的程度更深。不同道德观、价值观和不同文化在互联网上的传播，青年大学生接受和理解文化和信息变得越来越多维化、自由化和自主化。面对鱼龙混杂、良莠不齐的海量信息，高校教师如何引导青年大学生汲取与取舍，整合与消化，采纳与抵制，则是一个重大挑战。目前因受时间、空间、技术手段等多种因素制约，高校思想政治理论课一时还无法做到在第一时间及时、准确、有效地了解和把握青年大学生的思想动机。高校思想政治理论课教师面对互联网快捷传播的被动局面，表明高校思想政治理论课教学的方式方法遇到了重大挑战。改变不了时代潮流，只有改变自己。高校思想政治理论课要应对这种挑战，就必须从自身教学模式、教学方法、教学手段着手来适应网络传播的即时性趋势。可见，网络传播的即时性必然要求教学方法走向开放。

2. 网络的虚拟性

网络的虚拟性改变了青年大学生思维和实践观念。马克思指出，人的思维是否具有客观真理性的问题，不仅是一个理论问题，更是一个实践问题。因为实践是社会生活的本质特征。在虚拟空间，真理完全被视为头脑思维的结果，而与实践行动、实践标准不发生直接的联系。在这种环境下下，青年大学生的思维就有可能产生新的问题。例如，在网络"虚拟"的世界里，青年大学生容易产生空想主义、虚无主义、理想主义、自由主义，进而脱离现实社会生活，面对现实社会生活问题时一片茫然。因此，这种现象是对新时代高校思想政治理论课教学的重大挑战，教师应主动顺应时代潮流，掌握现代网络技术，积极引导青年大学生在这个"网络虚拟"世界里，辨别真伪、明白是非，把握好方向，而不至于迷失在这个虚无、空想、自由的世界里。显然，运用思想政治理论课传统教学方法是难以达到目的的，而是应该和学生一起进入这个虚拟世界并对其进行指导，而这必然要求新时代高校思想政治理论课教学方法具有开放性。

3. 网络体系的开放性

网络体系的开放性，对新时代高校思想政治理论课教学和意识形态工作带来了重大的挑战。世界各国家通过互联网进行文化渗透，开展意识形态竞争，已成为国际竞争的一种重要手段，腐蚀与反腐蚀、渗透与反渗透、演变与反演变必将存在，不可小觑。西方发达资本主义国家主导着互联网信息技术，因而发布在互联网"虚拟世界"的主要信息，或多或少隐含着西方资本主义国家的生活方式、价值观念和意识形态。长期感染、熏陶在这种虚拟网络文化里，对于一个世界观、人生观、价值观尚未成熟、阅历尚浅的青年大学生来说，易削弱"四个意识"，动摇"四个自信"，丧失共产主义理想信念。因此高校思想政治理论课教师可运用开放性教学方法，帮助学生分辨是非、去伪存真，坚定马克思主义信仰，从而适应开放性的网络环境。

4. 信息传播的随意性和自在性

网络信息传播的随意性和自在性，对当代青年大学生正确价值观的形成和道德规范养成等方面带来了巨大挑战。在网络信息化社会中，网络文化成为青年大学生喜闻乐见的标志性文化形态，形成了独具特色的信息伦理或信息道德，并以独特社会品质所形成的游戏规则和生活方式不断冲击传统社会道德基础和行为准则，思想观念和价值标准。网络信息传播的随意性和自在性，容易让青年大学生形成自己的网络道德意识、习惯和网络规则，容易把网络虚拟生活中的"道德意识"和网络虚拟的各种规则，不由自觉地或盲目地对接客观真实的社会和现实生活，从而影响新时代主流社会价值观和伦理道德观的接受与传播。因此，网络信息传播的随意性和自在性，给新时代高校思想政治理论课教师提出了教学开放性的新课题，教师不仅要具有扎实的理论功底，掌握青年大学生思想政治教育的规律特点，而且要有娴熟的现代网络信息技术，能够在"虚拟网络"世界里引导青年大学生把握道德标准，形成正确的道德意识和良好的道德习惯，帮助青年大学生形成正确的世界观、价值观和人生观，这无疑对高校思想政治理论课传统教学方法提出了多重挑战。要成功应对这一挑战，高校思想政治理论课教师必然要在继承传统教学方法优点的基础上改革创新新时代高校思想政治理论课教学方法。

（三）现代人才培养的必然要求

1. 复合型人才的培养

随着经济社会的发展以及综合国力竞争的加剧，单纯"知识型"人才培养的理念已经过时，现代社会需要的是"一专多能""多才多艺"的复合型人才。从学科角度来说，复合型人才的培养，教师必须要具备深厚的学科专业功底；同时要掌握多种与主修专业相关的其他专业知识和技能。因此，高校思想政治理论课教学内容和方法都不可能依然如故、循规蹈矩、一成不变，而应该与时俱进、因势而变，以适应时代进步，符合经济、社会和科技发展的要求。具体而言，新时代高校思想政治理论课教师应在讲授本专业理论知识基础上，通过灵活运用多种教学方法因材施教，积极主动地拓展和延伸课本知识，如习近平新时代中国特色社会主义思想涵盖经济、军事、生态、外交等方面的知识，因而在教学实践过程中，高校思想政治理论课教师除了讲授习近平新时代中国特色社会主义思想书本内容外，还应拓展、延伸人与自然、国与国之间等方方面面的相关知识，同时引导青年大学生关注国际国内政治、经济、文化、生态和社会等方面的发展动态以及民生福祉、健康幸福指数等方面的状况。

2. 创新型人才的培养

创新型人才培养是增强我国核心竞争力的一个关键问题。从人的思维角度看，创新型人才必须具有创新意识，拥有创新精神和具备创新能力，这些基本要素是学界认同的。而创新思维、创新精神、创新能力等本身就具有开放性的一面，因此，教育系统要培养创新型人才，就必然要有一个开放的教学模式和开放的教学空间以及开放性的教学方法等一系列举措。高校作为培养新时代创新型人才的重要高地，肩负着"为谁培养人""培养什么样的人""怎样培养人"的重任。然而高校思想政治理论课传统教学方法，形式比较单一，方法比较陈旧，单向灌输，没有生机和活力，难以完成创新型人才培养目标。因此，探索新时代高校思想政治理论开放性教学方法成为必然要求。

3. 人的全面发展

简言之，人的全面发展主要就是指德、智、体、美、劳五个方面都得到全面的发展，这也是新时代高校培养高素质人才的根本要求。习近平总书记指出：从本质上讲，人是文化的人；是能动的、全面的人。站在新的历史起点上，习近平新时代中国特色社会主义思想为推动人的全面发展提供了科学理论指导，并强调指出：促进人的全面发展，要努力提高全民族的思想道德素质和科学文化素质，实现人们思想和精神生活的全面发展。为此，新时代高校思想政治理论课教师要根据人的全面发展要求，积极探索开放性的教学方法。

四、开放性教学方法的基本保障

（一）教师素质全面提升

教师在教育教学过程中的作用不言而喻，习近平总书记指出，讲好思想政治理论课的关键在教师。教师自身综合素养的高低、仪容仪表是否得体、言谈举止是否文雅等方面，直接影响着高校思想政治理论课育人效果的好坏。因此，新时代高校思想政治理论课教师不断提高自身综合素养、树立新时代高校思想政治理论课教师的良好形象，是提高新时代高校思想政治理论课育人效果极其重要的因素。良好的道德素质、深厚的学识素养、健康的心理素质和较高的艺术素养是新时代高校思想政治理论课教师综合素养的主要内容。

1. 良好的道德素质

德为立人之本，谋万事之基。常言道，人无德不立，品德是为人之本。新时代高校思想政治理论课作为落实立德树人根本任务的关键课程，教师作为青年大学生健康成长的导师、引路人，具备良好的道德素质是进行新时代高校思想政治理论课教学必不可少的前提条件之一。新时代高校思想政治理论课教师要按照习近平总书记提出的"四有"好老师标准（有理想信念、有道德情操、有扎实学识、有仁爱之心）和"六要"（政治要强、情怀要深、思维要新、视野要广、自律要严、人格要正）新要求，时常以"道德情操"的镜子照一照、以"自律要严""人格要正"照一照，不断提高道德的科学认知，锤炼优秀的道德品质，在教学工作和日常生活中要乐于奉献，热爱本职，忠于职守，平等待人，为人师表。

2. 深厚的学识素养

习近平总书记指出："要给学生一杯水，教师就得有一桶水，甚至一潭水。"落实习总书记这一谆谆教诲，新时代高校思想政治理论教师，首先，要牢固树立马克思主义世界观和方法论。在此前提下，认真开展对青年大学生马克思主义、毛泽东思想和中国特色社会主义理论的宣传、教育。其次，要有扎实的专业知识。只有在专业上有更丰富的知识、实践上有更深切地体验、思考上有更深刻的见解，才敢为人师。最后，随着网络信息技术的迅猛发展，知识日新月异，科技一日千里。新时代高校思想政治理论课教师更要做学习者，走在学习的前沿，走在学生的前头。不断更知识，熟悉各学科前沿知识，对新时代高校思想政治理论课教学以及开放性教学方法地运用具有重要意义。

3. 健康的心理素质

高校思想政治理论课教学是一份做青年大学生思想的工作。在教学过程中，教师需要在了解青年大学生想什么、需要什么等方面的心理状态及其发展变化的基础上，才能更有效地运用开放性教学方法。这种情况下，新时代高校思想政治理论课教师要有健康的心理素质，积极进取的意志品格；要有脚踏实地、开拓创新、平和端庄、乐于助人的性格特征；要有自信乐观、包容互鉴的良好心境以及充满正能量的兴趣和爱好，自觉做到在传授马克思主义理论和社会主义核心价值观以及法律知识的同时，将自己的情感、意志、志趣等优良品质潜移默化地感染青年大学生。

4. 较高的艺术素养

艺术素养是个人情感和精神生活的创造性表现，是一个人对艺术的认知和修养。教师艺术素养在教学工作中主要体现为语言艺术、方法艺术和手段艺术等方面。这就要求新时代高校思想政治理论课教师首先要有精炼准确、生动形象的声音语言和丰富多样、大方得体的肢体语言；其次教师要因势而变，能够整合和挖掘教学资源，艺术地运用多种教学方法，使学生得到高尚道德的熏陶，高雅艺术的感染。

（二）教学设施设备的现代化

进入新时代，提高教学质量和教学效果的重要物质保障之一就是配有先进的教学设施设备。随着科技和网络信息技术的发展，多媒体及其配套设备和网络信息设施等成为现代化教学的主要设施设备，这些设施设备被越来越广泛地运用于现代教学中。现代教学设施设备在教学中的使用，有效地打通了学生感官平衡的"最后一公里"，增强了课堂教学的吸引力和趣味性，激发了学生学习热情，调动了学生学习的积极性和主动性，提高了课堂教学效果。在新时代高校思想政治理论课教学中，教学设施设备现代化成为开放性教学方法实践的必要条件，是提高新时代高校思想政治理论课教学效果的重要物质保障。

1. 加大资金投入

随着网络信息技术和科学技术的迅速发展和进步，教学设施设备也日新月异地更新。高校应根据思想政治理论课教学实际需求，加大资金投入，及时更新教学设施设备，如投影机、多媒体计算机、网络联通等，增加、引进这些设施设备能更好地满足新时代高校思想政治理论课的教学需求。因此，高校要加大对现代教学设施设备的资金投入，重视现代教学设施设备的更新换代。积极争取政府部门、教育主管部门、社会各界的资金支持，设立现代教学设施设备专用资金，以增强教学设施设备的投入力度。

2. 加强管理和维护

现代教学设施设备是教学工作正常进行的物质基础，学校必须加强管理和维护，充分发挥现代教学设施设备在教学中的重要作用。一方面，学校要形成科学的管理模式，采取集中和自主控制的两种方式，使现代教学设施设备的使用操作更容易、更方便、更快捷，使现代设施设备更好地服务于教学。另一方面，教学设施设备要有专门的管理制度，在购买、操作、维护、使用培训等方面都有相应的规定，并由专职部门来执行，不断加强对教师进行相关设施设备的操作培训，保证教师能更好地应用教学设施设备为教学服务。

（三）组织管理的规范化

没有规矩不成方圆。科学、规范、完善的组织管理机制体制是高校思想政治理论课开放性教学方法有效使用的制度保障。

1. 课程管理的规范化

规范教材管理是新时代高校思想政治理论课课程管理规范化的重要内容之一。高校思想政治理论课是落实立德树人根本任务的关键课程，因此，高校要高度重视教材的征订、使用和管理工作，如"毛泽东思想和中国特色社会主义理论体系概论""思想道德修养与法律基础"必须按照教育部的规定，统一征订，使用"马克思主义理论研究和建设工程重点教材"，确保教材的权威性，与此同时，要根据马克思主义中国化最新理论成果以及国际国内形势的变化，不断调整、补充、完善、丰富新时代高校思想政治理论课教材内容，并根据教学实践、学生需要和学科特点，积极利用网络资源，充实教学内容，提高教学效果。此外，要不断建立健全课程管理体制。根据国家高等教育课程管理相关政策文件精神，结合学校实际以及学生的学情，灵活设置国家规定课程，适当增加新时代高校思想政治理论课选修课比例，注重课程多样化，促进大学生的全面健康发展。

2. 考核管理的规范化

建立健全高校思想政治理论课开放性教学方法效果的评价考核制度。第一，建立科学合理的考核评价教师的制度，既要考核新时代高校思想政治理论课教师是否认真按照教学大纲，执行了教学计划、运用了恰当的教学方法，又要考核新时代高校思想政治理论课教师在具体教学实践中是否注重教师与学生之间、学生与学生之间的互动交流，是否注重学生的主体性以及学生品德的培养；第二，要建立健全科学合理的考核评价学生的制度。在继承传统考核评价学生制度的基础上，还要更多地关注教师在运用开放性教学方法过程中，学生的参与度、学生回答问题的深度、学生创新性思维的广度；参加社会实践活动时，学生是否具有积极性、主动性和创造性等。

参考文献

［1］全国普通高校"两课"教育教学调研工作领导小组. 普通高校思想政治教育课程文献选编（1949—2003）［M］. 北京：中国人民大学出版社，2003.

［2］中央宣传部宣传教育局，等.《中共中央国务院关于进一步加强和改进大学生思想政治教育的意见》学习辅导读本［M］. 北京：中国人民大学出版社，2005.

［3］李芳. 高校思想政治理论课教学方法科学化研究［M］. 北京：中央编译出版社，2019.

［4］孟宪生，李忠军. 全国高校思想政治理论课教学方法改革年度发展报告（2014）［M］. 北京：高等教育出版社，2016.

［5］石云霞. 高校思想政治理论课程建设史研究［M］. 武汉：武汉大学出版社，2006.

［6］马成瑶，张晓峰. 思想政治理论课专题性教学研究［M］. 北京：中国社会科学出版社，2009.

［7］孙雁. 高校思想政治教育方法新论［M］. 长春：吉林大学出版社，2009.

［8］佘双好. 思想政治理论课程教学法探析［M］. 北京：中国人民大学出版社，2018.

［9］刘吉发. 高校思想政治理论课教学方法论：10 余种教学方法的设计与实践［M］. 西安：西北大学出版社，2009.

［10］石云霞. "两课"教学法研究［M］. 武汉：武汉大学出版社，2002.

［11］柳礼泉. 大学思想政治理论课实践教学研究［M］. 长沙：湖南大学出版社，2004.

［12］杨杰. 思想政治理论课教学方法研究［M］. 武汉：湖北人民出版

社，2007.

　　[13] 王炳林. 思想政治理论课教学方法创新研究 [M]. 北京：北京师范大学出版社，2011.

　　[14] 李腊生，龚萱，闵杰，等. 高校思想政治理论课教学实效性研究 [M]. 武汉：武汉大学出版社，2011.

　　[15] 杨学兵. 思想政治理论课教学方法改革 [M]. 西安：陕西人民出版社，2013.

　　[16] 姚小玲教学技能与方法工作室. 思想政治理论课教学方法改革的理论研究与实践探索 [M]. 北京：航空工业出版社，2014.

　　[17] 郑洁，梁虹. 高校思想政治理论课网络教学的现状、原因及对策 [J]. 学校党建与思想教育，2017 (1)：34-37，40.

　　[18] 侯继虎. "互联网+" 背景下提升高校思想政治理论课教学实效性探析 [J]. 学校党建与思想教育，2017 (3)：46-48，72.

　　[19] 王国学，顾博. 高校思想政治理论课积极互动教学方法研究 [J]. 学校党建与思想教育，2018 (12)：50-52.

　　[20] 顾钰民. 高校思想政治理论课改革 "慕课热" 以后的 "冷思考" [J]. 思想理论教育导刊，2016 (1)：115-117，122.

　　[21] 张艳丽，何祥林. 新时代增强大学生思想政治理论课获得感的思考 [J]. 中国高等教育，2019 (6)：43-45.

　　[22] 佘双好，周江平. 思想政治理论课教学方法研究现状及发展趋势 [J]. 思想教育研究，2017 (12).

　　[23] 张艳红. 思想政治理论课教学方法变革的发展历程及规律探析 [J]. 思想理论教育导刊，2017 (3)：105-109.

后　记

教学有法，志在探索。同一教学内容可以有不同的教学方法，且教学效果迥异。从教 20 多年来，笔者根据高校思想政治理论课的属性和特点，针对学生的实际情况，采取过多种多样的教学方法，也听过名师骨干教师的讲课；在撰写文稿过程中，笔者研读了他人原文，学习了他人经验，悟出了一些道理：应该说，注重学生的认知水平，知晓教育教学规律和学生认知规律，把握高校思想政治理论课意识形态属性，是一切高校思想政治理论课"教学有法"的基础，其出发点必在于此，需要新时代高校思想政治理论课各位教师不懈地研究和探索，才能取得"真经"。

教无定法，贵在得法。在高校思想政治理论课具体教学过程中，并不存在"放之四海而皆准"的、一成不变的万能教学方法，一切皆因人、因时、因境而定，只有教学方法得当，高校思想政治理论课教学才有效。教学方法得法与否，主要看学生学习效果的好坏，看学生是否经历了一个完整的、连贯的、开启的思维过程，看学生是否掌握马克思主义理论，并能否运用马克思主义立场、观点和方法分析问题、解决问题。否则，为方法而方法，便是徒劳无功。

"看似寻常却奇崛，成如容易却艰辛"，高校思想政治理论课教学从无法到有法，从有法到无定法，再从无定法到得法，其间每一步都需要我们付出艰苦的劳动、辛勤的汗水，甚至鞠躬尽瘁……

本书的撰写始于著名教育家叶圣陶"教学有法，教无定法，贵在得法"的启发，基于 20 多年的教育教学经历，得益于许多专家学者的研究成果及同仁帮助，成于五年来多少个不眠的夜晚和难以言表的心路历程。笔者才疏学浅，书中形成的一些观点和结论可能存有纰漏和不妥之处，敬请读者批评指正。

唐荣

2021 年 6 月